MBC
기본직무소양평가
최종모의고사 6회분

시대에듀

2025 최신판 시대에듀 MBC 기본직무소양평가 최종모의고사

Always **with you**

사람의 인연은 길에서 우연하게 만나거나 함께 살아가는 것만을 의미하지는 않습니다.
책을 펴내는 출판사와 그 책을 읽는 독자의 만남도 소중한 인연입니다.
시대에듀는 항상 독자의 마음을 헤아리기 위해 노력하고 있습니다. 늘 독자와 함께하겠습니다.

머리말 PREFACE

공영방송 MBC는 2025년에 신입사원을 채용할 예정이다. MBC의 채용절차는 「지원서 접수 ➔ 서류전형 ➔ 필기전형 ➔ 역량면접 ➔ 다면심층면접 ➔ 최종면접 ➔ 최종 합격자 발표」 순서로 이루어진다. 필기전형은 기본직무소양평가와 논술 및 작문으로 진행한다. 그중 기본직무소양평가는 모집분야별 업무수행에 필요한 전반적인 논리력 · 사고력 · 추리력 등을 평가하며, 2024년에는 의사소통능력, 수리능력, 문제해결능력 총 3개의 영역으로 출제되었다. 또한, 논술 및 작문은 각 모집분야와 관련된 주제에 대한 분석력 · 창의력 · 논리력 등을 평가하므로 반드시 확정된 채용공고를 확인해야 한다. 따라서 필기전형에서 고득점을 받기 위해서는 다양한 유형에 대한 폭넓은 학습을 통해 문제풀이능력을 높이는 등 철저한 준비가 필요하다.

MBC 신입사원 공개채용 합격을 위해 시대에듀에서는 MBC 판매량 1위의 출간 경험을 토대로 다음과 같은 특징을 가진 도서를 출간하였다.

도서의 특징

❶ 합격으로 이끌 가이드를 통한 채용 흐름 확인!
- MBC 소개와 채용공고를 수록하여 채용 흐름을 파악하는 데 도움이 될 수 있도록 하였다.

❷ 모의고사를 통한 완벽한 실전 대비!
- 철저한 분석을 통해 실제 유형과 유사한 모의고사 4회분을 수록하여 자신의 실력을 점검하고 향상시킬 수 있도록 하였다.

❸ 다양한 콘텐츠로 최종 합격까지!
- 온라인 모의고사를 무료로 제공하여 필기전형에 대비할 수 있도록 하였다.
- 모바일 OMR 답안채점/성적분석 서비스를 통해 자동으로 점수를 채점하고 확인할 수 있도록 하였다.

끝으로 본 도서를 통해 MBC 채용을 준비하는 모든 수험생 여러분이 합격의 기쁨을 누리기를 진심으로 기원한다.

SDC(Sidae Data Center) 씀

◇ 비전

> **콘텐츠 중심의 글로벌 미디어 그룹**
> 좋은 콘텐츠로 더 나은 세상을 만든다.

◇ 미션

> **상상력과 창의성으로 시청자의 삶을 더 풍성하게 한다.**

◇ 핵심가치

시청자 First   창의성   공정성   공영성

◇ 경영방침

> **시청자가 주인인 방송, 시청자와 소통하고 응답**하는 방송이 된다.

> 시청자의 **목소리에 귀 기울이고**, 시청자의 **목소리를 담아내는** 방송이 된다.

> 언제나 시청자 여러분의 좋은 **친구**가 된다.

신입 채용 안내 INFORMATION

◇ 지원자격(공통)

❶ 연령 · 학력 · 성별 · 국적 : 제한 없음
❷ 해외여행에 결격사유가 없는 자
❸ 남자의 경우 군필 또는 면제자
❹ 임용일부터 즉시 근무 가능한 자

◇ 필기전형

구분	분야	내용	문항 수	시간
기본직무소양평가	전 분야	모집분야별 업무수행에 필요한 기본적인 논리력 · 사고력 · 추리력 등을 평가	50문항	60분
		의사소통능력, 수리능력, 문제해결능력		
논술	취재기자, 영상기자, 스포츠기자, 방송경영(인사/재무)	각 모집분야와 관련된 주제에 대한 분석력 · 창의력 · 논리력 등을 평가	–	70분
작문	콘텐츠전략PD, 방송촬영, 드라마PD, 예능PD, 시사교양PD, 아나운서			

◇ 면접전형

구분	내용
역량면접	입사지원서를 기초로 인터뷰를 통해 직무역량, 조직 적합도, 잠재력 등을 종합적으로 평가
	취재기자 및 아나운서 모집분야는 카메라 및 오디오 테스트 실시
다면심층면접	모집분야별 필요한 역량을 심층적으로 평가
	프레젠테이션(PT), 그룹 토론, 롤플레잉(Role-playing) 등 다양한 과제를 수행
최종면접	인성, 자질, 역량 등을 종합적으로 평가

❖ 위 채용 안내는 2024년 채용공고를 기준으로 작성하였으므로 세부사항은 반드시 확정된 채용공고를 확인하기 바랍니다.

NCS 모의고사 + OMR을 활용한 실전 연습

MBC 필기전형

제1회 모의고사

문항 수 : 50문항
시험시간 : 60분

01 다음 글을 읽고 이해한 내용으로 적절하지 않은 것은?

> 낭만주의의 초석이라 할 수 있는 칸트는 인간 정신에 여러 범주가 내재하며, 이들이 인간이 세계를 지각하는 방식을 선험적으로 결정한다고 주장한 바 있다. 이 범주들은 공간, 시간, 원인, 결과 등의 개념들이다. 우리는 이 개념들을 '배워서' 아는 것이 아니다. 즉, 경험에 앞서 이미 아는 것이다. 경험에 앞서는 범주를 제시했다는 점에서 혁명적인 개념이었고, 경험을 강조한 베이컨 주의에 대한 강력한 반동이기도 했다.
> 칸트 스스로도 이것을 철학에 있어 '코페르니쿠스적 전환'이라고 보았다. "따라서 우리는 자신의 인식에 부분적으로 책임이 있고, 자기 존재의 부분적 창조자다."라는 말로 인간이라는 존재는 백지에 쓴 경험의 총합체가 아니며, 그만큼 우리는 권리와 의무를 지닌 주체적인 결정권자라는 선언을 하였다. 세상은 결정론적이지 않고 인간은 사회의 기계적 부품 같은 존재가 아님을 강력히 암시한 것이다.
> 칸트가 건설한 관념론은 우리 외부에서 지각되는 대상은 사실 우리 정신의 내용과 연관된 관념일 뿐이라는 것을 명백히 했다. 현실적인 것은 근본적으로 심리적이라는 것이라는 신념으로서, 객관적이고 물질적인 것에서 본질을 찾는 유물론과는 분명한 대척점에 있는 관점이다.
> 그 밖에도 "공간과 시간은 경험적으로 실재적이지만 초월적으로는 관념적이다.", "만일 우리가 주관을 제거해 버리면 공간과 시간도 사라질 것이다. 현상으로서 공간과 시간은 그 자체로서 존재할 수 없고 단지 우리 안에서만 존재할 수 있다."처럼 시간과 공간의 실재성에도 칸트는 의문을 품었다. 이 같은 생각들은 독일 철학의 흐름 속에 이어지다가 아인슈타인의 과학적 발견에 결정적 힌트가 되었고, 훗날 아인슈타인은 상대성이론으로 뉴턴의 세계를 무너뜨린다.

① 칸트에 의하면 공간, 시간 등의 개념들은 태어나면서부터 아는 것이다.
②
③
④
⑤

2 MBC

MBC 필기전형 답안카드

| 성 명 |
| 지원 분야 |
| 수 험 번 호 |

| 감독위원 확인 |
| (인) |

1	① ② ③ ④ ⑤	21	① ② ③ ④ ⑤	41	① ② ③ ④ ⑤
2	① ② ③ ④ ⑤	22	① ② ③ ④ ⑤	42	① ② ③ ④ ⑤
3	① ② ③ ④ ⑤	23	① ② ③ ④ ⑤	43	① ② ③ ④ ⑤
4	① ② ③ ④ ⑤	24	① ② ③ ④ ⑤	44	① ② ③ ④ ⑤
5	① ② ③ ④ ⑤	25	① ② ③ ④ ⑤	45	① ② ③ ④ ⑤
6	① ② ③ ④ ⑤	26	① ② ③ ④ ⑤	46	① ② ③ ④ ⑤
7	① ② ③ ④ ⑤	27	① ② ③ ④ ⑤	47	① ② ③ ④ ⑤
8	① ② ③ ④ ⑤	28	① ② ③ ④ ⑤	48	① ② ③ ④ ⑤
9	① ② ③ ④ ⑤	29	① ② ③ ④ ⑤	49	① ② ③ ④ ⑤
10	① ② ③ ④ ⑤	30	① ② ③ ④ ⑤	50	① ② ③ ④ ⑤
11	① ② ③ ④ ⑤	31	① ② ③ ④ ⑤		
12	① ② ③ ④ ⑤	32	① ② ③ ④ ⑤		
13	① ② ③ ④ ⑤	33	① ② ③ ④ ⑤		
14	① ② ③ ④ ⑤	34	① ② ③ ④ ⑤		
15	① ② ③ ④ ⑤	35	① ② ③ ④ ⑤		
16	① ② ③ ④ ⑤	36	① ② ③ ④ ⑤		
17	① ② ③ ④ ⑤	37	① ② ③ ④ ⑤		
18	① ② ③ ④ ⑤	38	① ② ③ ④ ⑤		
19	① ② ③ ④ ⑤	39	① ② ③ ④ ⑤		
20	① ② ③ ④ ⑤	40	① ② ③ ④ ⑤		

※ 본 답안지는 마킹연습용 모의 답안지입니다.

▶ 철저한 분석을 통해 실제 유형과 유사한 모의고사 4회분을 수록하여 자신의 실력을 점검할 수 있도록 하였다.
▶ 모바일 OMR 답안채점/성적분석 서비스를 제공하여 자동으로 점수를 채점하고 확인할 수 있도록 하였다.

상세한 해설로 정답과 오답을 완벽하게 이해

MBC 필기전형
제1회 모의고사 정답 및 해설

01	02	03	04	05	06	07	08	09	10
⑤	②	③	④	②	⑤	⑤	⑤	③	⑤
11	12	13	14	15	16	17	18	19	20
④	③	①	③	④	①	⑦	③	②	④
21	22	23	24	25	26	27	28		
⑤	④	②	①	②	①	⑤	①		
31	32	33	34	35	36	37	38		
④	①	①	③	⑤	③	⑦	①		
41	42	43	44	45	46	47	48		
①	③	③	⑤	①	③	⑦	⑤		

01
제시문의 마지막 문단 중 '칸트의 생각들은 독일 철학으로 이어지다가 훗날 아인슈타인에게도 결정적 힌트가 ~' 내용에서 칸트의 견해가 아이슈타인에게 영향을 끼쳤다는 있지만, 두 사람의 견해가 같다는 것은 확인할 수 ~

오답분석
① '우리는 이 개념들을 배우야 아는 것이 아니다. ~'에서 이미 아는 것이다.'에서 공간, 시간 등의 개념이 ~ 부터 가진 것임을 알 수 있다.
② '경험에 앞서는 범주를 제시했다는 점에서 혁명적이고 ~ 경험을 강조한 베이컨 주의에 대한 강력한 반동이~ 는 내용을 통해 낭만주의와 베이컨 주의가 상반된 ~ 다는 것을 짐작할 수 있다.
③ '현상으로서 공간과 시간은 그 자체로서 존재할 ~ 우리 안에서만 존재할 수 있다.'는 내용을 통해 ~
④ 세 번째 문단의 내용을 통해 객관적이기보다는 주 ~ 가깝다는 것을 유추할 수 있다.

02
제시문의 마지막 문단에서 '말이란 생각의 일부분을 ~ 은 그릇'이며, '말을 통하지 않고는 생각을 전달할 수 ~ 라고 하며 말은 생각을 전달하기 위한 수단임을 주 ~

03 정답 ③
빈칸 뒤의 내용을 정리하면 다음과 같다.
• 얼굴을 맞대고 하는 접촉이 매체를 통한 접촉보다 결정적인 영향력을 미친다.

MBC 필기전형
제4회 모의고사 정답 및 해설

01	02	03	04	05	06	07	08	09	10
④	⑤	⑤	④	④	⑤	④	②	②	⑤
11	12	13	14	15	16	17	18	19	20
④	③	①	③	④	①	⑦	⑤	②	②
21	22	23	24	25	26	27	28	29	30
⑤	⑤	③	②	②	③	④	②	③	①
31	32	33	34	35	36	37	38	39	40
④	③	②	②	③	⑤	⑦	③	⑥	④
41	42	43	44	45	46	47	48	49	50
②	②	④	④	④	⑤	①	⑤	①	④

01 정답 ④
첫 번째 문단에서 '사피어 – 워프 가설'을 간략하게 소개하고, 두 번째 ~ 세 번째 문단을 통해 '사피어 – 워프 가설'을 적용할 수 있는 예를 들고 있다. 이후 세 번째 ~ 마지막 문단을 통해 '사피어 – 워프 가설'을 언어 우위론적 입장에서 설명할 수 있는 가능성이 있으면서도, 언어 우위만으로 모든 설명이 되지는 않음을 밝히고 있다. 따라서 제시문은 '사피어 – 워프 가설'의 주장에 대한 설명 (언어와 사고의 관계)과 함께, 그것을 하나의 이론으로 증명하기 어려움을 말하고 있다.

02 정답 ⑤
(마)의 앞 문단에서는 정보와 지식이 커뮤니케이션 속에서 살아 움직이면 친화함을 말하고 있다. 따라서 정보의 순환 속에서 새로운 정보로 거듭나는 역동성에 대한 설명의 사례로 보기의 내용이 이어질 수 있다. 한 나라의 관광 안내 책자가 소비자들에 의해 오류가 수정되고 개정되는 사례가 정보와 지식이 커뮤니케이션 속에서 새로운 정보로 거듭나는 것을 잘 나타내고 있기 때문이다.

03 정답 ⑤
(마)는 ASMR 콘텐츠들이 공감각적인 콘텐츠로 대체될 것이라는 내용을 담고 있으므로 적절한 설명이다.

오답분석
① 자주 접하는 사람들에 대한 내용을 찾을 수 없다.
② 트리거로 작용하는 소리는 사람에 따라 다를 수 있다.
③ 청각적 혹은 인지적 자극에 반응한 뇌가 신체 뒷부분에 분포하는 자율 신경계에 신경 전달 물질을 촉진하며 심리적 안정감을 느끼게 된다.
④ 연예인이 일반인보다 ASMR을 많이 하는지는 제시문에서 알 수 없다.

04 정답 ④
'채소나 생선 따위에 소금이나 식초, 설탕 따위가 배어들게 하다.'라는 뜻의 단어는 '절다(절이다)'가 옳다.

오답분석
① 생선을 조린다.
② 옷을 다린다.
③ 마음을 졸인다.
⑤ 저 산 너머에 강이 있다.

05 정답 ④
• 시골 땅의 명의/이름을(를) 바꾸었다.
• 서예로 이름을 날렸다.
• 선비들은 절개와 명분을 중시했다.
• 동창회 명의/이름으로 모교에 장학금을 전달했다.
• 여러 가지 명목의 발전금을 걷었다.
• 명색 : 어떤 자격資格으로 그럴듯하게 불리는 이름. 또는 허울만 좋은 이름

오답분석
① 명의 : 문서상의 권한과 책임이 있는 이름
② 명목 : 구실이나 이유
③ 이름 : 세상에 알려진 평판이나 명성
⑤ 명분 : 각각의 이름이나 신분에 따라 마땅히 지켜야 할 도리

06 정답 ⑤
㉠ 명예 훼손 관련법에서 훨씬 강력한 기준이 필요하다는 것은 언론의 자유라는 대원칙과는 다르게 다른 의견이 있어서는 안 된다는 뜻이다. 따라서 역접 접속어인 '그러나'가 적절하다.
㉡ '설사'는 '~다 하더라도'와 함께 쓰여 '가정해서 말하여'의 뜻으로 쓰이며, 주로 부정적인 뜻을 가진 문장에 쓰인다.

▶ 정답과 오답에 대한 상세한 해설을 수록하여 혼자서도 꼼꼼히 학습할 수 있도록 하였다.

이 책의 차례 CONTENTS

제1회
MBC
필기전형

기본직무소양평가
모의고사

〈문항 수 및 시험시간〉

평가영역	문항 수	시험시간	모바일 OMR 답안채점 / 성적분석 서비스
의사소통능력＋수리능력＋문제해결능력	50문항	60분	

제1회 모의고사

01 다음 글을 읽고 이해한 내용으로 적절하지 않은 것은?

> 낭만주의의 초석이라 할 수 있는 칸트는 인간 정신에 여러 범주가 내재하며, 이들이 인간이 세계를 지각하는 방식을 선험적으로 결정한다고 주장한 바 있다. 이 범주들은 공간, 시간, 원인, 결과 등의 개념들이다. 우리는 이 개념들을 '배워서' 아는 것이 아니다. 즉, 경험에 앞서 이미 아는 것이다. 경험에 앞서는 범주를 제시했다는 점에서 혁명적인 개념이었고, 경험을 강조한 베이컨 주의에 대한 강력한 반동이기도 했다.
>
> 칸트 스스로도 이것을 철학에 있어 '코페르니쿠스적 전환'이라고 보았다. "따라서 우리는 자신의 인식에 부분적으로 책임이 있고, 자기 존재의 부분적 창조자다."라는 말로 인간이라는 존재는 백지에 쓴 경험의 총합체가 아니며, 그만큼 우리는 권리와 의무를 지닌 주체적인 결정권자라는 선언을 하였다. 세상은 결정론적이지 않고 인간은 사회의 기계적 부품 같은 존재가 아님을 강력히 암시한 것이다.
>
> 칸트가 건설한 관념론은 우리 외부에서 지각되는 대상은 사실 우리 정신의 내용과 연관된 관념일 뿐이라는 것을 명백히 했다. 현실적인 것은 근본적으로 심리적이라는 것이라는 신념으로서, 객관적이고 물질적인 것에서 본질을 찾는 유물론과는 분명한 대척점에 있는 관점이다.
>
> 그 밖에도 "공간과 시간은 경험적으로 실재적이지만 초월적으로는 관념적이다.", "만일 우리가 주관을 제거해 버리면 공간과 시간도 사라질 것이다. 현상으로서 공간과 시간은 그 자체로서 존재할 수 없고 단지 우리 안에서만 존재할 수 있다."처럼 시간과 공간의 실재성에도 칸트는 의문을 품었다. 이 같은 생각들은 독일 철학의 흐름 속에 이어지다가 아인슈타인의 과학적 발견에 결정적 힌트가 되었고, 훗날 아인슈타인은 상대성이론으로 뉴턴의 세계를 무너뜨린다.

① 칸트에 의하면 공간, 시간 등의 개념들은 태어나면서부터 아는 것이다.
② 낭만주의와 베이컨 주의는 상반된 견해를 가지고 있다.
③ 칸트에 의하면 현실의 공간과 시간은 인간에 의해 존재한다.
④ 칸트의 철학적 관념론은 주관적인 것에 가깝다.
⑤ 칸트와 아인슈타인의 견해는 같다고 볼 수 있다.

02 다음 글의 필자의 생각으로 가장 적절한 것은?

인간은 생각을 말로써 드러낸다. 우리는 다른 사람의 말을 듣고, 그 사람이 무슨 생각을 하는지 짐작한다. 생각과 말은 서로 떨어질 수 없는 깊은 관계가 있다.

그렇다면 말과 생각은 얼마나 깊은 관계가 있을까? 이 문제를 놓고 사람들은 오랫동안 여러 가지 의견을 나누었다. 그 가운데 가장 주목할 만한 두 가지 견해가 있다. 먼저, 말과 생각이 서로 꼭 달라붙은 쌍둥이인데 한 놈은 생각이 되어 감추어져 있고 다른 한 놈은 말이 되어 사람 귀에 들린다는 주장이다. 다른 하나는 생각이 큰 그릇이고 말은 생각에 들어가는 작은 그릇이어서 생각에는 말 이외에도 다른 것이 더 있다는 생각이다. 이 두 가지 견해 중 앞의 것은 조금만 깊이 생각해 보면 틀렸다는 것을 알 수 있다. 우리는 생각한 것의 대부분을 말로 나타낼 수 있지만, 누구나 가슴 속에 응어리진 어떤 생각이 분명히 있는데 그것을 어떻게 말로 표현해야 할지 몰라 애태운 경험이 있을 것이다. 이것만 보더라도 말과 생각이 서로 안팎을 이루는 쌍둥이가 아님은 쉽게 판명된다.

인간의 생각이라는 것은 매우 넓고 큰 것이며 말이란 생각의 일부분을 주워 담는 작은 그릇에 지나지 않는다. 그러나 아무리 인간의 생각이 말보다 범위가 넓고 큰 것이라고 하여도 그것을 가능한 한 말로 바꾸어 놓지 않으면 그 생각의 위대함이나 오묘함이 다른 사람에게 전달되지 않기 때문에 말의 신세를 지지 않을 수가 없다. 결국 인간은 말을 통하지 않고는 생각을 전달할 수가 없는 것이다.

① 말은 생각의 폭을 확장시킨다.
② 말은 생각을 전달하기 위한 수단이다.
③ 생각은 말이 내면화된 쌍둥이와 같은 존재이다.
④ 말은 생각의 하위요소이다.
⑤ 말은 생각을 제한하는 틀이다.

03 다음 글의 빈칸에 들어갈 내용으로 가장 적절한 것은?

_____ 사람과 사람이 직접 얼굴을 맞대고 하는 접촉이 라디오나 텔레비전 등의 매체를 통한 접촉보다 결정적인 영향력을 미친다는 것이 일반적인 견해로 알려져 있다. 매체는 어떤 마음의 자세를 준비하게 하는 구실을 한다. 예를 들어 어떤 사람에게서 새 어형을 접했을 때 그것이 텔레비전에서 자주 들던 것이면 더 쉽게 그쪽으로 마음의 문을 열게 된다. 하지만 새 어형이 전파되는 것은 매체를 통해서보다 상면(相面)하는 사람과의 직접적인 접촉에 의해서라는 것이 더 일반적인 견해이다. 사람들은 한두 사람의 말만 듣고 언어 변화에 가담하지 않고 주위의 여러 사람이 다 같은 새 어형을 쓸 때 비로소 그것을 받아들이게 된다고 한다. 매체를 통한 것보다 자주 접촉하는 사람들을 통해 언어 변화가 진전된다는 사실은 언어 변화의 여러 면을 바로 이해하는 핵심적인 내용이라 해도 좋을 것이다.

① 언어 변화는 결국 접촉에 의해 진행되는 현상이다.
② 연령층으로 보면 대개 젊은 층이 언어 변화를 주도한다.
③ 접촉의 형식도 언어 변화에 영향을 미치는 요소로 지적되고 있다.
④ 매체의 발달이 언어 변화에 중요한 영향을 미치는 것으로 알려져 있다.
⑤ 언어 변화는 외부와의 접촉이 극히 제한되어 있는 곳일수록 그 속도가 느리다.

04 다음 글의 주장에 대해 반박하는 내용으로 적절하지 않은 것은?

> 프랑크푸르트학파는 대중문화의 정치적 기능을 중요하게 본다. 20세기 들어 서구 자본주의 사회에서 혁명이 불가능하게 된 이유 중 하나가 바로 대중문화가 대중들을 사회의 권위에 순응하게 함으로써 사회를 유지하는 기능을 하고 있기 때문이라는 것이다. 이 순응의 기능은 두 방향으로 진행된다. 하나는 대중문화가 대중들에게 자극적인 오락거리를 제공함으로써 정신적인 도피를 유도하여 정치에 무관심하게 만든다는 것이다. 유명한 3S(Sex, Screen, Sports)는 현실도피와 마취를 일으키는 대표적인 도구로 알려져 있다. 다른 하나는 대중문화가 자본주의적 가치관과 이데올로기를 은연중에 대중들이 받아들이도록 적극적인 세뇌를 한다는 것이다. 규격화된 영화나 드라마, 광고나 대중음악의 내용은 대중에게 지금 사회의 지배적인 가치관을 지속해서 주입한다. 이를 통해 대중이 현재의 문제를 인식하고 더 나은 상태로 만들 방안을 생각할 수 있는 비판적 사고를 상실한 일차원적 인간으로 살아가게 만든다는 것이다. 프랑크푸르트학파의 대표자 가운데 한 사람인 아도르노(Adorno)는 「대중음악에 대하여」라는 글에서 대중음악이 어떻게 이러한 기능을 수행하는지 분석했다. 그의 분석에 따르면, 대중음악은 우선 규격화되어 누구나 쉽고 익숙하게 듣는다는 특징을 가진다. 그러나 이러한 익숙함이 청자의 수동적인 청취를 조장하여, 자본주의 안에서 지루한 노동의 피난처 구실을 한다는 것이다. 더 나아가 대중음악은 소비자들이 기존 질서에 심리적으로 적응하게 함으로써 사회적 접착제 역할을 한다고 밝혔다.

① 대중문화의 영역은 지배계급이 헤게모니를 얻고자 하는 시도와 이에 대한 반대 움직임이 서로 얽혀 있는 곳으로 보아야 한다.
② 대중이 문화 산물 생산자의 의도대로 대중문화를 소비하는 존재에 불과하다는 생각은 현실과 맞지 않는다.
③ 세간에 발표된 음악의 80%가 인기를 얻는 데 실패하고, 80% 이상의 영화가 엄청난 광고에도 불구하고 흥행에 실패한다는 사실은 대중이 단순히 수동적인 존재가 아니라는 것을 단적으로 보여준다.
④ 대중의 평균적 취향에 맞추어 높은 질을 유지하는 것이 어렵다 하더라도 19세기까지의 대중이 즐겼던 문화에 비하면 현대의 대중문화는 훨씬 수준 낮고 퇴보한 것으로 평가할 수 있다.
⑤ 대중문화는 지배 이데올로기를 강요하는 지배문화로만 구성되는 것도 아니고, 이에 저항하여 자발적으로 발생한 저항문화로만 구성되는 것도 아니다.

05 다음 글의 중심 내용으로 가장 적절한 것은?

현대 사회는 대중 매체의 영향을 많이 받는 사회이며, 그중에서도 텔레비전의 영향은 거의 절대적입니다. 언어 또한 텔레비전의 영향을 많이 받습니다. 그런데 텔레비전의 언어는 우리의 언어 습관을 부정적인 방향으로 흐르게 하고 있습니다.

텔레비전은 시청자들의 깊이 있는 사고보다는 감각적 자극에 호소하는 전달 방식을 사용하고 있습니다. 또한, 현대 자본주의 사회에서의 텔레비전 방송은 상업주의에 편승하여 대중을 붙잡기 위한 방편으로 쾌락과 흥미 위주의 언어를 무분별하게 사용합니다. 결국 텔레비전은 대중의 이성적인 사고 과정을 마비시켜 오염된 언어 습관을 무비판적으로 수용하게 합니다. 그렇기 때문에 언어 사용을 통해 발전시킬 수 있는 상상적 사고를 기대하기 어렵게 하며, 창조적인 언어 습관보다는 단편적인 언어 습관을 갖게 만듭니다.

따라서 좋은 말 습관을 형성하기 위해서는 또 다른 문화 매체가 필요합니다. 이러한 문제의 대안으로 문학 작품의 독서를 제시하려고 합니다. 문학은 작가적 현실을 언어를 매개로 형상화한 예술입니다. 작가적 현실을 작품으로 형상화하기 위해서 작가의 복잡한 사고 과정을 거치듯이, 작품을 바르게 이해·해석·평가하기 위해서는 독자의 상상적 사고를 거치게 됩니다. 또한, 문학은 아름다움을 지향하는 언어 예술로서 정제된 언어를 사용하므로 문학 작품의 감상을 통해 습득된 언어 습관은 아름답고 건전하리라 믿습니다.

① 바른 언어 습관의 형성과 건전하고 창의적인 사고를 위해 텔레비전을 멀리 해야 한다.

② 사고 능력을 기르고 건전한 언어 습관을 길들이기 위해서 문학 작품의 독서가 필요하다.

③ 쾌락과 흥미 위주의 언어 습관을 지양하고 사고 능력을 기를 수 있는 언어 습관을 길러야 한다.

④ 대중 매체가 개인의 언어 습관과 사고 과정에 미치는 영향이 절대적이므로 대중 매체에서 문학 작품을 다뤄야 한다.

⑤ 언어는 자신의 사상을 표현하는 매체일 뿐만 아니라, 그것을 사용하는 사람의 인격을 가늠하는 척도이므로 바른 언어 습관이 중요하다.

06 다음 문장의 밑줄 친 부분과 유사한 의미로 쓰인 것은?

> 우리 회사는 이번 정부 사업에서 판매권을 <u>땄다</u>.

① 선영이네 과일 가게는 막내딸 선영이의 이름을 <u>딴</u> 것이다.
② 이 병을 <u>따기</u> 위해서는 병따개가 필요할 것 같아.
③ 지난 올림픽에서 금메달을 <u>딴</u> 선수는 이번 경기에서도 좋은 소식을 전해 줄 것이다.
④ 오늘 아침 사장님의 발언 중 중요한 내용만 <u>따서</u> 별도로 기록해주세요.
⑤ 서글서글한 막내 사위는 이번 가족 행사에서 장인어른에게 많은 점수를 <u>땄다</u>.

07 다음 빈칸에 공통으로 들어갈 단어로 적절하지 않은 것은?

> • 저 청년은 하늘도 분노할 정도의 _____을 저질렀다.
> • 과거 군주들은 소재가치가 액면가치보다 낮은 주화를 _____했다.
> • 해당하는 채무자는 상기의 내용을 _____해야 한다.
> • 한성순보는 한국인이 최초로 _____한 한국 최초의 근대 신문이다.
> • 저예산 영화가 이처럼 _____하는 것은 꽤 드문 일이다.

① 흥행   ② 만행
③ 발행   ④ 이행
⑤ 자행

08 다음 〈보기〉의 밑줄 친 단어 중 의미가 서로 유사한 것끼리 바르게 연결된 것은?

> ─────〈보기〉─────
> ㄱ. 그들은 차마 입에 올리기에도 <u>괴란한</u> 말들을 쏟아냈다.
> ㄴ. 영희는 <u>계면쩍은지</u> 머리를 긁적이며 방으로 들어갔다.
> ㄷ. 김사원은 지각도 자주 하고, 요즘 태도가 영 <u>태만해</u>.
> ㄹ. 철수는 본래 눈치가 없고 <u>아둔해서</u> 항상 손해를 본다.
> ㅁ. 그 애가 매사 하는 일이 <u>용렬하기가</u> 그지없다.
> ㅂ. 내가 아무리 <u>미욱하다고</u> 해도 네 말을 믿을까?

① ㄱ, ㄷ, ㄹ   ② ㄴ, ㄷ, ㅁ
③ ㄷ, ㄹ, ㅁ   ④ ㄷ, ㅁ, ㅂ
⑤ ㄹ, ㅁ, ㅂ

다음 글에서 〈보기〉가 들어갈 위치로 가장 적절한 곳은?

1950년대 프랑스의 영화 비평계에는 작가주의라는 비평 이론이 새롭게 등장했다. 작가주의란 감독을 단순한 연출자가 아닌 '작가'로 간주하고, 작품과 감독을 동일시하는 관점을 말한다. 이 이론이 대두될 당시, 프랑스에는 유명한 문학 작품을 별다른 손질 없이 영화화하거나 화려한 의상과 세트, 인기 연극배우에 의존하는 제작 관행이 팽배해 있었다. 작가주의는 이렇듯 프랑스 영화에 만연했던 문학적·연극적 색채에 대한 반발로 주창되었다. __(가)__

작가주의는 상투적인 영화가 아닌 감독 개인의 영화적 세계와 독창적인 스타일을 일관되게 투영하는 작품들을 옹호한다. __(나)__ 감독의 창의성과 개성은 작품 세계를 관통하는 감독의 세계관 혹은 주제 의식, 그것을 표출하는 나름의 이야기 방식, 고집스럽게 되풀이되는 특정한 상황이나 배경 혹은 표현 기법 같은 일관된 문체상의 특징으로 나타난다는 것이다.

한편, 작가주의적 비평은 영화 비평계에 중요한 영향을 끼쳤는데, 그중에서도 주목할 점은 할리우드 영화를 재발견한 것이다. 할리우드에서는 일찍이 미국의 대량 생산 기술을 상징하는 포드 시스템과 흡사하게 제작 인력들의 능률을 높일 수 있는 표준화·분업화한 방식으로 영화를 제작했다. __(다)__ 이는 계량화가 불가능한 창작자의 재능, 관객의 변덕스런 기호 등의 변수로 야기될 수 있는 흥행의 불안정성을 최소화하면서 일정한 품질의 영화를 생산하기 위함이었다.

그러나 작가주의적 비평가들은 할리우드라는 가장 산업화된 조건에서 생산된 상업적인 영화에서도 감독 고유의 표지를 찾아낼 수 있다고 보았다. __(라)__ 작가주의적 비평가들은 제한적인 제작 여건이 오히려 감독의 도전 의식과 창의성을 끌어낸 사례들에 주목한 것이다. 그에 따라 B급 영화(적은 예산으로 단시일에 제작되어 완성도가 낮은 상업적인 영화)와 그 감독들마저 수혜자가 되기도 했다.

__(마)__ 이처럼 할리우드 영화의 재평가에 큰 영향을 끼쳤던 작가주의의 영향력은 오늘날까지도 이어지고 있다. 예컨대 작가주의로 인해 '좋은' 영화 혹은 '위대한' 감독들이 선정되었고, 이들은 지금도 영화 교육 현장에서 활용되고 있다.

〈보기〉

이에 따라 재정과 행정의 총괄자인 제작자가 감독의 작업 과정에도 관여하게 되었고, 감독은 제작자의 생각을 화면에 구현하는 역할에 머물렀다.

① (가)　　　　　　　　　② (나)

③ (다)　　　　　　　　　④ (라)

⑤ (마)

10 다음 글의 순서를 고려하여 그 구조를 바르게 분석한 것은?

(가) 이 단점을 극복하기 위해 제시된 NVOD(Near VOD)는 일정 시간 동안에 들어온 서비스 요청을 묶어 한 채널에 다수의 수신자가 동시에 접속되는 형태를 통해 서비스하는 방식이다. NVOD의 한 채널은 동시 접속 수신자 수에 상관없이 일정한 대역을 필요로 하므로 동시 접속 사용자 수의 제한을 극복할 수 있지만, 사용자가 서비스를 받기 위해 일정 시간을 기다려야 하는 불편이 있다. 서비스 제공자의 입장에서 볼 때 사용자가 서비스 요청을 취소하지 않고 참을 수 있는 대기 시간을 '허용 대기 시간'이라고 하는데, 이것은 VOD의 질을 결정하는 중요한 요소이다.

(나) VOD의 여러 방법 가운데 사용자의 요청마다 각각의 채널을 생성하여 서비스하는 방법을 RVOD(Real VOD)라고 한다. 각 전송 채널이 사용자별로 독립되어 있으므로 사용자가 직접 '일시 정지', '빨리 감기' 등과 같은 실시간 전송 제어를 할 수 있어 상대적으로 사용자의 편리성이 높고, 제한된 대역폭으로도 다양한 콘텐츠의 동시 서비스가 가능하다. 그러나 동시 접속 사용자의 수에 비례하여 서버가 전송해야 하는 전체 데이터의 양이 증가하므로 대역폭의 제한이 있는 상황에서는 동시 접속이 가능한 사용자의 수에 한계가 있다.

(다) VOD(Video On Demand)는 사용자의 요청에 따라 서버가 네트워크를 통해 비디오 콘텐츠를 실시간으로 전송하고, 동시에 수신 측에서 이와 연동하여 이를 재생하는 서비스를 말한다. 콘텐츠가 실시간으로 전송될 때는 허용 시간 내에 데이터가 전달되는 것이 중요하므로 공중파 방송처럼 데이터를 통신망으로 퍼뜨리는 형태를 취한다. 콘텐츠의 전송은 소프트웨어적으로 정의되는 채널을 통해 일어나는데, 한 채널은 콘텐츠 데이터 블록의 출구 역할을 하며 단위 시간당 전송하는 데이터의 양을 의미하는 '대역'으로 그 크기를 나타낸다.

(라) NVOD는 공통적으로 대기 시간 조절을 위해 다중 채널을 이용하므로 서비스에 필요한 일정한 대역폭을 늘 확보해야 한다. 따라서 콘텐츠당 동시 접속 사용자가 적을 경우에는 그리 효율적이지 못하다. 극단적으로 한 명의 사용자가 있을 경우라도 여러 개의 채널에 필요한 대역폭을 점유해야 하므로 네트워크 자원의 낭비가 심하다.

(마) '데이터 분할 NVOD'는 콘텐츠를 여러 데이터 블록으로 나누고 각각을 여러 채널에서 따로 전송하는 방법을 사용하여 대기 시간을 조절한다. 첫 번째 블록을 적당한 크기로 만들어 이어지는 블록의 크기가 순차적으로 2배씩 증가하면서도 블록 수가 이용 가능한 채널 수만큼 되도록 전체 콘텐츠를 나눈다. 각 채널에서는 순서대로 할당된 블록의 전송을 동시에 시작하고, 각 블록의 크기에 따라 주기적으로 전송을 반복한다. 수신 측은 요청 시점 이후 첫 번째 블록부터 순서대로 콘텐츠를 받게 되는데, 블록의 수신이 끝나면 이어질 블록이 전송되는 채널로 자동 변경되어 그 블록의 시작 부분부터 수신된다.

(바) '시간 분할 NVOD'는 동일 콘텐츠가 여러 채널에서 시간 간격을 두고 반복 전송되도록 함으로써 대기 시간을 줄이는 방법이다. 사용자는 요청 시점 이후 대기 시간이 가장 짧은 채널에서 수신 대기하게 되고, 그 채널의 전송이 데이터 블록의 첫 부분부터 다시 시작될 때 수신이 시작된다. 이때 대기 시간은 서버의 채널 수나 콘텐츠의 길이에 따라 결정되는데, 120분 길이의 영화를 12개의 채널을 통하여 10분 간격으로 전송하면 대기 시간은 10분 이내가 된다. 대기 시간을 줄이려면 많은 수의 채널이 필요한데, 1분 이내로 만들려면 120개의 채널이 필요하다.

①
```
       ┌─ (가)
    ┌──┤
    │  └─ (다)
(나)─┤
    │  ┌─ (라)
    └──┤
       └─ (마) ─ (바)
```

②
```
 ┌─ (나) ─┬─ (가)
 │        └─ (다)
 └─ (라) ─ (마) ─ (바)
```

③
```
       ┌─ (나)
(다) ──┼─ (가) ─ (바)
       └─ (마) ─ (라)
```

④
```
       ┌─ (나) ─ (가)
(다) ──┤
       └─ (바) ─ (마) ─ (라)
```

⑤
```
       ┌─ (나)
(다) ──┤              ┌─ (바)
       └─ (가) ─┤           ├─ (라)
                     └─ (마)
```

※ 다음 글을 읽고 이어지는 질문에 답하시오. [11~12]

'이해'와 '설명'은 모두 과학의 중요한 방법론으로 사용되어 왔다. 그중 '이해'는 주로 인간의 정신세계를 다루는 '정신 과학'의 중요한 방법론이 되었던 반면에 '설명'은 자연적 대상을 다루는 '자연 과학'의 중요한 방법론이 되어 왔다. 그렇다면 '인간의 행위'는 과연 '이해'의 대상으로 보아야 할까, 아니면 '설명'의 대상으로 보아야 할까?

본능적인 행동을 제외한 인간의 행위 대부분은 어떤 의도를 담고 있다는 점에서, 인간의 행위는 단순히 물리적인 자연 현상이 아니라 정신세계와 밀접하게 관련되어 있다고 볼 수 있다. 따라서 정신과학의 독자성을 주장하는 학자들은 인간의 행위를 '설명'의 대상이 아니라 '이해'의 대상으로 보는 것이 더 자연스럽다고 생각했다. 물론 타인의 의도를 파악하여 행위를 이해하는 것은 쉬운 일이 아니다. 그렇지만 같은 인간이라는 삶의 공통성을 기반으로 타인의 체험을 자신의 체험처럼 느끼는 과정을 통해 인간의 행위를 이해할 수 있다는 것이다. 하지만 이러한 방법론은 객관성을 확보 하기가 쉽지 않다. 이 문제를 해결하기 위해 '이해'의 방법론을 체계적으로 확립한 철학자 딜타이는 '객관적 정신'을 내세웠다. '객관적 정신'은 개별적인 인간 정신 간의 상호 작용으로 산출되는 집단정신의 산물이라고 할 수 있다. 따라서 '객관적 정신'을 통해 '이해의 객관성'도 확보할 수 있다는 것이다. 하지만 서로 다른 공동체에 속해 있거나 서로 다른 시대에 살고 있다면 '객관적 정신'을 완전히 보장하기 어렵다는 점에서 이 주장은 한계를 지닐 수밖에 없다. 이에 대해 모든 과학의 통일을 주장하는 학자들은 인과적 설명으로 인간의 행위를 비롯한 모든 것에 답할 수 있다고 생각했다. 자연에서 일어나는 개별 현상을 보편 법칙에 포섭하여 대상을 인과적으로 규명하는 방법론인 '설명'은 인간 의 행위를 규명할 때에도 유용한 방법론이 될 수 있다는 것이다. 그러므로 이들은 인간의 행위를 다룰 때도 개별적 특성 하나하나에 관심을 두기보다 그 행위를 포섭할 수 있는 보편 법칙의 수립에 더 관심을 두어야 한다고 보았다. 즉, 인간의 행위를 어떤 보편 법칙 속에 포섭되는 하나의 사례로 보고 인과적으로 설명할 수 있다는 것이다. 더 나아가 개별 행위를 포섭하는 보편 법칙이 객관성을 갖는다면 그 행위에 대한 설명 역시 객관성을 확보할 수 있다고 보았다. 이들은 행위에 담긴 의도가 무엇인지를 파악하는 것보다 그런 의도가 왜 생겨났는가를 묻는 것이 더 의미 있는 질문이 라고 생각했다.

그렇다고 해도 ㉠ '설명'이 '이해'를 완전히 대체할 수 있는 것은 아니다. 인간의 정신세계에 속하는 의도는 자연처럼 관찰이나 실험으로 파악하기 어렵기 때문이다. 인간의 정신세계는 어떤 법칙을 따르기보다 개인의 판단에 따라 자율 적으로 작동하는 경우가 많다. 이런 점에서 자신의 체험에 비추어 타인의 의도를 파악하는 '이해'는 인간 행위의 원인 을 알아내려는 데 있어서 필요하다. 그렇지만 인간의 의도를 모든 상황에서 모두 이해하는 것도 결코 쉬운 일은 아니 다. 또한 행위에 담긴 의도를 이해하더라도 그런 의도가 생긴 원인까지 알기는 어렵다. 더 나아가 행위는 결코 의도되 지 않은 결과로 나타날 수도 있다. 이러한 문제점들을 해결하기 위해서는 '이해'보다 '설명'이 더 유용할 수 있다. 이런 점을 종합해 볼 때, 인간의 행위를 연구하는 방법론으로서의 '이해'와 '설명'은 상호 대립적인 관계가 아니라 상호 보완 적인 관계여야 할 것이다.

11 다음 중 객관적 정신에 대해 이해한 내용으로 가장 적절한 것은?

① 객관적 정신은 상반된 인식의 차이를 부각한다.
② 객관적 정신은 타인을 이해하는 과정에 순서를 부여한다.
③ 객관적 정신은 대상을 상황에 따라 다르게 인식하도록 한다.
④ 객관적 정신은 자신과 타인을 이해하는 공통의 기반이 된다.
⑤ 객관적 정신은 집단정신의 정당성에 근본적인 문제를 제기한다.

12 다음 〈보기〉에서 밑줄 친 ㉠의 이유에 해당하는 것을 모두 고르면?

〈보기〉

ㄱ. 타인의 행위에 담긴 의도에 공감하기가 쉽지 않기 때문에
ㄴ. 인간이 지닌 의도는 관찰이나 실험의 대상과는 성격이 다르기 때문에
ㄷ. 인간의 모든 행위를 포섭할 수 있는 보편 법칙을 세우는 것이 어렵기 때문에
ㄹ. '의도가 무엇인가.'에 대한 대답보다 '그 의도가 왜 생겼는가.'에 대한 대답이 더 중요하기 때문에

① ㄱ, ㄴ
② ㄱ, ㄷ
③ ㄴ, ㄷ
④ ㄴ, ㄹ
⑤ ㄷ, ㄹ

13 다음 문장을 논리적 순서대로 바르게 나열한 것은?

(가) 역사드라마는 역사적 인물이나 사건 혹은 역사적 시간이나 공간에 대한 작가의 단일한 재해석 또는 상상이 아니라, 현재를 살아가는 시청자에 의해 능동적으로 해석되고 상상된다.
(나) 이는 곧 과거의 시공간을 배경으로 한 TV 역사드라마가 현재를 지향하고 있음을 의미한다.
(다) 그래서 역사적 시간과 공간적 배경 속에 놓여 있는 등장인물과 지금 현재를 살아가는 시청자들이 대화를 나누기도 하고, 시청자들이 역사드라마를 주제로 삼아 사회적 담론의 장을 열기도 한다.
(라) 역사드라마는 이처럼 다중적으로 수용된다는 점에서 과거와 현재의 대화라는 역사의 속성을 견지한다.

① (가) – (나) – (다) – (라)
② (가) – (다) – (나) – (라)
③ (가) – (라) – (나) – (다)
④ (라) – (가) – (나) – (다)
⑤ (라) – (다) – (나) – (가)

14 다음 글의 빈칸에 들어갈 내용을 〈보기〉에서 찾아 순서대로 바르게 나열한 것은?

뉴스는 언론이 현실을 '틀 짓기(Framing)'하여 전달한 것이다. 여기서 틀 짓기란 일정한 선택과 배제의 원리에 따라 현실을 구성하는 것을 말한다. 그런데 수용자는 이러한 뉴스를 그대로 받아들이지는 않는다. 수용자는 수동적인 존재가 아닌 능동적인 행위자가 되어 언론이 전하는 뉴스의 의미를 재구성한다. _____ 이를 뉴스 틀 짓기에 대한 수용자의 '다시 틀 짓기(Reframing)'라고 한다. '다시 틀 짓기'가 가능한 이유는 수용자가 주체적인 의미 해석자로, 사회 속에서 사회와 상호 작용하는 존재이기 때문이다.

그렇다면 수용자의 주체적인 의미 해석은 어떻게 가능할까? _____ 인지 구조는 경험과 지식, 편향성 등으로 구성되는데, 뉴스 틀과 수용자의 인지 구조는 일치하기도 하고 갈등하기도 한다. 이 과정에서 수용자는 자신의 경험, 지식, 편향성 등에 따라 뉴스가 전달하는 의미를 재구성하게 된다. 수용자의 이러한 재구성, 즉 해석은 특정 화제에 대해 어떤 태도를 취할 것인가, 그 화제와 관련된 다른 화제나 행위자들을 어떻게 평가할 것인가 등을 결정하는 근거가 된다.

이렇게 특정 화제에 대한 수용자의 다양한 해석들은 수용자들이 사회 속에서 상호 작용하는 과정에서 여론의 형태로 나타난다. _____ 이렇게 형성된 여론은 다시 뉴스 틀에 영향을 주며, 이에 따라 새로운 틀과 여론이 만들어진다. 새로운 틀이 만들어짐으로써 특정 화제에 대한 사회적 논의들은 후퇴하거나 발전할 수 있으며, 보다 다양해질 수 있다.

─────〈보기〉─────

ㄱ. 이렇게 재구성된 의미들을 바탕으로 여론이 만들어지고, 이것은 다시 뉴스 구성의 '틀(Frame)'에 영향을 준다.

ㄴ. 그것은 수용자가 외부 정보를 해석하는 인지 구조를 갖고 있기 때문이다.

ㄷ. 여론은 사회적 차원에서 벌어지는 특정 화제에 대한 사회적 공방들과 개인적 차원에서의 대화, 논쟁들로 만들어지는 의견들을 모두 포괄한다.

① ㄱ, ㄴ, ㄷ   ② ㄱ, ㄷ, ㄴ

③ ㄴ, ㄱ, ㄷ   ④ ㄴ, ㄷ, ㄱ

⑤ ㄷ, ㄴ, ㄱ

15 다음 중 밑줄 친 부분의 띄어쓰기가 모두 옳은 것은?

① 그를 <u>만난지도</u> 꽤 오래됐다. 대학 때 만났으니 올해로 <u>3년 째</u>이다.

② 그녀는 <u>공부 밖에</u> 모르는 사람이지만 <u>한 번</u> 놀 때는 누구보다도 열심히 논다.

③ 편지글에 <u>나타 난</u> 선생님의 견해는 암기 위주의 공부 방법은 <u>안된다</u>는 것이다.

④ 이제 남은 것은 오직 <u>배신뿐이라는</u> 내 말에 그는 <u>어찌할 바를</u> 모르고 쩔쩔맸다.

⑤ 드실 수 <u>있는만큼만</u> 가져가 주십시오. 음식을 남기지 않고 드신 <u>고객님 께는</u> 저희 매장에서 마련한 타월을 드리겠습니다.

16 다음 중 단어의 발음 표기로 옳은 것은?

① 공권력[공꿘녁]　　　　　　　　② 입원료[입원뇨]

③ 물난리[물난리]　　　　　　　　④ 광한루[광ː한누]

⑤ 이원론[이ː월론]

17 다음 문장의 밑줄 친 부분과 유사한 의미로 쓰인 것은?

> 미국과의 무역전쟁으로 인해 중국은 세계의 공장으로서의 매력을 <u>잃고</u> 있다.

① 그녀는 불의의 사고로 아들을 <u>잃었고</u>, 얼마 전 손녀와도 이별하였다.

② 지갑이나 열쇠 등 물건을 자주 <u>잃는다면</u> 성인 ADHD를 의심해야 한다.

③ 언론은 공정하고 객관적인 시각에서 균형을 <u>잃지</u> 않아야 한다.

④ 우리는 지나친 속도 경쟁의 삶 속에서 삶의 방향을 <u>잃기</u> 쉽다.

⑤ 회사의 늦장 대응에 손실을 최소화할 수 있는 기회마저 <u>잃었다</u>.

18 다음 글의 내용으로 가장 적절한 것은?

소설과 영화는 둘 다 '이야기'를 '전달'해 주는 예술 양식이다. 그래서 역사적으로 소설과 영화는 매우 가까운 관계였다. 초기 영화들은 소설에서 이야기의 소재를 많이 차용했으며, 원작 소설을 각색하여 영화의 시나리오로 만들었다.

하지만 소설과 영화가 인물, 배경, 사건과 같은 이야기 구성 요소들을 공유하고 있다 하더라도 이야기를 전달하는 방법에 뚜렷한 차이를 보인다. 예컨대 어떤 인물의 내면 의식을 드러낼 때 소설은 문자 언어를 통해 표현하지만, 영화는 인물의 대사나 화면 밖의 목소리를 통해 전달하거나 연기자의 표정 또는 행위를 통해 암시적으로 표현한다. 또한, 소설과 영화의 중개자는 각각 서술자와 카메라이기에 그로 인한 서술 방식의 차이도 크다. 가령 1인칭 시점의 원작 소설과 이를 각색한 영화를 비교해보면 소설의 서술자 '나'의 경우 영화에서는 화면에 인물로 등장해야 하므로 이들의 서술 방식은 달라진다.

이처럼 원작 소설과 각색 영화 사이에는 이야기가 전달되는 방식에서 큰 차이가 발생한다. 소설은 시공간의 얽매임을 받지 않고 풍부한 재현이나 표현의 수단을 가지고 있지만, 영화는 모든 것을 직접적인 감각성에 의존한 영상과 음향으로 표현해야 하기 때문에 재현이 어려운 심리적 갈등이나 내면 묘사, 내적 독백 등을 소설과 다른 방식으로 나타내야 하는 것이다. 요컨대 소설과 영화는 상호 유사한 성격을 지니고 있으면서도 각자 독자적인 예술 양식으로서의 특징을 지니고 있다.

① 영화는 소설과 달리 인물의 내면 의식을 직접적으로 표현하지 못한다.
② 소설과 영화는 매체가 다르므로 두 양식의 이야기 전달 방식도 다르다.
③ 매체의 표현 방식에도 진보가 있는데, 영화가 소설보다 발달된 매체이다.
④ 소설과 달리 영화는 카메라의 촬영 기술과 효과에 따라 주제가 달라진다.
⑤ 문자가 영상의 기초가 되므로 영화도 소설처럼 문자 언어적 표현 방식에 따라 화면이 구성된다.

19 다음은 지역별 가구의 PC 보유율에 대한 자료이다. 이에 대한 설명으로 옳지 않은 것은?

〈지역별 가구의 PC 보유율〉

(단위 : %)

구분	2020년	2021년	2022년	2023년	2024년
서울	88.7	89.0	86.9	83.7	82.5
부산	84.7	84.5	81.6	79.0	76.4
대구	81.6	81.5	81.1	76.9	76.0
인천	86.9	86.4	83.6	84.7	81.8
광주	84.4	85.2	82.8	83.2	80.0
대전	85.4	86.1	83.7	82.5	79.9
울산	87.7	88.0	87.1	85.6	88.3
경기	86.2	86.5	86.6	85.4	84.6
강원	77.2	78.2	67.0	64.3	62.5
충청	72.9	74.3	73.3	69.1	66.7
전라	69.3	71.3	67.8	65.6	65.7
경상	70.2	71.7	71.4	67.8	67.7
제주	77.4	79.1	78.3	76.2	74.9

① 대구 지역의 PC 보유율은 2020년 이래 지속적으로 감소하고 있다.

② 광주 지역의 PC 보유율은 2020년 이래 증가와 감소가 반복되고 있다.

③ 전 기간 중 가장 낮은 PC 보유율 기록을 가진 지역은 강원 지역이다.

④ 충청·전라 지역의 PC 보유율 변화 양상은 동일하다.

⑤ 2021년 두 번째로 낮은 PC 보유율을 보인 지역은 경상 지역이다.

다음은 방송통신위원회가 발표한 2024년 지상파방송의 프로그램 수출입 현황에 대한 자료이다. 프로그램 수입에서 영국이 차지하는 비율은?(단, 소수점 둘째 자리에서 반올림한다)

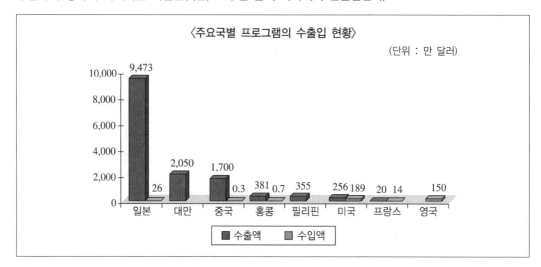

〈주요국별 프로그램의 수출입 현황〉

(단위 : 만 달러)

① 45.2% ② 43.8%

③ 41.1% ④ 39.5%

⑤ 37.4%

21 다음은 M기업의 콘텐츠 유형별 매출액에 대한 자료이다. 이에 대한 설명으로 옳지 않은 것은?

〈M기업의 콘텐츠 유형별 매출액〉

(단위 : 백만 원)

연도＼콘텐츠 유형	게임	음원	영화	SNS	전체
2017년	235	108	371	30	744
2018년	144	175	355	45	719
2019년	178	186	391	42	797
2020년	269	184	508	59	1,020
2021년	485	199	758	58	1,500
2022년	470	302	1,031	308	2,111
2023년	603	411	1,148	104	2,266
2024년	689	419	1,510	341	2,959

① 2019년 이후 매출액이 매년 증가한 콘텐츠 유형은 영화뿐이다.

② 2024년 매출액의 전년 대비 증가율이 가장 큰 콘텐츠 유형은 SNS이다.

③ 영화 매출액은 매년 전체 매출액의 40% 이상이다.

④ 2018 ～ 2024년 동안 콘텐츠 유형별 매출액이 각각 전년보다 모두 증가한 해는 2024년뿐이다.

⑤ 2021 ～ 2024년 동안 매년 게임 매출액은 음원 매출액의 2배 이상이다.

22 다음은 2024년 우리나라 시·도별 연평균 문화예술 및 스포츠 관람횟수에 대한 자료이다. 이에 대한 설명으로 옳지 않은 것은?

〈2024년 시·도별 연평균 문화예술 및 스포츠 관람횟수〉

(단위 : 회)

구분	음악·연주회	연극·마당극·뮤지컬	무용	영화	박물관	미술관	스포츠
전국	2.5	2.4	2.7	6.6	2.6	2.5	3.5
서울특별시	2.9	2.5	2.7	7.2	2.8	2.9	3.9
부산광역시	2.0	2.0	2.0	6.6	2.7	2.0	3.2
대구광역시	2.7	2.2	3.4	6.3	2.5	1.9	2.9
인천광역시	2.2	2.4	2.8	6.3	2.5	2.5	3.6
광주광역시	2.4	2.1	2.7	6.8	2.6	2.3	3.5
대전광역시	2.9	2.1	3.2	6.9	3.1	2.2	3.1
울산광역시	2.2	2.0	2.3	6.2	2.4	2.3	2.9
세종특별자치시	2.7	2.2	3.0	6.8	2.9	2.4	3.2
경기도	2.3	2.5	2.4	6.6	2.4	2.5	3.5
강원도	2.7	2.0	4.9	6.9	2.7	2.5	3.5
충청북도	2.3	2.2	2.3	6.5	2.4	1.9	2.8
충청남도	2.1	2.3	2.2	6.1	2.7	2.0	2.8
전라북도	2.1	2.6	2.6	6.2	2.5	2.1	2.9
전라남도	2.2	2.0	3.5	5.7	2.5	2.5	3.2
경상북도	2.4	2.1	2.9	6.1	2.7	2.1	2.9
경상남도	2.3	2.1	3.4	6.9	2.6	2.4	3.8
제주특별자치도	2.5	2.0	2.1	6.2	2.9	2.7	3.2

① 모든 시·도는 연평균 무용 관람횟수보다 연평균 영화 관람횟수가 더 많다.

② 경상남도에서 영화 다음으로 연평균 관람횟수가 많은 항목은 스포츠 관람이다.

③ 연평균 무용 관람횟수가 가장 많은 시·도는 연평균 스포츠 관람횟수도 가장 높다.

④ 대구광역시의 연평균 박물관 관람횟수는 제주특별자치도의 연평균 박물관 관람횟수의 80% 이상이다.

⑤ 대전광역시는 연극·마당극·뮤지컬을 제외한 모든 항목에서 충청북도보다 연평균 관람횟수가 높다.

23 다음은 동일한 상품군을 판매하는 백화점과 TV홈쇼핑의 상품군별 판매수수료율에 대한 자료이다. 이를 바탕으로 작성한 보고서의 내용 중 옳은 것을 모두 고르면?

〈표 1〉 백화점 판매수수료율 순위

(단위 : %)

판매수수료율 상위 5개			판매수수료율 하위 5개		
순위	상품군	판매수수료율	순위	상품군	판매수수료율
1	셔츠	33.9	1	디지털기기	11.0
2	레저용품	32.0	2	대형가전	14.4
3	잡화	31.8	3	소형가전	18.6
4	여성정장	31.7	4	문구	18.7
5	모피	31.1	5	신선식품	20.8

〈표 2〉 TV홈쇼핑 판매수수료율 순위

(단위 : %)

판매수수료율 상위 5개			판매수수료율 하위 5개		
순위	상품군	판매수수료율	순위	상품군	판매수수료율
1	셔츠	42.0	1	여행패키지	8.4
2	여성캐주얼	39.7	2	디지털기기	21.9
3	진	37.8	3	유아용품	28.1
4	남성정장	37.4	4	건강용품	28.2
5	화장품	36.8	5	보석	28.7

〈보고서〉

백화점과 TV홈쇼핑의 전체 상품군별 판매수수료율을 조사한 결과, ㉠ 백화점, TV홈쇼핑 모두 셔츠 상품군의 판매수수료율이 전체 상품군 중 가장 높았다. 그리고 백화점, TV홈쇼핑 모두 상위 5개 상품군의 판매수수료율이 30%를 넘어섰다. ㉡ 여성정장 상품군과 모피 상품군의 판매수수료율은 TV홈쇼핑이 백화점보다 더 낮았으며, ㉢ 디지털기기 상품군의 판매수수료율은 TV홈쇼핑이 백화점보다 더 높았다. ㉣ 여행패키지 상품군의 판매수수료율은 백화점이 TV홈쇼핑의 2배 이상이었다.

① ㉠, ㉡

② ㉠, ㉢

③ ㉡, ㉣

④ ㉠, ㉢, ㉣

⑤ ㉡, ㉢, ㉣

24 다음은 성별·연령대별 대중 매체 선호비율에 대한 자료이다. 이에 대한 설명으로 옳은 것을 〈보기〉에서 모두 고르면?

〈성별·연령대별 대중 매체 선호비율〉

(단위 : %)

성별	대중 매체	연령대		
		30대 이하	40 ~ 50대	60대 이상
여성	신문	10	25	50
	TV	30	35	40
	온라인	60	40	10
남성	신문	10	20	35
	TV	20	30	35
	온라인	70	50	30

〈보기〉

ㄱ. 남녀 모두 TV 선호비율은 연령대가 높은 집단일수록 높다.
ㄴ. 40 ~ 50대에서 대중 매체 선호비율 순위는 여성과 남성이 같다.
ㄷ. 연령대가 높은 집단일수록 신문 선호비율은 남성보다 여성에서 더 큰 폭으로 증가한다.
ㄹ. 30대 이하에서는 온라인을 선호하는 남성의 수가 여성의 수보다 많다.

① ㄱ, ㄷ
② ㄴ, ㄹ
③ ㄱ, ㄴ, ㄷ
④ ㄱ, ㄴ, ㄹ
⑤ ㄴ, ㄷ, ㄹ

25 다음은 M방송 A개그프로그램의 코너별 시청률과 시청률 순위에 대한 자료이다. 이에 대한 설명으로 옳은 것은?

〈표 1〉 코너별 시청률 및 시청률 순위(5월 마지막 주)

코너명	시청률(%)		시청률 순위	
	금주	전주	금주	전주
체포왕자	27.6	–	1	–
세 가지	27.5	22.2	2	13
멘붕학교	27.2	23.2	3	10
생활의 문제	26.9	30.7	4	1
비겁한 녀석들	26.5	26.3	5	4
아이들	26.4	30.4	6	2
편한 진실	25.8	25.5	7	6
비극배우들	25.7	24.5	8	7
엄마와 딸	25.6	23.9	9	8
김여사	24.7	23.6	10	9
예술성	19.2	27.8	11	3
어색한 친구	17.7	–	12	–
좋지 아니한가	16.7	22.7	13	11
합기도	14.6	18.8	14	14

〈표 2〉 코너별 시청률 및 시청률 순위(8월 첫째 주)

코너명	시청률(%)		시청률 순위	
	금주	전주	금주	전주
험담자	27.4	–	1	–
생활의 문제	27.0	19.6	2	7
김여사	24.9	21.9	3	3
엄마와 딸	24.5	20.4	4	5
돼지의 품격	23.4	23.2	5	1
비극배우들	22.7	22.5	6	2
편한 진실	21.6	21.1	7	4
체포왕자	21.4	16.5	8	12
멘붕학교	21.4	19.6	8	7
비겁한 녀석들	21.1	19.1	10	9
어색한 친구	20.7	19.0	11	10
세 가지	19.8	19.9	12	6
아이들	18.2	17.8	13	11
합기도	15.1	12.6	14	14

※ A개그프로그램은 매주 14개의 코너로 구성됨
※ '–'가 있는 코너는 금주에 신설된 코너를 의미함

① 5월 마지막 주~8월 첫째 주 동안 신설된 코너는 3개이다.

② 신설 코너를 제외하고, 8월 첫째 주에는 전주보다 시청률이 낮은 코너가 없다.

③ 5월 마지막 주와 8월 첫째 주 시청률이 모두 20% 미만인 코너는 '합기도'뿐이다.

④ 시청률 순위 상위 5개 코너의 시청률 산술평균은 8월 첫째 주가 5월 마지막 주보다 높다.

⑤ 신설된 코너와 폐지된 코너를 제외하고, 5월 마지막 주와 8월 첫째 주의 전주 대비 시청률 상승폭이 가장 큰 코너는 동일하다.

26 다음은 A ~ J국가의 1인당 GDP와 1인당 의료비 지출액을 나타낸 자료이다. 이에 대한 설명으로 옳은 것을 〈보기〉에서 모두 고르면?

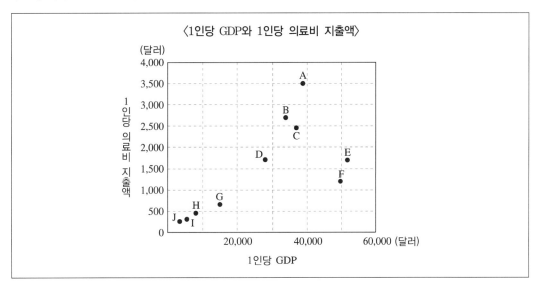

〈1인당 GDP와 1인당 의료비 지출액〉

〈보기〉

ㄱ. 1인당 GDP가 2만 달러 이상인 국가의 1인당 의료비 지출액은 1천 달러 이상이다.

ㄴ. 1인당 의료비 지출액이 가장 많은 국가와 가장 적은 국가의 1인당 의료비 지출액 차이는 3천 달러 이상이다.

ㄷ. 1인당 GDP가 가장 높은 국가와 가장 낮은 국가의 1인당 의료비 지출액 차이는 2천 달러 이상이다.

ㄹ. 1인당 GDP 상위 5개 국가의 1인당 의료비 지출액 합은 1인당 GDP 하위 5개 국가의 1인당 의료비 지출액 합의 5배 이상이다.

① ㄱ, ㄴ

② ㄱ, ㄷ

③ ㄷ, ㄹ

④ ㄱ, ㄴ, ㄹ

⑤ ㄴ, ㄷ, ㄹ

27 다음은 2024년 국가기록원의 비공개기록물 공개 재분류 사업 결과 및 현황에 대한 자료이다. 이에 대한 설명으로 옳지 않은 것은?

〈표 1〉 비공개기록물 공개 재분류 사업 결과

(단위 : 건)

구분	합계	재분류 결과			
		공개			비공개
		소계	전부공개	부분공개	
합계	2,702,653	1,298,570	169,646	1,128,924	1,404,083
30년 경과 비공개기록물	1,199,421	1,079,690	33,012	1,046,678	119,731
30년 미경과 비공개기록물	1,503,232	218,880	136,634	82,246	1,284,352

〈표 2〉 30년 경과 비공개기록물 중 비공개로 재분류된 기록물의 비공개 사유별 현황

(단위 : 건)

합계	비공개 사유						
	법령상 비밀	국방 등 국익침해	국민의 생명 등 공익침해	재판 관련 정보	공정한 업무수행 지장	개인 사생활 침해	특정인의 이익침해
119,731	619	313	54,329	18,091	24	46,298	57

① 2024년 '비공개기록물 공개 재분류 사업' 대상 전체 기록물 중 절반 이상이 다시 비공개로 재분류되었다.

② 30년 경과 비공개기록물 중 전부공개로 재분류된 기록물 건수가 30년 경과 비공개기록물 중 '개인 사생활 침해' 사유에 해당하여 비공개로 재분류된 기록물 건수보다 적다.

③ 30년 경과 비공개기록물 중 공개로 재분류된 기록물의 비율이 30년 미경과 비공개기록물 중 비공개로 재분류된 기록물의 비율보다 낮다.

④ 재분류 건수가 많은 것부터 순서대로 나열하면 30년 경과 비공개기록물은 부분공개, 비공개, 전부공개 순서이며, 30년 미경과 비공개기록물은 비공개, 전부공개, 부분공개 순서이다.

⑤ 30년 경과 비공개기록물 중 '국민의 생명 등 공익침해'와 '개인 사생활 침해' 사유에 해당하여 비공개로 재분류된 기록물 건수의 합은 2024년 '비공개기록물 공개 재분류 사업' 대상 전체 기록물의 5% 이하이다.

28 다음은 과목 등급 산정기준과 과목별 이수단위 및 민수의 과목별 석차에 대한 자료이다. 이에 따라 산정한 민수의 4개 과목 평균등급을 M이라 할 때, M의 범위로 옳은 것은?

〈표 1〉 과목 등급 산정기준

등급	과목석차 백분율
1	0% 초과 4% 이하
2	4% 초과 11% 이하
3	11% 초과 23% 이하
4	23% 초과 40% 이하
5	40% 초과 60% 이하
6	60% 초과 77% 이하
7	77% 초과 89% 이하
8	89% 초과 96% 이하
9	96% 초과 100% 이하

※ $[\text{과목석차 백분율(\%)}] = \dfrac{(\text{과목석차})}{(\text{과목이수인원})} \times 100$

〈표 2〉 과목별 이수단위 및 민수의 과목별 석차

과목 \ 구분	이수단위	석차(등)	이수인원(명)
국어	3	270	300
영어	3	44	300
수학	2	27	300
과학	3	165	300

〈평균등급 산출 공식〉

$(\text{평균등급}) = \dfrac{[(\text{과목별 등급}) \times (\text{과목별 이수단위의 합})]}{(\text{과목별 이수단위의 합})}$

① $3 \leq M < 4$ ② $4 \leq M < 5$

③ $5 \leq M < 6$ ④ $6 \leq M < 7$

⑤ $7 \leq M < 8$

29 다음은 국가별 및 한국의 연도별 국방비에 대한 자료이다. 이에 대한 설명으로 옳은 것을 〈보기〉에서 모두 고르면?

〈표 1〉 국가별 국방비 현황

구분	GDP(억 $)	국방비(억 $)	GDP 대비 국방비(%)	병력(천 명)	1인당 군사비($)
A국가	92,000	2,831	3.1	1,372	1,036
B국가	43,000	404	0.9	243	319
C국가	19,000	311	1.6	333	379
D국가	14,000	379	2.7	317	640
E국가	11,000	568	5.2	1,004	380
F국가	14,000	369	2.6	212	628
G국가	2,830	54	1.9	71	148
H국가	7,320	399	5.5	2,820	32
I국가	990	88	8.9	174	1,465
J국가	840	47	5.6	73	1,174
K국가	150	21	14.0	1,055	98

〈표 2〉 한국의 연도별 국방비

(단위 : 억 원, %)

연도 구분	2019년	2020년	2021년	2022년	2023년	2024년
국방비	66,378	110,744	138,000	137,490	144,774	153,884
재정 대비 국방비 구성비	24.2	21.3	18.3	16.4	16.3	15.5
GDP 대비 국방비 구성비	3.7	3.1	2.9	2.8	2.7	2.6

〈표 3〉 한국의 연도별 국방비 구성

(단위 : 억 원, %)

구분	국방비		군사비					
			경상운영비			전략투자비		
	금액	증가율	금액	증가율	구성비	금액	증가율	구성비
2018년	110,744	9.9	71,032	9.9	64.1	39,712	10.0	35.9
2019년	122,434	10.6	79,772	12.3	65.2	42,662	7.4	34.8
2020년	137,865	12.6	86,032	7.8	62.4	51,833	21.5	37.6
2021년	138,000	0.1	87,098	1.2	63.1	50,902	−1.8	36.9
2022년	137,490	−0.4	85,186	−2.2	62.0	52,304	2.8	38.0
2023년	144,774	5.3	91,337	7.2	63.1	53,437	2.2	36.9
2024년	153,884	6.3	101,743	11.4	66.1	52,141	−2.4	33.9

────────────────⟨보기⟩────────────────

ㄱ. 국방비가 많은 국가일수록 1인당 군사비가 높다.

ㄴ. 한국의 2024년 국방비와 경상운영비 모두 전년 대비 증가했으나, 전략투자비는 전년에 비해 감소했다.

ㄷ. 2022 ~ 2024년에 한국의 국방비 증가율이 전년보다 높은 연도에는 경상운영비의 증가율도 전년보다 높다.

ㄹ. 2019년 이후 한국의 GDP 대비 국방비 구성비와 재정 대비 국방비 구성비 모두 지속적으로 감소하였다.

ㅁ. GDP 대비 국방비의 비율이 높은 국가일수록 1인당 군사비가 높다.

① ㄱ, ㄷ
② ㄱ, ㅁ
③ ㄴ, ㄷ, ㄹ
④ ㄴ, ㄹ, ㅁ
⑤ ㄷ, ㄹ, ㅁ

30 김대리는 대전으로, 이대리는 부산으로 출장을 간다. 출장에서의 업무가 끝난 후 김대리와 이대리는 K지점에서 만나기로 하였다. 다음 〈조건〉에 따라 김대리와 이대리가 같은 시간에 K지점을 향해 출발했을 때, 이대리는 몇 km/h의 속력으로 이동했는가?

────────────────⟨조건⟩────────────────

• 대전과 부산의 거리는 500km이다.

• 김대리는 80km/h의 속력으로 이동했다.

• 대전에서 200km 떨어진 K지점에서 만나기로 하였다.

• 이대리의 속력은 김대리보다 빠르다.

• 이대리는 김대리보다 4시간 30분 늦게 K지점에 도착했다.

• 대전, K지점, 부산은 일직선상에 있다.

① 80km/h
② 90km/h
③ 100km/h
④ 110km/h
⑤ 120km/h

31 다음은 자료를 참고하여 작성한 외국인 관광객의 우리나라 지역축제 만족도와 이미지에 대한 보고서이다. 보고서의 빈칸 A ~ D에 들어갈 내용을 바르게 짝지은 것은?

<보고서>

우리나라 지역축제를 방문한 외국인 관광객을 대상으로 축제 만족도와 이미지를 5점 척도로 설문조사하였다. 외국인 관광객의 우리나라 지역축제에 대한 '전반적 만족도'는 평균 4.61점으로 만족 수준이 높았다. 우리나라 지역축제에 대해 '만족('매우 만족'+'약간 만족')'한다는 응답이 전체의 96.1%로 나타났으며, '보통'은 3.0%, '불만족('매우 불만족'+'약간 불만족')'은 ___A___ 에 불과하였다.

외국인 관광객의 부문별 만족도를 성별로 살펴보면 ___B___ 부문만이 여성의 만족도가 남성의 만족도보다 높게 나타났으며, 그 외 부문은 남성의 만족도가 더 높은 것으로 나타났다.

연령대별로 살펴보면 '전반적 만족도'는 '50대 이상', '40대', '20대', '10대', '30대' 순서로 높았고, '음식', '쇼핑', '안내정보서비스' 부문에서는 ___C___ 연령대가 모든 연령대 중 가장 높은 만족도를 보였다.

외국인 관광객의 우리나라 지역축제에 대한 항목별 이미지를 성별로 분석해 본 결과, 남성은 여성에 비해 '다양하다'와 '역동적이다'는 이미지를 더 강하게 인식하는 반면, 여성은 남성에 비해 ___D___ 의 이미지를 더 강하게 인식하고 있는 것으로 나타났다.

※ 5점 척도 값이 클수록 만족도가 높거나 이미지가 강한 것을 나타냄

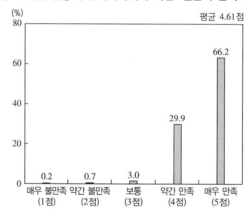

〈그래프 1〉 외국인 관광객의 지역축제에 대한 '전반적 만족도' 응답분포

평균 4.61점

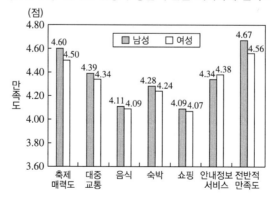

〈그래프 2〉 외국인 관광객 성별 부문별 지역축제 만족도

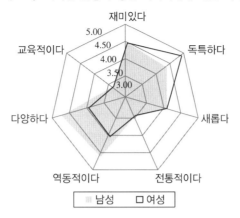

〈그래프 3〉 외국인 관광객 성별 지역축제에 대한 이미지

〈외국인 관광객 연령대별 부문별 지역축제 만족도〉

(단위 : 점)

부문＼연령대	10대	20대	30대	40대	50대 이상	평균
축제 매력도	4.45	4.56	4.45	4.78	4.58	4.55
대중교통	4.37	4.34	4.41	4.65	4.60	4.36
숙박	4.42	4.07	4.09	4.45	4.43	4.10
음식	4.39	4.26	4.16	4.41	4.63	4.26
쇼핑	4.33	4.03	4.15	4.20	4.43	4.08
안내정보서비스	4.56	4.38	4.15	4.32	4.62	4.36
전반적 만족도	4.45	4.64	4.44	4.70	4.83	4.61

	A	B	C	D
①	0.7%	대중교통	40대	재미있다
②	0.7%	숙박	20대	새롭다
③	0.9%	안내정보서비스	20대	독특하다
④	0.9%	안내정보서비스	50대 이상	독특하다
⑤	0.9%	대중교통	50대 이상	재미있다

32 다음은 어느 나라의 세목별 징수세액에 대한 자료이다. 이에 대한 〈조건〉을 이용하여 A ~ D에 해당하는 세목을 바르게 나열한 것은?

〈세목별 징수세액〉

(단위 : 억 원)

세목＼연도	2003년	2013년	2023년
소득세	35,569	158,546	344,233
법인세	31,079	93,654	352,514
A	395	4,807	12,207
증여세	1,035	4,205	12,096
B	897	10,173	10,163
C	52,602	203,690	469,915
개별소비세	12,570	27,133	26,420
주세	8,930	20,780	20,641
전화세	2,374	11,914	11,910
D	4,155	13,537	35,339

〈조건〉

• 2003년 징수세액이 5,000억 원보다 적은 세목은 상속세, 자산재평가세, 전화세, 증권거래세, 증여세이다.
• 2013년에 징수세액이 2003년에 비해 10배 이상 증가한 세목은 상속세와 자산재평가세이다.
• 2023년에 징수세액이 2013년에 비해 증가한 세목은 법인세, 부가가치세, 상속세, 소득세, 증권거래세, 증여세이다.

	A	B	C	D
①	상속세	자산재평가세	부가가치세	증권거래세
②	상속세	증권거래세	자산재평가세	부가가치세
③	자산재평가세	상속세	부가가치세	증권거래세
④	자산재평가세	부가가치세	상속세	증권거래세
⑤	증권거래세	상속세	부가가치세	자산재평가세

33 다음은 3개 기관 유형의 분야별 연구개발비 비중에 대한 자료이다. 이에 대한 설명으로 옳은 것을 〈보기〉에서 모두 고르면?

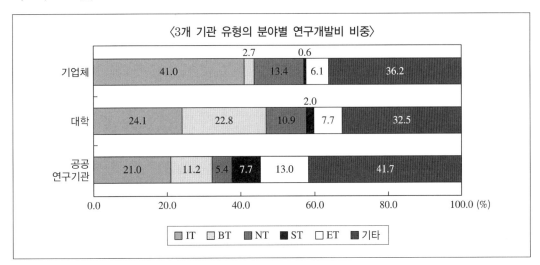

〈보기〉
ㄱ. 공공연구기관의 연구개발비는 BT분야가 NT분야의 2배 이상이다.
ㄴ. 기업체의 IT, NT분야 연구개발비 합은 기업체 전체 연구개발비의 50% 이상이다.
ㄷ. 3개 기관 유형 중 ET분야 연구개발비는 공공연구기관이 가장 많다.
ㄹ. 공공연구기관의 ST분야 연구개발비는 기업체와 대학의 ST분야 연구개발비 합보다 크다.
ㅁ. 기타를 제외하고 연구개발비 비중이 가장 작은 분야는 3개 기관 유형에서 모두 동일하다.

① ㄱ, ㄴ   ② ㄴ, ㄹ
③ ㄱ, ㄴ, ㄷ   ④ ㄱ, ㄴ, ㄹ
⑤ ㄷ, ㄹ, ㅁ

34 다음은 수도권 3개 지역 간 화물 유동량에 대한 자료이다. 이를 바탕으로 작성한 그래프로 옳지 않은 것은?

〈수도권 3개 지역 간 화물 유동량〉

(단위 : 백만 톤)

출발 지역 \ 도착 지역	서울	인천	경기	합계
서울	59.6	8.5	0.6	68.7
인천	30.3	55.3	0.7	86.3
경기	78.4	23.0	3.2	104.6
합계	168.3	86.8	4.5	259.6

※ 수도권 외부와의 화물 이동은 고려하지 않음

① 수도권 출발 지역별 경기 도착 화물 유동량

(단위 : 백만 톤)

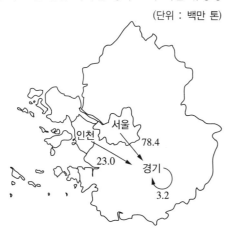

② 수도권 3개 지역별 도착 화물 유동량

(단위 : 백만 톤)

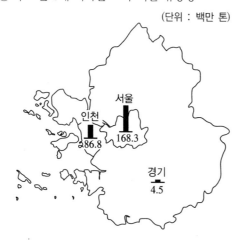

③ 수도권 3개 지역의 상호 간 화물 유동량

(단위 : 백만 톤)

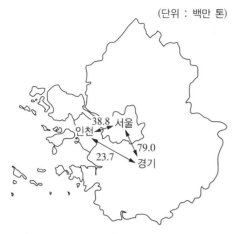

※ '상호 간 화물 유동량'은 두 지역 간 출발 화물 유동량과 도착 화물 유동량의 합임

④ 수도권 3개 지역별 출발 화물 유동량

(단위 : 백만 톤)

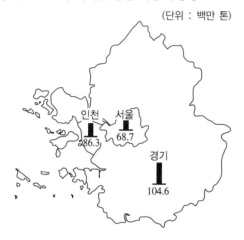

⑤ 인천 도착 화물 유동량의 수도권 출발 지역별 비중

(단위 : %)

35 다음은 대학유형별 현황에 대한 자료이다. 이에 대한 설명으로 옳은 것을 〈보기〉에서 모두 고르면?

〈대학유형별 현황〉

(단위 : 개, 명)

구분＼유형	국립대학	공립대학	사립대학	전체
학교	34	1	154	189
학과	2,776	40	8,353	11,169
교원	15,299	354	49,770	65,423
여성	2,131	43	12,266	14,440
직원	8,987	205	17,459	26,651
여성	3,254	115	5,259	8,628
입학생	78,888	1,923	274,961	355,772
재적생	471,465	13,331	1,628,497	2,113,293
졸업생	66,890	1,941	253,582	322,413

─────〈보기〉─────

ㄱ. 학과당 교원 수는 공립대학이 사립대학보다 많다.
ㄴ. 전체 대학 입학생 수에서 국립대학 입학생 수가 차지하는 비율은 20% 이상이다.
ㄷ. 입학생 수 대비 졸업생 수의 비율은 공립대학이 국립대학보다 높다.
ㄹ. 각 대학유형에서 남성 직원 수가 여성 직원 수보다 많다.

① ㄱ, ㄷ   ② ㄱ, ㄹ
③ ㄴ, ㄹ   ④ ㄱ, ㄴ, ㄷ
⑤ ㄴ, ㄷ, ㄹ

36 신입사원인 수호, 민석, 종대는 임의의 순서로 검은색·갈색·흰색 책상에 이웃하여 앉아 있고, 커피·주스·콜라 중 한 가지씩 좋아한다. 또한 기획·편집·디자인의 서로 다른 업무를 하고 있다. 다음 〈조건〉을 참고할 때, 〈보기〉에서 항상 참인 것을 모두 고르면?

〈조건〉

- 종대는 갈색 책상에 앉아 있다.
- 기획 담당과 디자인 담당은 서로 이웃해 있지 않다.
- 수호는 편집 담당과 이웃해 있다.
- 검은색 책상에 앉은 사람은 편집 업무를 담당한다.
- 디자인을 하는 사람은 커피를 좋아한다.
- 수호는 주스를 좋아한다.

〈보기〉

ㄱ. 종대는 커피를 좋아한다.
ㄴ. 민석이와 종대는 이웃해 있다.
ㄷ. 수호는 편집을 하지 않고, 민석이는 콜라를 좋아하지 않는다.
ㄹ. 민석이는 흰색 책상에 앉아 있다.
ㅁ. 수호는 기획 담당이다.

① ㄱ, ㄴ
② ㄴ, ㄷ
③ ㄷ, ㄹ
④ ㄱ, ㄴ, ㅁ
⑤ ㄱ, ㄷ, ㅁ

※ 다음은 유아서적브랜드 ○○북스의 주문번호에 대한 자료이다. 이어지는 질문에 답하시오. **[37~39]**

• ○○북스는 6개월부터 만 5세를 위한 도서를 출판하며 이에 대한 주문을 다음과 같은 코드로 분류한다.

권장연령	주요영역	출판 · 개정판
S0 : 6개월 ~ 만 1세 S1 : 만 1 ~ 2세 S2 : 만 2 ~ 3세 F : 만 3 ~ 5세	LA : 언어 CR : 창작 PS : 인성 NT : 자연 MS : 수학 · 과학 TR : 전래 HP : 역사 · 철학 · 인물 MC : 다문화 AA : 미술	00 : 2000년 01 : 2001년 02 : 2002년 ... 24 : 2024년 25 : 2025년
구성사항 1	구성사항 2	상품 · 구매 정보
WK : 워크북 BD : 보드북 PU : 팝업북 PZ : 퍼즐북 SW : 사운드북	0 : 구매 안 함 1 : 헝겊책 2 : 손 인형 3 : 사운드펜 4 : 병풍	01(1) : 단행본 – 낱권구매 10(a) : 전집 – 전권구매(a) 11(b) : 전집 – 낱권구매(b) a : 전집의 총 책 권수 b : 구매하는 책 번호

※ ○○북스는 2000년에 처음으로 출판을 했으며, 이후 매년 약간의 수정을 거쳐 개정판을 출시함(2019년과 2023년 제외)
※ '구성사항 1'은 도서에 포함되어 있는 상품, '구성사항 2'는 도서와 관련이 있지만 별도 선택 구매 상품임

37 다음 중 만 1세부터 만 2세 창작영역 발달 책으로 워크북과 손 인형이 구성사항인 2024년 개정판 12권 전집 전권 구매 시 주문번호로 옳은 것은?

① S1CR02WK210(12)
② S1CR02WK211(12)
③ S1CR24WK210(12)
④ S1CR24WK211(12)
⑤ S1CR24WK212(12)

38 다음은 A가 ○○북스에서 구매한 내용이다. 주문번호로 옳은 것은?

> 2023년 현재 A의 아들은 만 3세이다. 이에 A는 아들이 내년 이후에 볼 책을 미리 구매하기로 하였다. 인성영역과 역사영역을 고민하던 A는 먼저 인성영역을 구매하기로 하였다. 현재 판매 중인 최신판은 2022년 상품으로 팝업북과 병풍이 구성사항인 단행본으로, A는 구성사항 중 도서에 포함된 항목만 구매하기로 결정하였다.

① FPS22PU001(1)
② FPS22PU041(1)
③ FPS23PU001(1)
④ FPS23PU041(1)
⑤ S2PS22PU001(1)

39 다음 주문 내용에 해당하는 주문번호는 모두 몇 개인가?

> 안녕하세요, 키즈카페를 운영하는 ○○○입니다. 우리 카페에 ○○북스 도서를 들여놓고 싶어서요. 저희가 원하는 도서는 권장연령이 만 2세 이하가 볼 수 있는 언어, 창작, 자연, 수학·과학, 역사·철학·인물에 대한 내용을 담고 있는 도서로 2021년 이후 개정판의 구매를 원합니다. 구성사항 1과 2 모두 포함돼도 좋고 아니어도 괜찮습니다. 단행본이어도 괜찮고, 만일 전집일 경우에는 전권구매를 원합니다.

S0LA0510(20)	S1HP2211(2)	S2PS2010(26)	S0AA1711(8)
S1MS2401(1)	S2PS1101(1)	S0TR1801(1)	S2MC2011(1)
S1NT2211(18)	S0LA2101(1)	S2TR1401(1)	FCR1701(1)
FPS1810(9)	FLA1810(12)	S1CR2401(1)	S1LA1201(1)

① 1개
② 2개
③ 3개
④ 4개
⑤ 5개

40 M사는 신제품의 품번을 다음과 같은 규칙에 따라 정한다. 제품에 설정된 영단어가 'INTELLECTUAL'일 때, 이 제품의 품번으로 옳은 것은?

> 〈규칙〉
> 1단계 : 알파벳 A ~ Z를 숫자 1, 2, 3, …으로 변환하여 계산한다.
> 2단계 : 제품에 설정된 임의의 영단어를 숫자로 변환한 값의 합을 구한다.
> 3단계 : 영단어 속 자음의 합에서 모음의 합을 뺀 값의 절댓값을 구한다.
> 4단계 : 2단계와 3단계의 값을 더한 다음 4로 나누어 2단계의 값에 더한다.
> 5단계 : 4단계의 값이 정수가 아닐 경우에는 소수점 첫째 자리에서 버린다.

① 120
② 140
③ 160
④ 180
⑤ 200

41 다음 규칙을 근거로 〈보기〉의 수식을 계산한 값은?

〈규칙〉

연산자 A, B, C, D는 다음과 같이 정의한다.
- A : 좌우에 있는 두 수를 더한다. 단, 더한 값이 10 미만이면 좌우에 있는 두 수를 곱한다(예 2 A 3=6).
- B : 좌우에 있는 두 수 가운데 큰 수에서 작은 수를 뺀다. 단, 두 수가 같거나 뺀 값이 10 미만이면 두 수를 곱한다.
- C : 좌우에 있는 두 수를 곱한다. 단, 곱한 값이 10 미만이면 좌우에 있는 두 수를 더한다.
- D : 좌우에 있는 두 수 가운데 큰 수를 작은 수로 나눈다. 단, 두 수가 같거나 나눈 값이 10 미만이면 두 수를 곱한다.
※ 연산은 ( ) → [ ]의 순으로 함

〈보기〉

[(1 A 5) B (3 C 4)] D 6

① 10
② 12
③ 90
④ 210
⑤ 360

42 다음 상황을 근거로 판단할 때, 준석이가 가장 많은 식물을 재배할 수 있는 온도와 상품가치의 총합이 가장 큰 온도는?(단, 주어진 조건 외에 다른 조건은 고려하지 않는다)

- 준석이는 같은 온실에서 5가지 식물(A ~ E)을 하나씩 동시에 재배하고자 한다.
- A ~ E식물의 재배가능 온도와 각각의 상품가치는 다음과 같다.

구분	재배가능 온도(℃)	상품가치(원)
A식물	0 이상 20 이하	10,000
B식물	5 이상 15 이하	25,000
C식물	25 이상 55 이하	50,000
D식물	15 이상 30 이하	15,000
E식물	15 이상 25 이하	35,000

- 준석이는 온도만 조절할 수 있으며, 식물의 상품가치를 결정하는 유일한 것은 온도이다.
- 온실의 온도는 0℃를 기준으로 5℃ 간격으로 조절할 수 있고, 한 번 설정하면 변경할 수 없다.

	가장 많은 식물을 재배할 수 있는 온도	상품가치의 총합이 가장 큰 온도
①	15℃	15℃
②	15℃	20℃
③	15℃	25℃
④	20℃	20℃
⑤	20℃	25℃

43 세 개의 군사기지 ㉮~㉰에서 각각 적기의 출현 여부를 레이더를 통해 감시하고 그 결과를 다음과 같이 분류하였다. 각 군사기지의 적중 확률과 오경보 확률을 그림과 같이 나타냈을 때, 이에 대한 설명으로 옳은 것을 〈보기〉에서 모두 고르면?

- 실제로 적기가 출현한 경우
  1. 경보를 울림(적중)
  2. 경보를 울리지 않음(누락)
- 실제로 적기가 출현하지 않은 경우
  1. 경보를 울림(오경보)
  2. 경보를 울리지 않음(정기각)

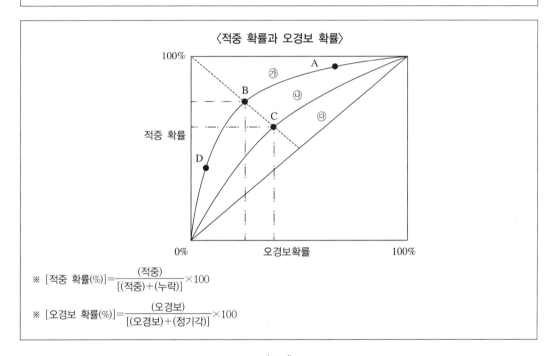

〈적중 확률과 오경보 확률〉

※ [적중 확률(%)] = $\dfrac{(적중)}{[(적중)+(누락)]} \times 100$

※ [오경보 확률(%)] = $\dfrac{(오경보)}{[(오경보)+(정기각)]} \times 100$

―――――――――――――〈보기〉―――――――――――――

ㄱ. 적기가 실제 출현했을 경우 적중 확률이 40%라면 누락 확률은 60%이다.
ㄴ. ㉮기지는 ㉰기지보다 적기출현 여부를 더 정확하게 판단하였다.
ㄷ. ㉮기지의 경우 적중에 대한 보상을 강화하였더니 A에서 D로 이동하였다.
ㄹ. 다른 조건이 동일하다면 C보다는 B가 바람직한 경우이다.

① ㄱ, ㄴ   ② ㄷ, ㄹ
③ ㄱ, ㄴ, ㄹ   ④ ㄴ, ㄷ, ㄹ
⑤ ㄱ, ㄴ, ㄷ, ㄹ

44 다음 규칙을 근거로 판단할 때, '도토리'와 '하트'를 각각 가장 많이 획득할 수 있는 꽃은?

〈규칙〉

- 게임 시작과 동시에 주어지는 12개의 물방울을 가지고 1시간 동안 한 종류만의 꽃을 선택하여 재배·수확을 반복한다.
- 12개의 물방울은 재배·수확이 끝나면 자동 충전된다.
- 꽃을 1회 재배·수확하기 위해서는 꽃 종류별로 각각 일정한 '재배·수확시간'과 '물방울'이 필요하다.
- 재배·수확된 꽃은 '도토리'나 '하트' 중 어느 하나를 선택하여 교환할 수 있다.
- 이외의 조건은 고려하지 않는다.

구분	재배·수확시간(회당)	물방울(송이당)	도토리(송이당)	하트(송이당)
나팔꽃	3분	2개	2개	1개
무궁화	5분	4개	3개	5개
수선화	10분	2개	5개	10개
장미	12분	6개	10개	15개
해바라기	20분	4개	25개	20개

예 나팔꽃 1송이를 재배·수확하는 데 필요한 물방울은 2개이므로 12개의 물방울로 3분 동안 6송이의 나팔꽃을 재배·수확하여 도토리 12개 또는 하트 6개로 교환할 수 있다.

	도토리	하트
①	해바라기	수선화
②	해바라기	장미
③	무궁화	장미
④	나팔꽃	해바라기
⑤	나팔꽃	수선화

45 중소기업청은 우수 중소기업 지원자금을 5,000억 원 한도 내에서 다음과 같은 지침에 따라 A ~ D기업에 배분하고자 한다. 기업별 지원금액을 바르게 짝지은 것은?

〈지침〉

가. 평가지표별 점수 부여 : 평가지표별로 1위 기업에게는 4점, 2위는 3점, 3위는 2점, 4위는 1점을 부여한다. 다만, 부채비율이 낮을수록 순위가 높으며, 나머지 지표는 클수록 순위가 높다.

나. 기업 평가순위 부여 : 획득한 점수의 합이 큰 기업 순으로 평가순위(1 ~ 4위)를 부여한다.

다. 지원한도
  (1) 평가순위 1위 기업에는 2,000억 원, 2위는 1,500억 원, 3위는 1,000억 원, 4위는 500억 원까지 지원할 수 있다.
  (2) 각 기업에 대한 지원한도는 순자산의 2/3로 제한된다. 다만, 평가순위가 3위와 4위인 기업 중 부채비율이 400% 이상인 기업에는 순자산의 1/2만큼만 지원할 수 있다.

라. 지원요구금액이 지원한도보다 적은 경우에는 지원요구금액만큼만 배정한다.

〈평가지표와 각 기업의 순자산 및 지원요구금액〉

구분		A기업	B기업	C기업	D기업
평가 지표	경상이익률(%)	5	2	1.5	3
	영업이익률(%)	5	1	2	1.5
	부채비율(%)	500	350	450	300
	매출액증가율(%)	8	10	9	11
순자산(억 원)		2,100	600	900	3,000
지원요구금액(억 원)		2,000	500	1,000	1,800

	A기업	B기업	C기업	D기업
①	1,400	400	450	1,800
②	1,050	500	1,000	1,800
③	1,400	400	500	2,000
④	1,050	500	450	2,000
⑤	1,400	500	450	1,800

46 다음은 A~J아파트 단지의 주택성능에 대한 자료이다. 규칙을 적용하여 이를 분석한 내용으로 옳은 것은?

〈A~J아파트 단지의 주택성능〉

부문 세부항목 단지	소음				외부환경
	경량충격	중량충격	화장실	세대 간	
A	☆	☆	☆☆☆	☆☆☆☆	☆☆☆
B	☆	☆	☆☆	☆☆☆	☆☆
C	☆	☆	☆☆☆	☆☆☆☆	☆
D	☆	☆	☆☆☆	☆☆☆☆	☆
E	☆	☆	☆☆☆	☆☆	☆☆
F	☆	☆	☆☆☆	☆☆☆	☆
G	☆☆	☆	☆☆☆	☆☆☆☆	☆☆
H	☆☆	☆☆	☆☆☆	☆☆☆☆	☆☆
I	☆	☆	☆☆☆	☆☆☆☆	☆☆
J	☆	☆	☆☆☆	☆☆☆☆	☆☆

〈규칙〉

- 소음부문에서 '세대 간'은 '☆' 하나당 2점을, 나머지 세부항목은 '☆' 하나당 1점을 부여한다.
- 외부환경부문은 '☆' 하나당 3점을 부여한다.
- 소음부문점수는 소음부문 세부항목점수의 합이고, 주택성능점수는 소음부문점수와 외부환경부문점수의 합이다.

① 소음부문에서 가장 높은 점수를 받은 단지는 G이다.
② 소음부문에서 가장 낮은 점수를 받은 단지는 B이다.
③ 외부환경부문에서 가장 높은 점수를 받은 단지가 주택성능점수도 가장 높다.
④ 주택성능점수가 가장 낮은 단지가 세대 간 소음을 제외한 소음부문점수도 가장 낮다.
⑤ 주택성능점수가 19점인 단지가 가장 많다.

47 다음 법 규정과 M지방자치단체 공직자윤리위원회 위원 현황을 근거로 판단할 때 옳은 것은?(단, 오늘은 2024년 3월 10일이다)

제○○조
① 지방자치단체는 공직자윤리위원회(이하 '위원회')를 두어야 한다.
② 위원회는 위원장과 부위원장 각 1명을 포함한 9명의 위원으로 구성하되, 위원은 다음 각 호에 따라 위촉한다.
　　1. 5명의 위원은 법관, 교육자, 시민단체에서 추천한 자로 한다. 이 경우 제2호의 요건에 해당하는 자는 제외된다.
　　2. 4명의 위원은 해당 지방의회 의원 2명, 해당 지방자치단체 소속 행정국장, 기획관리실장(이하 '소속 공무원')으로 한다.
③ 위원회의 위원장과 부위원장은 위원회에서 다음 각 호에 따라 선임한다.
　　1. 위원장은 제2항 제1호의 5명 중에서 선임
　　2. 부위원장은 제2항 제2호의 4명 중에서 선임

제○○조
① 위원의 임기는 2년으로 하되, 한 차례만 연임할 수 있다.
② 지방자치단체의회 의원 및 소속 공무원 중에서 위촉된 위원의 임기는 제1항에도 불구하고 지방의회 의원인 경우에는 그 임기 내로 하고, 소속 공무원인 경우에는 그 직위에 재직 중인 기간으로 한다.
③ 전조 제2항 제1호에 따른 위원 중 결원이 생겼을 경우 그 자리에 새로 위촉된 위원의 임기는 전임자의 남은 기간으로 한다.

〈M지방자치단체 공직자윤리위원회 위원 현황〉

성명	직위	최초 위촉일자
A	M지방의회 의원	2022. 9. 1.
B	시민연대 회원	2022. 9. 1.
C	M지방자치단체 소속 기획관리실장	2022. 9. 1.
D	지방법원 판사	2023. 3. 1.
E	대학교 교수	2022. 9. 1.
F	고등학교 교사	2020. 9. 1.
G	중학교 교사	2022. 9. 1.
H	M지방의회 의원	2022. 9. 1.
I	M지방자치단체 소속 행정국장	2022. 9. 1.

※ 모든 위원은 최초 위촉 이후 계속 위원으로 활동하고 있음

① B가 사망하여 새로운 위원을 위촉하는 경우 M지방의회 의원을 위촉할 수 있다.
② C가 오늘자로 명예퇴직하더라도 위원직을 유지할 수 있다.
③ E가 오늘자로 사임한 경우 당일 그 자리에 위촉된 위원의 임기는 위촉된 날로부터 2년이다.
④ F는 임기가 만료되면 연임할 수 있다.
⑤ I는 부위원장으로 선임될 수 있다.

48 다음은 갑 ~ 병 회사의 부서 간 정보교환을 나타낸 자료이다. 〈조건〉을 이용하여 작성한 각 회사의 부서 간 정보교환 형태가 〈보기〉와 같을 때, (A) ~ (C)에 해당하는 회사를 바르게 나열한 것은?

〈표 1〉 갑 회사의 부서 간 정보교환

부서	a	b	c	d	e	f	g
a		1	1	1	1	1	1
b	1		0	0	0	0	0
c	1	0		0	0	0	0
d	1	0	0		0	0	0
e	1	0	0	0		0	0
f	1	0	0	0	0		0
g	1	0	0	0	0	0	

〈표 2〉 을 회사의 부서 간 정보교환

부서	a	b	c	d	e	f	g
a		1	1	0	0	0	0
b	1		0	1	1	0	0
c	1	0		0	0	1	1
d	0	1	0		0	0	0
e	0	1	0	0		0	0
f	0	0	1	0	0		0
g	0	0	1	0	0	0	

〈표 3〉 병 회사의 부서 간 정보교환

부서	a	b	c	d	e	f	g
a		1	0	0	0	0	1
b	1		1	0	0	0	0
c	0	1		1	0	0	0
d	0	0	1		1	0	0
e	0	0	0	1		1	0
f	0	0	0	0	1		1
g	1	0	0	0	0	1	

※ 갑, 을, 병 회사는 각각 a ~ g의 7개 부서만으로 이루어짐
※ 부서 간 정보교환이 있으면 1, 없으면 0으로 표시함

─〈조건〉─

• 점(·)은 부서를 의미한다.
• 두 부서 간 정보교환이 있으면 두 점을 선(─)으로 직접 연결한다.
• 두 부서 간 정보교환이 없으면 두 점을 선(─)으로 직접 연결하지 않는다.

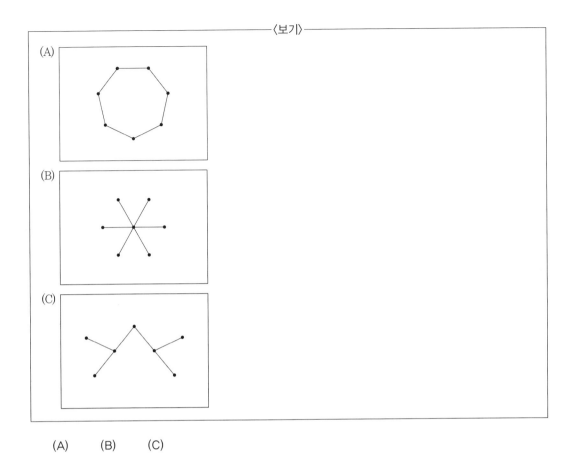

	(A)	(B)	(C)
①	갑	을	병
②	갑	병	을
③	을	갑	병
④	을	병	갑
⑤	병	갑	을

49 M사에서 근무하고 있는 김인턴은 경기본부로 파견 근무를 나가고자 한다. 다음 〈조건〉에 따라 파견일을 결정할 때, 김인턴이 경기본부 파견 근무를 갈 수 있는 기간으로 옳은 것은?

〈10월 달력〉

일요일	월요일	화요일	수요일	목요일	금요일	토요일
				1	2	3
4	5	6	7	8	9	10
11	12	13	14	15	16	17
18	19	20	21	22	23	24
25	26	27	28	29	30	31

──────── 〈조건〉 ────────

• 김인턴은 10월 중에 경기본부로 파견 근무를 나간다.
• 파견 근무는 2일 동안 진행되며, 이틀 동안 연이어 진행하여야 한다.
• 파견 근무는 주중에만 진행된다.
• 김인턴은 10월 1일부터 10월 7일까지 연수에 참석하므로 해당 기간에는 근무를 진행할 수 없다.
• 김인턴은 10월 27일부터는 부서이동을 하므로, 27일부터는 파견 근무를 포함한 모든 담당 업무를 후임자에게 인계하여야 한다.
• 김인턴은 목요일마다 H본부로 출장을 가며, 출장일에는 파견 근무를 수행할 수 없다.

① 10월 6 ~ 7일
② 10월 11 ~ 12일
③ 10월 14 ~ 15일
④ 10월 20 ~ 21일
⑤ 10월 27 ~ 28일

50 다음 글을 근거로 판단할 때, 옳은 것을 〈보기〉에서 모두 고르면?

> 1부터 5까지 숫자가 하나씩 적힌 5장의 카드와 3개의 구역이 있는 다트판이 있다. 갑과 을은 다음 방법에 따라 점수를 얻는 게임을 하기로 했다.
>
>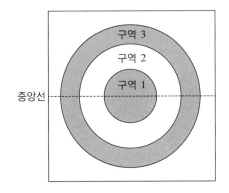
>
> • 우선 5장의 카드 중 1장을 임의로 뽑고, 그 후 다트를 1차 시기와 2차 시기에 각 1번씩 총 2번 던진다.
> • 뽑힌 카드에 적혀 있는 숫자가 '카드점수'가 되며, 점수를 얻는 방법은 다음과 같다.
>
> [1차 시기 점수 산정 방법]
> – 다트가 구역 1에 꽂힐 경우 : (카드점수)×3
> – 다트가 구역 2에 꽂힐 경우 : (카드점수)×2
> – 다트가 구역 3에 꽂힐 경우 : (카드점수)×1
> – 다트가 그 외 영역에 꽂힐 경우 : (카드점수)×0
>
> [2차 시기 점수 산정 방법]
> – 다트가 다트판의 중앙선 위쪽에 꽂힐 경우 : 2점
> – 다트가 다트판의 중앙선 아래쪽에 꽂힐 경우 : 0점
>
> [최종점수 산정 방법]
> – 최종점수 : (1차 시기 점수)+(2차 시기 점수)
> ※ 다트판의 선에 꽂히는 경우 등 그 외 조건은 고려하지 않음

〈보기〉

ㄱ. 갑이 짝수가 적힌 카드를 뽑았다면 최종점수는 홀수가 될 수 없다.
ㄴ. 갑이 숫자 2가 적힌 카드를 뽑았다면 가능한 최종점수는 8가지이다.
ㄷ. 갑이 숫자 4가 적힌 카드를, 을이 숫자 2가 적힌 카드를 뽑았다면 가능한 갑의 최종점수 최댓값과 을의 최종점수 최솟값의 차이는 14점이다.

① ㄱ
② ㄷ
③ ㄱ, ㄴ
④ ㄱ, ㄷ
⑤ ㄴ, ㄷ

www.sdedu.co.kr

제2회
MBC
필기전형

기본직무소양평가
모의고사

〈문항 수 및 시험시간〉

평가영역	문항 수	시험시간	모바일 OMR 답안채점 / 성적분석 서비스
의사소통능력＋수리능력＋문제해결능력	50문항	60분	

제2회 모의고사

문항 수 : 50문항
시험시간 : 60분

01 다음 문단을 논리적 순서대로 바르게 나열한 것은?

> (가) 동아시아의 문명 형성에 가장 큰 영향력을 끼친 책을 꼽을 때 『논어』가 빠질 수 없다. 『논어』는 공자(B.C 551 ~ 479)가 제자와 정치인 등을 만나서 나눈 이야기를 담고 있다. 공자의 활동기간으로 따져보면 『논어』는 지금으로부터 대략 2500년 전에 쓰인 것이다. 지금의 우리는 한나절에 지구 반대편으로 날아다니고, 여름에 겨울 과일을 먹는 그야말로 공자는 상상할 수도 없는 세상에 살고 있다.
>
> (나) 2500년 전의 공자와 그가 대화한 사람 역시 우리와 마찬가지로 '호모 사피엔스'이기 때문이다. 2500년 전의 사람도 배고프면 먹고, 졸리면 자고, 좋은 일이 있으면 기뻐하고, 나쁜 일이 있으면 화를 내는 오늘날의 사람과 다름없었다. 불의를 보면 공분하고, 전쟁보다 평화가 지속되기를 바라고, 예술을 보고 들으며 즐거워했는데, 오늘날의 사람도 마찬가지이다.
>
> (다) 물론 2500년의 시간으로 인해 책이 쓰일 당시와 현재 달라진 점도 많고 시대와 문화에 따라 '사람다움이 무엇인가?'에 대한 답은 다를 수 있지만, 사람은 돌도 아니고 개도 아니고 사자도 아니라 여전히 사람일 뿐이다. 즉 현재의 인간이 과거보다 자연의 힘에 두려워하지 않고 자연을 합리적으로 설명할 수는 있지만, 인간적 약점을 극복하고 신적인 존재가 될 수는 없는 그저 인간일 뿐인 것이다.
>
> (라) 『논어』의 일부는 여성과 아동, 이민족에 대한 당시의 편견을 드러내고 있어 이처럼 달라진 시대의 흐름에 따라 폐기될 수밖에 없지만, 이를 제외한 부분은 '오래된 미래'로서 읽을 가치가 있는 것이다.
>
> (마) 이론의 생명 주기가 짧은 학문의 경우, 2500년 전의 책은 역사적 가치가 있을지언정 이론으로서는 폐기 처분이 당연시된다. 그런데 왜 21세기의 우리가 2500년 전의 『논어』를 지금까지도 읽고, 또 읽어야 할 책으로 간주하고 있는 것일까?

① (가) – (마) – (나) – (다) – (라)
② (가) – (마) – (나) – (라) – (다)
③ (가) – (마) – (다) – (나) – (라)
④ (나) – (다) – (가) – (마) – (라)
⑤ (마) – (가) – (나) – (다) – (라)

02 다음 글의 빈칸에 들어갈 용어로 가장 적절한 것은?

죄가 언론 보도의 주요 소재가 되고 있다. 그 이유는 언론이 범죄를 취잿감으로 찾아내기가 쉽고 편의에 따라 기사화할 수 있을 뿐만 아니라, 범죄 보도를 통하여 시청자의 관심을 끌 수 있기 때문이다. 이러한 보도는 범죄에 대한 국민의 알 권리를 충족시키는 공적 기능을 수행하기 때문에 사회적으로 용인되는 경향이 있다. 그러나 지나친 범죄 보도는 범죄자나 범죄 피의자의 초상권을 침해하여 법적 · 윤리적 문제를 일으키기도 한다.

일반적으로 초상권은 얼굴 및 기타 사회 통념상 특정인임을 식별할 수 있는 신체적 특징을 타인이 함부로 촬영하여 공표할 수 없다는 인격권과 이를 광고 등에 영리적으로 이용할 수 없다는 재산권을 포괄한다. 언론에 의한 초상권 침해의 유형으로는 본인의 동의를 구하지 않은 무단 촬영 · 보도, 승낙의 범위를 벗어난 촬영 · 보도, 몰래 카메라를 동원한 촬영 · 보도 등을 들 수 있다.

법원의 판결로 이어진 대표적인 사례로는 교내에서 불법으로 개인 지도를 하던 대학 교수를 현행범으로 체포하려는 현장을 방송 기자가 경찰과 동행하여 취재하던 중 초상권을 침해한 경우를 들 수 있다. 법원은 '원고의 동의를 구하지 않고, 연습실을 무단으로 출입하여 취재한 것은 원고의 사생활과 초상권을 침해하는 행위'라고 판시했다. 더불어 취재의 자유를 포함하는 언론의 자유는 다른 법익을 침해하지 않는 범위 내에서 인정되며, 비록 취재 당시 원고가 현행범으로 체포되는 상황이라 하더라도, 원고의 연습실과 같은 사적인 장소는 수사 관계자의 동의 없이는 출입이 금지되고, 이를 무시한 취재는 원칙적으로 불법이라고 판결했다.

이 사례는 법원이 언론의 자유와 초상권 침해의 갈등을 어떤 기준으로 판단하는지 보여 주고 있다. 또한, 이 판결은 사적 공간에서의 취재 활동이 어디까지 허용되는가에 대한 법적 근거를 제시하고 있다. 언론 보도에 노출된 범죄 피의자는 경제적 · 직업적 · 가정적 불이익을 당할 뿐만 아니라, 인격이 심하게 훼손되거나 심지어는 생명을 버리기까지도 한다. 따라서 사회적 공기(公器)인 언론은 개인의 초상권을 존중하고 언론 윤리에 부합하는 범죄 보도가 될 수 있도록 신중을 기해야 한다. 범죄 보도가 초래하는 법적 · 윤리적 논란은 언론계 전체의 신뢰도에 치명적인 손상을 가져올 수도 있다. 이는 범죄가 언론에는 매혹적인 보도 소재이지만, 자칫 _____이/가 될 수도 있음을 의미한다.

① 시금석
② 부메랑
③ 아킬레스건
④ 악어의 눈물
⑤ 뜨거운 감자

03 다음 글을 읽고 〈보기〉에서 적절하지 않은 것을 모두 고르면?

> 추상표현주의는 1940 ~ 1950년대 나치를 피해 유럽에서 미국으로 건너온 화가들의 영향을 받아 성립된 회화 사조이다. 추상표현주의 작가들은 참혹한 세계 대전을 일으킨 이성에 대한 회의를 바탕으로 화가의 감정과 본능을 추상의 방법으로 표현했다. 그들은 자유로운 기법과 행위 자체에 중점을 둔 제작 방법을 통해 화가 개인의 감정을 나타내고자 했다. 이러한 추상표현주의를 대표하는 화가로 잭슨 폴록을 들 수 있다. 폴록은 새로운 재료를 통한 실험적 기법 창조 행위의 중요성 등을 강조하여 화가가 의도된 계획에 따라 그림을 그려나가는 회화 방식을 벗어나려고 했다. 폴록으로 대표되는 추상표현주의는 과거 회화의 틀을 벗어나게 하는 계기를 마련하면서 회화적 다양성을 추구하는 현대 회화의 특성을 정립하는 데 중요한 역할을 했다.

---〈보기〉---

ㄱ. 추상표현주의는 유럽 화가들의 영향을 받아 성립됐다.
ㄴ. 추상표현주의 작가들은 이성에 대한 신뢰가 있다.
ㄷ. 추상표현주의 작가들은 개인의 감정을 표현하는 것을 극도로 자제했다.
ㄹ. 추상표현주의는 의도된 계획에 따라 그림을 그려나가는 회화 방식이다.

① ㄷ
② ㄱ, ㄴ
③ ㄷ, ㄹ
④ ㄱ, ㄴ, ㄹ
⑤ ㄴ, ㄷ, ㄹ

04 다음 글을 읽고 이를 비판하기 위한 근거로 적절하지 않은 것은?

> 태어날 때부터 텔레비전을 좋아하거나 싫어하는 아이는 없다. 다만, 좋아하도록 습관이 들 뿐이다. 이 사실은 부모가 텔레비전을 시청하는 태도나 시청하는 시간을 잘 선도하면 바람직한 방향으로 습관이 형성될 수도 있다는 점을 시사해 준다. 텔레비전을 많이 보는 아이들보다 적게 보는 아이들이 행실도 바르고, 지능도 높으며, 학업 성적도 좋다는 사실을 밝혀 낸 연구 결과도 있다. 부모의 시청 시간과 아이들의 시청 행위 사이에도 깊은 관계가 있다. 일반적으로 텔레비전을 장시간 시청하는 가족일수록 가족 간의 대화나 가족끼리 하는 공동 행위가 적다. 결과적으로 텔레비전과 거리가 멀수록 좋은 가정이 된다는 말이다.

① 가족끼리 저녁 시간에 같은 텔레비전 프로그램을 보면서 대화하는 경우도 많다.
② 텔레비전 프로그램에는 교육적인 요소도 많이 있고 학습을 위한 전문방송도 있다.
③ 여가 시간에 텔레비전을 시청하는 것은 개인의 휴식에 도움이 된다.
④ 텔레비전을 통해 정보와 지식을 습득하여 학업에 이용하는 학생들도 증가하고 있다.
⑤ 가족 내에서도 개인주의가 만연하는 시대에 드라마를 시청하는 시간만이라도 가족들이 모이는 시간을 가질 수 있다.

05 다음 글의 내용으로 적절하지 않은 것은?

> VOD(Video On Demand)서비스는 기존의 공중파 방송과 무엇이 다른가? 바로 방송국이 아닌 시청자 본인의 시간을 중심으로 방송 매체를 볼 수 있다는 점이다. 기존 공중파 방송의 정규 편성 프로그램을 시청하기 위해서 시청자는 특정한 시간에 텔레비전 앞에서 기다릴 필요가 있었다. 하지만 VOD시스템의 등장으로 시청자는 아침 일찍 혹은 야근이 끝난 늦은 오후에도 방송 매체를 스트리밍 혹은 다운로드 방식으로 전송하여 시청할 수 있게 되었다.
>
> VOD서비스의 등장은 기존에 방송국이 편성권을 지니던 시대와는 다른 양상을 초래하고 있다. 과거에는 시청률이 가장 높은 오후 7시에서 9시까지의 황금시간대에 편성된 프로그램이 큰 인기를 차지했으며 광고비 또한 가장 높았던 반면, VOD서비스는 순수하게 방송 매체의 인기가 높을수록 시청률이 늘어나기 때문에 방송국에서 프로그램의 순수한 재미와 완성도에 보다 집중하게 되는 것이다.

① VOD서비스는 방송 매체의 편성권을 시청자에게 쥐어주었다.
② VOD시스템으로 시청자는 방송 편성 시간의 제약에서 자유로워졌다.
③ VOD서비스의 등장으로 방송국은 과도한 광고유치 경쟁에 뛰어들게 되었다.
④ VOD서비스는 방송 매체의 수준향상에 기여하게 될 것이다.
⑤ VOD서비스는 방송 매체를 다운로드 혹은 스트리밍하여 시청할 수 있도록 한다.

06 다음 밑줄 친 단어와 유사한 의미로 쓰인 것은?

> 언어 없이 사고가 불가능하다는 이론이 있다. 그러나 생각은 있되, 그 생각을 표현할 적당한 말이 없는 경우도 얼마든지 있으며, 생각은 분명히 있지만 말을 잊어서 표현에 곤란을 느끼는 경우도 흔한 것이다. 음악가는 언어라는 매개를 <u>통하지</u> 않고 작곡을 하여 어떤 생각이나 사상을 표현하며, 조각가는 언어 없이 조형을 한다. 또 우리는 흔히 새로운 물건, 새로운 생각을 이제까지 없던 새 말로 만들어 명명하기도 한다.

① 그의 주장은 앞뒤가 잘 <u>통하지</u> 않는다.
② 바람이 잘 <u>통하는</u> 곳에 빨래를 널어야 잘 마른다.
③ 그 시상식은 텔레비전을 <u>통해</u> 전국에 중계되었다.
④ 청소년들은 기성세대와 말이 <u>통하지</u> 않는다고 말한다.
⑤ 부부는 어떤 일을 하든 서로 뜻이 잘 <u>통해야</u> 한다.

07 다음 글의 제목으로 가장 적절한 것은?

> 우리는 비극을 즐긴다. 비극적인 희곡과 소설을 즐기고, 비극적인 그림과 영화 그리고 비극적인 음악과 유행가도 즐긴다. 슬픔, 애절, 우수의 심연에 빠질 것을 알면서도 소포클레스의 『안티고네』, 셰익스피어의 『햄릿』을 찾고, 베토벤의 '운명', 차이코프스키의 '비창', 피카소의 '우는 연인'을 즐긴다. 아니면 텔레비전의 멜로드라마를 보고 값싼 눈물이라도 흘린다. 이를 동정과 측은과 충격에 의한 '카타르시스', 즉 마음의 세척으로 설명한 아리스토텔레스의 주장은 유명하다. 그것은 마치 눈물로 스스로의 불안, 고민, 고통을 씻어내는 역할을 한다는 것이다.
>
> 니체는 좀 더 심각한 견해를 갖는다. 그는 "비극은 언제나 삶에 아주 긴요한 기능을 가지고 있다. 비극은 사람들에게 그들을 싸고도는 생명 파멸의 비운을 똑바로 인식해야 할 부담을 덜어 주고, 동시에 비극 자체의 암울하고 음침한 원류에서 벗어나게 해서 그들의 삶의 흥취를 다시 돋우어 준다."라고 하였다. 그런 비운을 직접 전면적으로 목격하는 일, 또 더구나 스스로 직접 그것을 겪는 일이라는 것은 너무나 끔찍한 일이기에, 그것을 간접경험으로 희석한 비극을 봄으로써 '비운'이란 그런 것이라는 이해와 측은지심을 갖게 되고, 동시에 실제 비극이 아닌 그 가상적인 환영(幻影) 속에서 비극에 대한 안도감도 맛보게 된다.

① 비극의 현대적 의의   ② 비극에 반영된 삶
③ 비극의 기원과 역사   ④ 비극을 즐기는 이유
⑤ 문학 작품 속의 비극

08 다음 글의 내용으로 적절하지 않은 것은?

> 브이로그(Vlog)란 비디오(Video)와 블로그(Blog)의 합성어로, 블로그처럼 자신의 일상을 영상으로 기록하는 것을 말한다. 글과 사진을 중심으로 남기던 일기를 이제는 한 편의 영상으로 남기는 것이다.
>
> 1인 미디어 시대는 포털 사이트의 블로그 서비스, 싸이월드가 제공했던 '미니홈피' 서비스 등을 통해 시작되었다. 사람들은 자신만의 공간에서 일상을 기록하거나 특정 주제에 대한 의견을 드러냈다. 그러다 동영상 공유 사이트인 유튜브(Youtube)가 등장하였고, 스마트폰 사용이 보편화됨에 따라 일상생활을 담은 브이로그가 인기를 얻기 시작했다.
>
> '브이로거'는 이러한 브이로그를 하는 사람으로, 이들은 다른 사람들과 같이 공유하고 싶거나 기억하고 싶은 일상의 순간들을 영상으로 남겨 자신의 SNS에 공유한다. 이를 통해 영상을 시청하는 사람들은 '저들도 나와 다르지 않다.'라는 공감을 하고, 자신이 경험하지 못한 일을 간접적으로 경험하면서 대리만족을 느낀다.

① 브이로그란 이전에 문자로 기록한 일상을 영상으로 기록하는 것이다.
② 자신의 일상을 기록한 영상을 다른 사람들과 공유하는 사람을 브이로거라고 한다.
③ 유튜브의 등장과 스마트폰의 보편화가 브이로그의 인기를 높였다.
④ 브이로거는 공감과 대리만족을 느끼기 위해 브이로그를 한다.
⑤ 블로그 서비스 등을 통해 1인 미디어 시대가 시작되었다.

09 다음 빈칸에 들어갈 내용으로 가장 적절한 것은?

포논(Phonon)이라는 용어는 소리(Pho-)라는 접두어에 입자(-non)라는 접미어를 붙여 만든 단어로, 포논이 고체 안에서 소리를 전달하기 때문에 이런 이름이 붙었다. 어떤 고체의 한쪽을 두드리면 포논이 전파해 반대쪽에서 소리를 들을 수 있다.

아인슈타인이 새롭게 만든 고체의 비열 공식(아인슈타인 모형)은 실험결과와 상당히 잘 맞았다. 그런데 그의 성공은 고체 내부의 진동을 포논으로 해석한 데에만 있지 않다. 그는 포논이 보존(Boson) 입자라는 사실을 간파하고, 고체 내부의 세상에 보존의 물리학(보즈 - 아인슈타인 통계)을 적용했다. 비로소 고체의 비열이 온도에 따라 달라진다는 결론을 얻을 수 있었다.

양자역학의 세계에서 입자는 스핀 상태에 따라 분류된다. 스핀이 1/2의 홀수배(1/2, 3/2, …)인 입자들은 원자로를 개발한 유명한 물리학자 엔리코 페르미의 이름을 따 '페르미온'이라고 부른다. 오스트리아의 이론물리학자 볼프강 파울리는 페르미온들은 같은 에너지 상태를 가질 수 없고 서로 배척한다는 사실을 알아냈다(즉, 같은 에너지 상태에서는 + / - 반대의 스핀을 갖는 페르미온끼리만 같이 존재할 수 있다). 이를 '파울리의 배타원리'라고 한다. 페르미온은 대개 양성자, 중성자, 전자 같은 물질을 구성하며, 파울리의 배타원리에 따라 페르미온 입자로 이뤄진 물질은 우리가 손으로 만질 수 있다.

스핀이 0, 1, 2, … 등 정수 값인 입자도 있다. 바로 보존이다. 인도의 무명 물리학자였던 사티엔드라 나트 보즈의 이름을 본 땄다. 보즈는 페르미가 개발한 페르미 통계를 공부하고 보존의 물리학을 만들었다. 당시 그는 박사학위도 없는 무명의 물리학자여서 논문을 작성한 뒤 아인슈타인에게 편지를 보냈다. 다행히 아인슈타인은 그 논문을 쓰레기통에 넣지 않고 꼼꼼히 읽어본 뒤 자신의 생각을 첨가하고 독일어로 번역해 학술지에 제출했다. 바로 보존 입자의 물리학(보즈 - 아인슈타인 통계)이다. 이에 따르면, 보존 입자는 페르미온과 달리 파울리의 배타원리를 따르지 않는다. 따라서 같은 에너지 상태를 지닌 입자라도 서로 겹쳐서 존재할 수 있다. 만져지지 않는 에너지 덩어리인 셈이다. 이들 보존 입자는 대개 힘을 매개한다.

빛 알갱이, 즉 _____ 빛은 실험을 해보면 입자의 특성을 보이지만, 질량이 없고 물질을 투과하며 만져지지 않는다. 포논은 어떨까? 원자 사이의 용수철 진동을 양자화 한 것이므로 물질이 아니라 단순한 에너지의 진동으로서 파울리의 배타원리를 따르지 않는다. 즉, 포논은 광자와 마찬가지로 스핀이 0인 보존 입자다.

① 광자는 파울리의 배타원리를 따른다.
② 광자는 스핀 상태에 따라 분류할 수 없다.
③ 광자는 스핀이 1/2의 홀수배인 입자의 대표적인 예다.
④ 광자는 보존의 대표적인 예다.
⑤ 광자는 페르미온의 대표적인 예다.

10 다음 (가)를 (나)와 같이 고쳐 썼다고 할 때, 반영된 내용으로 적절하지 않은 것은?

(가) 자신이 보려던 영화의 결말을 누군가 말해버려서 속상했던 적이 있을 것이다. 이렇게 영화, 방송, 소설 등의 줄거리나 내용을 예비 관객이나 시청자, 독자들에게 미리 밝히는 행위 혹은 그런 행위를 하는 사람들을 스포일러라고 한다. SNS 사용이 급증하고 있는 최근에는 스포일러로 인한 피해가 확산되면서 누리꾼들 사이에 이에 대한 부정적 인식이 심화되고 있다.

사람들은 다음에 벌어질 상황이나 결말을 알지 못할 때 긴장감과 흥미를 느끼므로 만약 그들이 의도치 않게 스포일러를 접하게 되면 흥미는 반감될 수밖에 없다. 또한, 최근에는 오디션이나 경연 대회를 다루는 프로그램들이 많은데, 누가 우승자가 될지 이목이 집중되는 이러한 프로그램들이 스포일러를 당하면 시청률은 큰 폭으로 떨어지게 된다. 누리꾼들은 자신의 행위가 스포일러가 될 수도 있다고 인식하지 못한 채 영화 관련 정보를 제공하려는 의도로 글을 올리는 경우가 많지만, 원래 의도와는 달리 이러한 글이 많은 사람들에게 피해를 줄 수도 있다.

한편, 영화와 전혀 관련이 없는 내용인 것처럼 제목을 꾸며 놓고 클릭을 유도해서 중요한 내용을 공개해 사람들을 의도적으로 골탕 먹이는 경우도 있다.

이러한 스포일러 문제를 해결하기 위해서는 우선 자신의 행위가 스포일러가 될 수도 있다는 것을 명확히 인식해야 한다. 아울러 자신의 행위가 스포일러는 아닌지 한 번 더 의심하고 자기 점검을 할 필요가 있다. 또한, 의도적인 스포일러를 방지하기 위해서는 지속적인 캠페인 활동 등을 통해 누리꾼들의 윤리 의식을 고취시켜야 한다.

스포일러의 피해가 사회적 문제로 대두되는 요즘, 우리들은 문화 콘텐츠의 향유자로서 스포일러의 폐해에 관심을 갖고 스포일러 방지를 위해 노력해야 한다.

(나) 자신이 보려던 영화의 결말을 누군가 말해버려서 속상했던 적이 있을 것이다. 이렇게 영화, 방송, 소설 등의 줄거리나 내용을 예비 관객이나 시청자, 독자들에게 미리 밝히는 행위 혹은 그런 행위를 하는 사람들을 스포일러라고 한다. SNS 사용이 급증하고 있는 최근에는 스포일러로 인한 피해가 확산되면서 이에 대한 누리꾼들의 부정적 인식이 심화되고 있다. 얼마 전 영화 예매 사이트 ○○의 스포일러에 관한 설문 조사 결과 '영화 관람에 영향을 미치므로 절대 금지해야 한다.'라는 응답이 73%를 차지했다.

사람들은 다음에 벌어질 상황이나 결말을 알지 못할 때 긴장감과 흥미를 느낀다. 따라서 의도치 않게 스포일러를 접하게 되면 흥미는 반감될 수밖에 없다. 또한, 최근에는 오디션이나 경연 대회를 다루는 프로그램들이 많다. 누가 우승자가 될지 이목이 집중되는 이러한 프로그램들이 스포일러를 당하면 시청률은 큰 폭으로 떨어지게 된다.

물론 스포일러가 홍보 역할을 하여 오히려 시청률 증가에 기여한다는 의견도 있다. 그러나 그런 경우는 빙산의 일각에 불과하고 시청자뿐만 아니라, 제작자에게도 피해를 입히는 경우가 대부분이다.

누리꾼들은 스포일러라는 인식 없이 단순히 영화 관련 정보를 제공하려는 의도로 글을 올리는 경우가 많다. 하지만 원래 의도와는 달리 이러한 글이 많은 사람들에게 피해를 줄 수도 있다. 혹은 영화와 전혀 관련이 없는 내용인 것처럼 제목을 꾸며 놓고 클릭을 유도해서 중요한 내용을 공개해 사람들을 의도적으로 골탕 먹이는 경우도 있다. 그렇다면 이러한 스포일러 문제는 어떻게 해결할 수 있을까? 우선 자신의 행위가 스포일러가 될 수도 있다는 것을 명확히 인식해야 한다. 아울러 자신의 행위가 스포일러는 아닌지 한 번 더 의심하고 자기 점검을 할 필요가 있다. 그리고 의도적인 스포일러를 방지하기 위해서는 지속적인 캠페인 활동 등을 통해 누리꾼들의 윤리 의식을 고취시켜야 한다.

스포일러의 피해가 사회적 문제로 대두되는 요즘, 우리들은 문화 콘텐츠의 향유자로서 스포일러의 폐해에 관심을 갖고 스포일러 방지를 위해 노력해야 한다.

① 반론 - 재반론의 형식으로 주장의 근거를 보충하였다.

② 질문 - 대답 형식을 통해 독자의 관심을 유도한다.

③ 신뢰성 있는 자료를 보충하여 근거의 타당성을 높였다.

④ 문맥상 잘못된 접속어를 바꾸었다.

⑤ 불필요하게 긴 문장을 나누거나 간결하게 바꾸었다.

11 다음 글에 대한 반론으로 가장 적절한 것은?

상업 광고는 기업은 물론이고 소비자에게도 요긴하다. 기업은 마케팅 활동의 주요한 수단으로 광고를 적극적으로 이용하여 기업과 상품의 인지도를 높이려 한다. 소비자는 소비 생활에 필요한 상품의 성능, 가격, 판매 조건 등의 정보를 광고에서 얻으려 한다. 광고를 통해 기업과 소비자가 모두 이익을 얻는다면 이를 규제할 필요는 없을 것이다. 그러나 광고에서 기업과 소비자의 이익이 상충되는 경우도 있고 광고가 사회 전체에 폐해를 낳는 경우도 있어 다양한 규제 방식이 모색되었다.

이때 문제가 된 것은 '과연 광고로 인한 피해를 책임질 당사자로서 누구를 상정할 것인가'였다. 초기에는 '소비자 책임 부담 원칙'에 따라 광고 정보를 활용한 소비자의 구매 행위에 대해 소비자가 책임을 져야 한다고 보았다. 여기에는 광고 정보가 정직한 것인지와는 상관없이 소비자는 이성적으로 이를 판단하여 구매할 수 있어야 한다는 전제가 있었다. 그래서 기업은 광고에 의존하여 물건을 구매한 소비자가 입은 피해에 대하여 책임을 지지 않았고, 광고의 기만성에 대한 입증 책임도 소비자에게 있었다.

① 상업 광고는 소비자에게 전혀 도움이 되지 않는다.

② 광고가 소비자에게 해를 끼칠 수 있기 때문에 광고를 규제해야 한다.

③ 시장의 독과점 상황이 광범위해지면서 소비자의 자유로운 선택이 어려워졌다.

④ 소비자 책임 부담 원칙에 따르면 소비자는 합리적인 선택을 할 수 있다.

⑤ 소비자 책임 부담 원칙에 따라 소비자는 광고로 입은 피해를 자신이 입증해야 한다.

12 다음 글을 읽고 이해한 내용으로 적절하지 않은 것은?

한국 신화는 기록으로 전하는 문헌 신화와 구비로 전승되는 구비 신화가 있다. 문헌 신화는 시조의 출생과 국가의 창건 과정을 기술한 건국 신화가 대부분이고, 구비 신화는 서사 무가로 구연되는 무속 신화가 대부분이다.

건국 신화는 하늘을 상징하는 남신과 땅이나 물을 상징하는 여신이 결연하고 시조가왕으로 즉위하는 과정을 주요 내용으로 한다. 그런데 『주몽 신화』와 같은 북방의 건국 신화와 『박혁거세 신화』와 같은 남방의 건국 신화는 내용상 차이를 보인다.

북방 신화에서는 천신계의 남성과 지신 혹은 수신계의 여성이 결연하여 혼례를 올린 후, 시조가 출생하여 왕으로 즉위한다. 예를 들어 『주몽 신화』에서 주몽은 하늘에서 내려온 해모수와 수신인 하백의 딸 유화 부인 사이에서 알로 탄생한다. 그런데 주몽은 해모수의 왕국을 계승하여 즉위한 것이 아니라 금와왕이 다스리던 동부여에서 성장하여 새로운 나라를 세운다. 즉, 주몽은 해모수족과 하백족이 통합된 새로운 집단에서 성장하여 권력 투쟁을 통해 새로운 국가의 통치자가 된 것이다. 이처럼 시조의 출현 이전에 부모의 혼례 과정이 기술되어 있는 북방 신화는 시조의 부모가 다스리던 국가가 먼저 존재했음을 말해 준다.

반면에 남방 신화는 시조의 부모가 나타나지 않고 하늘과 땅의 결합을 상징하는 분위기만 서술된 상태에서 시조는 알로 탄생한다. 그리고 시조가 왕으로 즉위한 후 시조의 혼례 과정이 제시된다. 예를 들어 『박혁거세 신화』를 보면 신라는 건국되기 이전에 여섯 씨족이 독립적으로 생활하고 있었고 씨족마다 각각의 촌장이 다르리고 있었다. 그러다가 박혁거세가 탄생하자 여섯 촌장이 모여 공통의 통치자로 박혁거세를 추대함으로써 비로소 씨족 단위의 공동체와는 다른 국가가 형성되었다.

이처럼 시조가 왕으로 즉위한 이후 알영과 혼례를 올리는 것은 그 지역에 처음으로 국가가 세워지고 첫 번째 통치자가 등장했음을 의미한다. 박혁거세는 육촌에서 태어난 인물이 아니었고, 그의 부인 알영도 다른 곳에서 도래한 존재였다. 박혁거세와 알영이 육촌민들에게 성인으로 존경받고 통치권을 행사했다는 것으로 보아 그들이 육촌민보다 문화 수준이 높았을 것으로 여겨진다.

다음으로 한국 신화에서 건국 신화 다음으로 큰 비중을 차지하는 것은 무속 신화이다. 무속 신화는 고대 무속 제전에서 형성된 이래 부단히 생성과 소멸을 거듭했다. 이러한 무속 신화 중에서 전국적으로 전승되는 『창세 신화』와 『제석본풀이』는 남신과 여신의 결합이 제시된 후 그 자녀가 신성의 자리에 오른다는 점에서 북방의 건국 신화와 다르지 않다. 한편, 무속 신화 중 『성주 신화』에서는 남성 인물인 '성주'가 위기에 빠진 부인을 구해내고 출산과 축재를 통해 성주신의 자리에 오른다. 이는 대부분의 신화가 보여주는 부자(父子) 중심의 서사 구조가 아닌 부부 중심의 서사 구조를 보여준다.

① 건국 신화의 주요 내용을 알 수 있다.
② 한국 신화의 분류 방법을 알 수 있다.
③ 북방 신화와 남방 신화의 차이점을 알 수 있다.
④ 무속 신화와 일반적 신화의 차이점을 알 수 있다.
⑤ 건국 신화를 분석하는 방법을 알 수 있다.

13 다음 빈칸에 공통으로 들어갈 단어로 가장 적절한 것은?

- 돼지를 _____.
- 도랑을 _____.
- 사군자를 _____.
- 술을 _____.

---

① 잡다   ② 놓다

③ 치다   ④ 붓다

⑤ 입다

14 다음 글과 가장 관련 있는 한자성어는?

우리가 사는 이 세계는 서로가 서로에게 의지하며 살아가는 '상호의존성'의 성질을 갖고 있다. 이 세계는 방송국에서도 존재한다. 제작, 편성, 송출, 광고 등 방송국 내에 여러 부문들은 서로 밀접하게 관련되어 있으며 각각 저마다 자신의 위치에서 그 역할을 다하고 있기 때문에 지금처럼 순탄한 과정이 이어지고 있는 것이다. 하지만 최근 일부 TV홈쇼핑 사업자들이 지역 케이블TV 방송사들을 상대로 송출 수수료를 놓고 접전하다 결국 채널 송출을 중단하겠다고 나섰다.

홈쇼핑과 케이블TV는 일종의 매장 임차인과 임대인의 관계와 같다. 홈쇼핑은 자신들의 상품을 판매하기 위해 일종의 매장 임대료와 같은 성격의 송출 수수료를 케이블TV에 지불하고 채널을 확보한다. 또한, 목 좋은 위치의 매장의 임대료가 높듯 케이블TV에서도 드라마, 종편과 같은 시청률이 높은 채널의 옆자리 송출 수수료가 높게 책정되어진다. 이는 오랜 시간에 걸쳐 이어져 온 체계이다.

그런데 홈쇼핑들이 이러한 송출 수수료를 두고 케이블TV와 협상을 시도하다가 뜻대로 안 되자 더 이상 채널 송출을 하지 않겠다고 나선 것이다. 만일 홈쇼핑이 통상적인 매장이고 그들이 철수한다면 그들을 내보내고 다른 매장을 다시 구하면 된다. 하지만 홈쇼핑 채널은 엄격한 규정을 통해 승인되는 채널이기 때문에, 그들이 철수한다면 케이블TV로서는 이를 대체할 자를 구할 수 없는 상황에 놓이게 되는 것이다.

이 상황은 홈쇼핑 입장에서도 악순환을 초래하는 행태이다. 이들이 당장의 송출 수수료를 이유로 채널 송출을 중단한다면, 그만큼 소비자에게 상품을 알릴 수 있는 기회가 줄어들 것이고, 매출 또한 줄어들게 될 수밖에 없는 구조이기 때문이다. 즉, 채널 송출을 중단하는 해위는 홈쇼핑과 케이블TV 쌍방 모두를 망하게 하는 지름길이 될 것이다.

---

① 간난신고(艱難辛苦)   ② 견원지간(犬猿之間)

③ 순망치한(脣亡齒寒)   ④ 난형난제(難兄難弟)

⑤ 오월동주(吳越同舟)

15 다음 중 제시된 단어가 나타내는 뜻을 모두 포괄할 수 있는 단어는?

| 열다 | 떼다 | 사다 | 제하다 | 거절하다 |

① 열다

② 떼다

③ 사다

④ 제하다

⑤ 거절하다

16 다음 글의 내용으로 적절하지 않은 것은?

경제학자 사이먼 뉴컴이 소개한 화폐와 실물 교환의 관계식인 '교환방정식'을 경제학자인 어빙 피셔가 발전시켜 재소개한 것이 바로 '화폐수량설'이다. 사이먼 뉴컴의 교환방정식은 'MV=PQ'로 나타나는데, M(Money)은 화폐의 공급, V(Velocity)는 화폐유통속도, P(Price)는 상품 및 서비스의 가격, Q(Quantity)는 상품 및 서비스의 수량이다. 즉 화폐 공급과 화폐유통속도의 곱은 상품의 가격과 거래된 상품 수의 곱과 같다는 항등식이다. 어빙 피셔는 이러한 교환방정식을 인플레이션율과 화폐공급의 증가율 간 관계를 나타내는 이론인 화폐수량설로 재탄생시켰다. 이중 기본 모형이 되는 피셔의 거래모형에 따르면 교환방정식은 'MV=PT'로 나타나는데, M은 명목화폐수량, V는 화폐유통속도, P는 상품 및 서비스의 평균가격, T(Trade)는 거래를 나타낸다. 다만 거래의 수를 측정하기 어렵기 때문에 최근에는 총거래 수인 T를 총생산량인 Y로 대체하여 소득모형인 'MV=PY'로 사용되고 있다.

① 사이먼 뉴컴의 교환방정식 'MV=PQ'에서 Q는 상품 및 서비스의 수량을 의미한다.

② 어빙 피셔의 화폐수량설은 최근 총거래 수를 총생산량으로 대체하여 사용되고 있다.

③ 교환방정식 'MV=PT'은 화폐수량설의 기본 모형이 된다.

④ 어빙 피셔의 교환방정식 'MV=PT'의 V는 교환방정식 'MV=PY'에서 Y와 함께 대체되어 사용되고 있다.

⑤ 어빙 피셔는 사이먼 뉴컴의 교환방정식을 인플레이션율과 화폐공급의 증가율 간 관계를 나타내는 이론으로 재탄생시켰다.

17 다음 글의 내용으로 가장 적절한 것은?

초고속 네트워크와 스마트기기의 발달은 콘텐츠 소비문화에 많은 변화를 가져왔다. 이제 우리는 시간과 장소의 제약 없이 음악이나 사진, 동영상 등 다채로운 문화 콘텐츠들을 만날 수 있다. 특히 1인 방송의 보편화로 동영상 콘텐츠의 생산과 공유는 더욱 자유로워져 1인 크리에이터라는 새로운 직업이 탄생하고 사회적인 이슈로 떠오르고 있다.

틱톡은 현재 전 세계에서 가장 주목받고 있는 영상 플랫폼 중 하나이다. 2017년 정식으로 출시된 이래 2년이 채 되지 않은 짧은 기간 동안 수억 명의 유저들을 끌어 모아 유튜브, 인스타그램, 스냅챗 등 글로벌 서비스들과 경쟁하는 인기 플랫폼으로 성장했다. 특히 지난 해에는 왓츠앱, 페이스북 메신저, 페이스북에 이어 전세계에서 4번째로 많이 다운로드된 비게임 어플로 기록돼 많은 콘텐츠 크리에이터들을 놀라게 했다. 틱톡이 이토록 빠른 성장세를 보인 비결은 무엇일까? 그 답은 15초로 영상의 러닝타임을 제한한 독특한 아이디어에 있다. 최근 현대인들의 여가시간이 줄어들면서 짧은 시간 동안 간편하게 문화 콘텐츠를 즐기는 스낵컬처가 각광받고 있다. 틱톡이 보여주는 '15초 영상'이라는 극단적인 형태는 이러한 트렌드를 반영한 것이다. 하지만 틱톡의 폭발적인 인기의 근본은 스낵컬처 콘텐츠의 수요를 공략했다는 데 국한되지 않는다. 틱톡은 1인 미디어 시대가 도래하면서 보다 많은 이들이 자신을 표현하고 싶어 한다는 점을 주목해 누구나 부담 없이 영상을 제작할 수 있는 형태의 솔루션을 개발해냈다. 정형화된 동영상 플랫폼의 틀을 깨고 새로운 장르를 개척했다고도 할 수 있다. 누구나 크리에이터가 될 수 있는 동영상 플랫폼, 틱톡이 탄생함으로써 앞으로의 콘텐츠 시장은 더욱 다채로워질 것이라는 것이 필자의 소견이다.

① 1인 미디어의 등장으로 새로운 플랫폼이 생겨나고 있다.
② 많은 1인 크리에이터들이 동영상 플랫폼을 통해 돈을 벌어들이고 있다.
③ 1인 미디어가 인기를 끄는 이유는 양질의 정보를 전달하기 때문이다.
④ 1인 미디어는 문제가 많기 때문에 적절한 규제가 필요하다.
⑤ 앞으로의 콘텐츠 시장은 더욱 협소해질 것이다.

18 다음 글의 주장에 대한 반박으로 적절하지 않은 것은?

텔레비전은 어른이나 아이 모두 함께 보는 매체이다. 더구나 텔레비전을 보고 이해하는 데는 인쇄 문화처럼 어려운 문제 해득력이나 추상력이 필요 없다. 그래서 아이들은 어른에게서보다 텔레비전이나 컴퓨터에서 더 많은 것을 배운다. 이 때문에 오늘날의 어린이나 젊은이들에게서 어른에 대한 두려움이나 존경을 찾는 것은 쉽지 않은 일이다. 전통적인 역할과 행동을 기대하는 어른들이 어린이나 젊은이의 불손, 거만, 경망, 무분별한 '반사회적' 행동에 대해 불평하게 되는 것도 이런 이유 때문일 것이다.

① 가족과 텔레비전을 함께 시청하며 나누는 대화를 통해 아이들은 사회적 행동을 기를 수 있다.
② 텔레비전의 교육적 프로그램은 아이들의 예절 교육에 도움이 된다.
③ 정보 사회를 선도하는 텔레비전은 인간의 다양한 필요성을 충족시켜준다.
④ 아이들은 텔레비전보다 학교의 선생님이나 친구들과 더 많은 시간을 보낸다.
⑤ 어린이나 젊은이의 반사회적 행동은 개방적인 사회 분위기에 더 많은 영향을 받았다.

19 다음 글의 밑줄 친 ㉠의 사례로 적절하지 않은 것은?

현대인은 대인 관계에 있어서 가면을 쓰고 살아간다. 물론 그것이 현대 사회를 살아가기 위한 인간의 기본적인 생존 전략인지도 모른다. 어빙 고프만 같은 학자는 사람이 다른 사람과 교제를 할 때, 상대방에 대한 자신의 인상을 관리하려는 속성이 있다는 점을 강조한다. 즉, 사람들은 대체로 남 앞에 나설 때에는 가면을 쓰고 연기를 하는 배우와 같이 행동한다는 것이다.

왜 그런 상황이 발생하는 것일까? 그것은 주로 대중문화의 속성에 기인한다. 20세기의 대중문화는 과거와는 다른, 새로운 인간형을 탄생시킨 배경이 되었다고 할 수 있다. 특히, 광고는 '내가 다른 사람의 눈에 어떻게 보일 것인가'를 끊임없이 반복하고 강조함으로써 ㉠ 사람들에게 조바심이나 공포감을 불러일으키기까지 한다. 그중에서도 외모와 관련된 제품의 광고는 개인의 삶의 의미가 '자신이 남에게 어떤 존재로 보이느냐.'라는 것을 무수히 주입한다. 역사학자들도 '연기하는 자아'의 개념이 대중문화의 부상과 함께 더욱 의미 있는 것이 되었다고 말한다. 그들은 적어도 20세기 초부터 '성공'은 무엇을 잘하고 열심히 하는 것이 아니라 '인상 관리'를 어떻게 하느냐에 달려 있다고 한다. 이렇게 자신의 일관성을 잃고 상황에 따라 적응하게 되는 현대인들은 대중매체가 퍼뜨리는 유행에 민감하게 반응하는 과정에서 자신의 취향을 형성해 가고 있다.

이렇듯 현대인의 새로운 타자 지향적인 삶의 태도는 개인에게 다른 사람들의 기대와 순간의 욕구에 의해 채워져야 할 빈 공간이 될 것을 요구했다. 현대 사회에서 각 개인은 사회 적응을 위해 역할 수행자가 되어야 하고, 자기 스스로 자신의 연기를 모니터하면서 상황에 따라 편리하게 '사회적 가면'을 쓰고 살아가게 되었다. 이는 세련되었다는 평을 받는 사람들의 경우에 더욱 그러하다. 흔히 거론되는 '신세대 문화'의 특성 중 하나도 '사회적 가면'의 착용이라고 볼 수 있다. 물론 신세대는 구세대에 비해 훨씬 더 솔직하고 가식이 없다는 장점을 지니고 있다. 여기서 '가면'은 특정한 목적을 위해 자기를 감추거나 누구를 속인다는 부정적인 의미만을 갖고 있는 것은 아니다. 다만, 신세대는 남에게 보이는 자신의 모습에서 만족을 느끼는 정도가 크기 때문에 그런 만족을 얻기 위해 기울이는 노력이 크고, 그것은 자신의 자아를 돌아볼 여유도 없이 '가면'에만 충실하게 되는 것이다.

과거를 향유했던 사람들은 비교적 사람의 내면세계를 중요시했다. 겉으로 드러나는 모습은 허울에 불과하다고 믿었기 때문이다. 그러나 현시대를 살아가는 사람들의 모습을 보면 인간 관계에 있어, 그 누구도 타인의 내면세계를 깊이 알려고 하지 않거니와 사실 그럴 만한 시간적 여유도 없는 경우가 많다. 그런 이유로 무언가 '느낌'으로 와 닿는 것만을 중시하며 살아간다. 그 '느낌'이란 것은 꼭 말로 설명할 수는 없다 하더라도 겉으로 드러난 모습에 의해 영향을 받게 마련이다. 옷차림새나 말투 하나만 보고도 금방 그 어떤 '느낌'이 형성될 수도 있는 것이다. 사람을 단지 순간적으로 느껴지는 겉모습만으로 판단한다는 것은 위험하기 짝이 없는 일임에도 불구하고, 현대인들은 겉모습에서 주어지는 인상에 의해 상대방을 파악하고 인식하는 것을 거부하지 못하는 데에 문제가 있다.

① 홈쇼핑 광고를 보던 주부가 쇼핑 호스트의 말을 듣고 그 물건을 사지 않으면 자기만 손해를 보는 것 같아 상품을 주문하였다.

② 한 여학생이 공포영화에서 화장실에 귀신이 나오는 장면을 본 후로는 화장실 가기가 무서워 꼭 친구들과 함께 가게 되었다.

③ 한 소녀가 살을 빼는 식품 광고에 나오는 다른 소녀의 마른 모습을 본 후, 자신은 살이 많이 쪘다고 생각하여 운동을 시작했다.

④ 텔레비전 오락 프로그램에 나온 연예인들이 입고 있는 멋진 옷을 본 사람이 그 옷을 입지 않으면 유행에 뒤떨어질 것이라고 생각하여 그 옷을 샀다.

⑤ 잡지에서 '건강하게 오래 사는 가구 배치 방법'이라는 기사를 읽은 사람이 그렇게 하지 않으면 금방 병이 날 것처럼 생각되어 가구를 다시 배치하였다.

20 다음은 M기업 지원자의 인턴 및 해외연수 경험과 합격여부에 대한 자료이다. 이에 대한 〈보기〉의 설명으로 옳은 것을 모두 고르면?

〈M기업 지원자의 인턴 및 해외연수 경험과 합격여부〉

(단위 : 명, %)

인턴 경험	해외연수 경험	합격여부		합격률
		합격	불합격	
있음	있음	53	414	11.3
	없음	11	37	22.9
없음	있음	0	16	0
	없음	4	139	2.8

※ [합격률(%)] $= \dfrac{\text{(합격자 수)}}{\text{(합격자 수)} + \text{(불합격자 수)}} \times 100$

※ 합격률은 소수 둘째자리에서 반올림한 값임

───── 〈보기〉 ─────

ㄱ. 해외연수 경험이 있는 지원자가 해외연수 경험이 없는 지원자보다 합격률이 높다.

ㄴ. 인턴 경험이 있는 지원자가 인턴 경험이 없는 지원자보다 합격률이 높다.

ㄷ. 인턴 경험과 해외연수 경험이 모두 있는 지원자 합격률은 인턴 경험만 있는 지원자 합격률의 2배 이상이다.

ㄹ. 인턴 경험과 해외연수 경험이 모두 없는 지원자와 인턴경험만 있는 지원자 간 합격률 차이는 30%p보다 크다.

① ㄱ, ㄴ

② ㄱ, ㄷ

③ ㄴ, ㄷ

④ ㄱ, ㄴ, ㄹ

⑤ ㄴ, ㄷ, ㄹ

21 다음은 방송통신정책환경에 대한 보고서이다. 이를 작성하는 데 직접적인 근거로 활용되지 않은 자료는?

〈보고서〉

2021년 세계 지역별 통신서비스 시장 매출액의 합계는 1조 3,720억 달러에 달하였으며, 2024년에는 1조 4,920억 달러일 것으로 추정된다. 2022년 세계 통신서비스 형태별 가입자 수를 살펴보면 이동전화 서비스 가입자 수는 세계 인구의 79%에 해당하는 51억 6,700만 명으로 가장 많았고, 그다음으로는 유선전화, 인터넷, 브로드밴드 순서로 가입자가 많았다.

한편, 우리나라의 경우 2020 ~ 2022년 GDP에서 정보통신기술(ICT) 산업이 차지하는 비중은 매년 증가하여 2022년에는 11.2%였다. 2022년 4사분기 국내 IPTV 서비스 가입자 수는 308만 6천 명이고, Pre-IPTV와 IPTV 서비스 가입자 수의 합계는 365만 9천 명이다.

① 국내 Pre-IPTV와 IPTV 서비스 가입자 수 추이

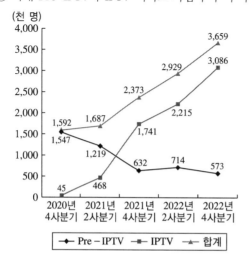

② 국내 IPTV 서비스 매출액

(단위 : 억 원)

구분	2021년	2022년	2023년
매출액	807	4,168	5,320

③ 2022년 세계 통신서비스 형태별 가입자 수

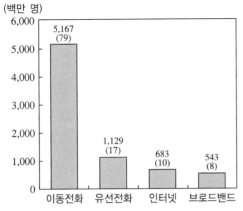

※ (   ) 안의 숫자는 세계 인구수 대비 비율(%)임

④ 세계 지역별 통신서비스 시장 매출액

(단위 : 십억 달러)

지역 \ 연도	2021년	2022년	2023년	2024년
북미	347	349	352	355
유럽	416	413	415	421
아시아 / 태평양	386	399	419	439
남미	131	141	152	163
중동 / 아프리카	92	99	107	114
합계	1,372	1,401	1,445	1,492

※ 2024년 자료는 추정치임

⑤ 우리나라 GDP 대비 ICT 산업 비중

(단위 : %)

구분 \ 연도	2020년	2021년	2022년
GDP 성장률	2.3	0.2	6.1
ICT 산업 성장률	6.8	5.3	14.0
GDP 대비 ICT 산업 비중	9.9	10.4	11.2

※ 소수점 둘째 자리에서 반올림한 값임

22 다음은 지역개발사업에 대한 신문과 방송의 보도 내용을 사업 착공 전후로 나누어 분석하고, 이 중 주요 분야 6개를 선택하여 작성한 자료이다. 이에 대한 설명으로 옳은 것을 〈보기〉에서 모두 고르면?

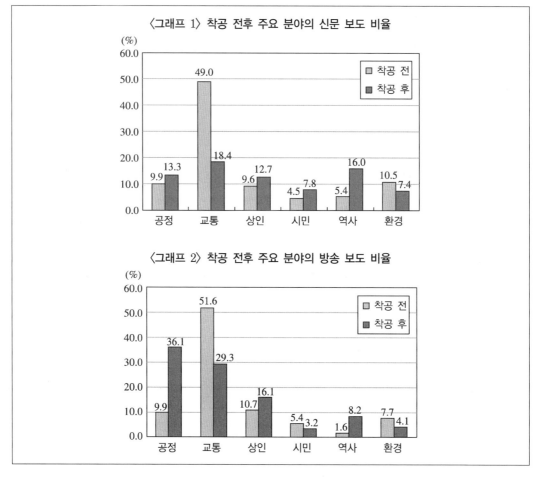

〈그래프 1〉 착공 전후 주요 분야의 신문 보도 비율

〈그래프 2〉 착공 전후 주요 분야의 방송 보도 비율

────〈보기〉────

ㄱ. 신문 보도에서 착공 전에 가장 높은 보도 비율을 보인 두 분야 모두 착공 후 보도 비율이 감소했다.
ㄴ. 교통은 착공 후에도 신문과 방송 모두에서 가장 많이 보도된 분야이다.
ㄷ. 착공 전에 비해 착공 후 교통에 대한 보도 비율의 감소폭은 방송보다 신문에서 더 큰 것으로 나타났다.
ㄹ. 착공 전 대비 착공 후 보도 비율의 증가율이 신문과 방송 모두에서 가장 큰 분야는 역사이다.
ㅁ. 착공 전 교통에 대한 보도 비율은 신문보다는 방송에서 더 높은 것으로 나타났다.

① ㄱ, ㄴ, ㅁ
② ㄱ, ㄷ, ㄹ
③ ㄴ, ㄷ, ㄹ
④ ㄱ, ㄷ, ㄹ, ㅁ
⑤ ㄴ, ㄷ, ㄹ, ㅁ

23 다음은 어느 회사 사원 A ~ C의 매출에 대한 자료이다. 2023년 4사분기의 매출액이 큰 사원부터 바르게 나열한 것은?

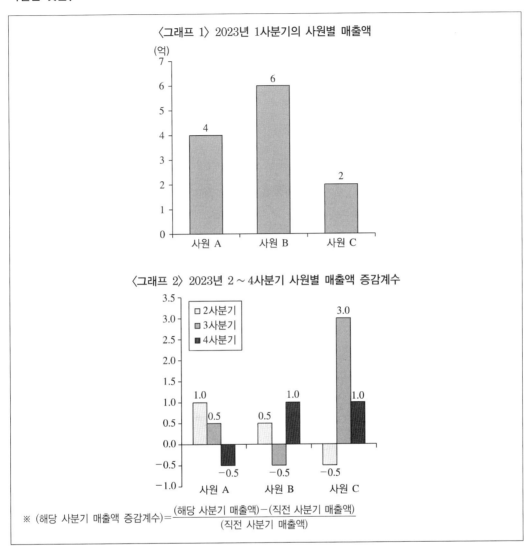

〈그래프 1〉 2023년 1사분기의 사원별 매출액

〈그래프 2〉 2023년 2 ~ 4사분기 사원별 매출액 증감계수

※ (해당 사분기 매출액 증감계수)= $\dfrac{\text{(해당 사분기 매출액)}-\text{(직전 사분기 매출액)}}{\text{(직전 사분기 매출액)}}$

① A, B, C

② A, C, B

③ B, A, C

④ B, C, A

⑤ C, A, B

24 다음은 6개 대학교의 신입생 정원에 대한 자료이다. 이에 대한 설명으로 옳은 것을 〈보기〉에서 모두 고르면?

〈표 1〉 계열별 신입생 정원

(단위 : 명)

구분	전체	인문·사회	자연·공학
A대학교	5,691	2,400	3,291
B대학교	4,123	2,290	1,833
C대학교	5,112	2,732	2,380
D대학교	7,860	3,528	4,332
E대학교	1,331	823	508
F대학교	3,228	1,534	1,694

※ 각 대학교의 계열은 인문·사회와 자연·공학 두 가지로만 구성됨

〈표 2〉 모집전형별 계열별 신입생 정원

(단위 : 명)

구분	수시전형		정시전형	
	인문·사회	자연·공학	인문·사회	자연·공학
A대학교	1,200	1,677	1,200	1,614
B대학교	561	427	1,729	1,406
C대학교	707	663	2,025	1,717
D대학교	2,356	2,865	1,172	1,467
E대학교	344	240	479	268
F대학교	750	771	784	923

─── 〈보기〉 ───

ㄱ. 전체 신입생 정원에서 인문·사회 계열 정원의 비율이 가장 높은 대학교는 B대학교이다.
ㄴ. 자연·공학 계열 신입생 정원이 전체 신입생 정원의 50%를 초과하는 대학교는 A, D, F대학교이다.
ㄷ. 수시전형으로 선발하는 신입생 정원이 정시전형으로 선발하는 신입생 정원보다 많은 대학교는 D대학교뿐이다.
ㄹ. 수시전형으로 선발하는 신입생 정원과 정시전형으로 선발하는 신입생 정원의 차이가 가장 작은 대학교는 A대학교이다.

① ㄱ, ㄴ
② ㄱ, ㄷ
③ ㄱ, ㄹ
④ ㄴ, ㄷ
⑤ ㄴ, ㄹ

25 다음은 2023년과 2024년 디지털 콘텐츠에서 제작 분야의 영역별 매출 현황에 대한 자료이다. 이에 대한 설명으로 옳지 않은 것은?

〈제작 분야의 영역별 매출 현황〉

(단위 : 억 원, %)

구분	정보	출판	영상	음악	캐릭터	애니메이션	게임	기타	합계
2023년	208 (10.8)	130 (6.8)	98 (5.2)	91 (4.8)	54 (2.9)	240 (12.6)	1,069 (56.1)	13 (0.7)	1,907 (100)
2024년	331 (13.0)	193 (7.6)	245 (9.6)	117 (4.6)	86 (3.4)	247 (9.7)	1,309 (51.4)	16 (0.7)	2,548 (100)

※ ( )는 총매출액에 대한 비율임

① 2024년 총매출액은 2023년 총매출액보다 641억 원 더 많다.
② 2023년과 2024년 총매출액에 대한 비율의 차이가 가장 작은 것은 음악 영역이다.
③ 애니메이션 영역과 게임 영역은 2023년에 비해 2024년에 매출액 비중이 감소하였다.
④ 2023년과 2024년 모두 게임 영역이 차지하는 비율이 50% 이상이다.
⑤ 모든 분야에서 2023년보다 2024년이 매출액이 더 많다.

26 다음은 방송사 A ~ D의 방송심의규정 위반에 따른 제재 현황에 대한 자료이다. 이를 활용하여 작성한 그래프로 옳지 않은 것은?

〈방송사별 제재 건수〉

(단위 : 건)

방송사 \ 연도 제재	2021년		2022년		2023년	
	법정제재	권고	법정제재	권고	법정제재	권고
A	21	1	12	36	5	15
B	25	3	13	29	20	20
C	12	1	8	25	14	20
D	32	1	14	30	24	34
전체	90	6	47	120	63	89

※ 제재는 법정제재와 권고로 구분됨

① 방송사별 법정제재 건수 변화

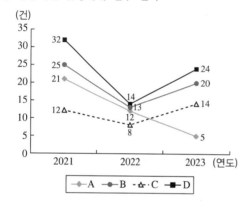

② 연도별 방송사 전체의 법정제재 및 권고 건수

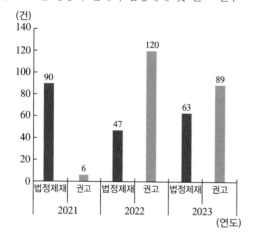

③ 2021년 법정제재 건수의 방송사별 구성비

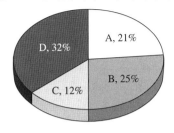

④ 2022년 방송사별 법정제재 및 권고 건수

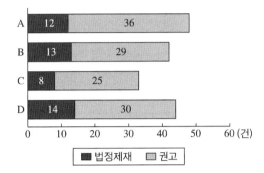

⑤ 2022년과 2023년 방송사별 권고 건수

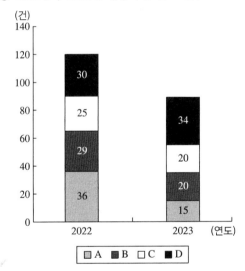

27 다음은 M국의 방송사별 만족도 지수와 질 평가지수, 시청자 평가지수에 대한 자료이다. 이에 대한 설명으로 옳은 것을 〈보기〉에서 모두 고르면?

〈방송사별 전체 및 주 시청 시간대의 만족도 지수와 질 평가지수〉

방송사	유형 구분	전체 시간대		주 시청 시간대	
		만족도 지수	질 평가지수	만족도 지수	질 평가지수
지상파	A	7.37	7.33	( )	7.20
	B	7.22	7.05	7.23	( )
	C	7.14	6.97	7.11	6.93
	D	7.32	7.16	( )	7.23
종합편성	E	6.94	6.90	7.10	7.02
	F	7.75	7.67	( )	7.88
	G	7.14	7.04	7.20	( )
	H	7.03	6.95	7.08	7.00

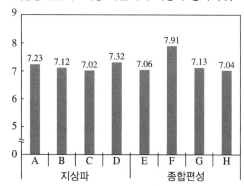

〈방송사별 주 시청 시간대의 시청자 평가지수〉

A 7.23 B 7.12 C 7.02 D 7.32 E 7.06 F 7.91 G 7.13 H 7.04
지상파 / 종합편성

※ [전체(주 시청) 시간대 시청자 평가지수]= $\dfrac{[\text{전체(주 시청) 시간대 만족도 지수}]+[\text{전체(주 시청) 시간대 질 평가지수}]}{2}$

〈보기〉
ㄱ. 각 지상파 방송사는 전체 시간대와 주 시청 시간대 모두 만족도 지수가 질 평가지수보다 높다.
ㄴ. 각 종합편성 방송사의 질 평가지수는 주 시청 시간대가 전체 시간대보다 높다.
ㄷ. 각 지상파 방송사의 시청자 평가지수는 전체 시간대가 주 시청 시간대보다 높다.
ㄹ. 만족도 지수는 주 시청 시간대가 전체 시간대보다 높으면서 시청자 평가지수는 주 시청 시간대가 전체 시간대보다 낮은 방송사는 2개이다.

① ㄱ, ㄴ
② ㄱ, ㄷ
③ ㄴ, ㄹ
④ ㄱ, ㄷ, ㄹ
⑤ ㄴ, ㄷ, ㄹ

28 다음은 우리나라의 직장어린이집 수에 대한 자료이다. 이에 대한 설명으로 옳은 것은?

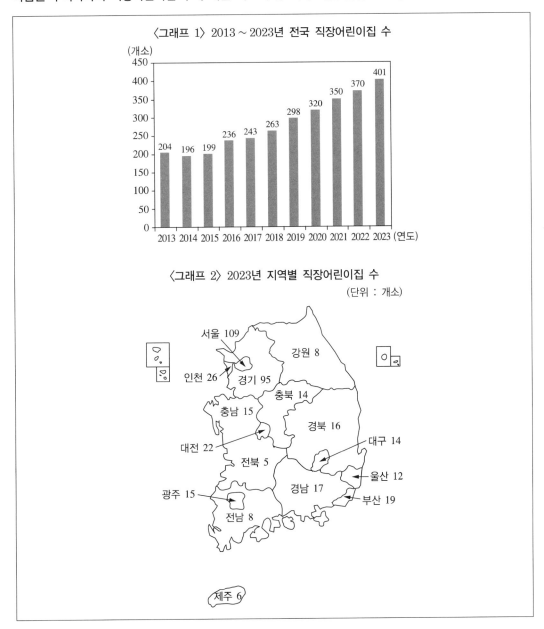

〈그래프 1〉 2013 ~ 2023년 전국 직장어린이집 수

(개소)

〈그래프 2〉 2023년 지역별 직장어린이집 수

(단위 : 개소)

① 2013 ~ 2023년 동안 전국 직장어린이집 수는 매년 증가하였다.
② 2021년 전국 직장어린이집 수는 2019년 대비 20% 이상 증가하였다.
③ 2023년 인천 지역 직장어린이집 수는 2023년 전국 직장어린이집 수의 5% 이하이다.
④ 2013 ~ 2023년 동안 전국 직장어린이집 수의 전년 대비 증가율이 10% 이상인 연도는 2016년뿐이다.
⑤ 2023년 서울과 경기 지역 직장어린이집 수의 합은 2023년 전국 직장어린이집 수의 절반 이상이다.

29 다음은 2023년 국내 신규 박사학위 취득자 분포에 대한 자료이다. 이에 대한 설명으로 옳은 것을 〈보기〉에서 모두 고르면?

〈연령별 박사학위 취득자 분포〉

(단위 : 명)

구분	남성	여성
30세 미만	196	141
30세 이상 35세 미만	1,811	825
35세 이상 40세 미만	1,244	652
40세 이상 45세 미만	783	465
45세 이상 50세 미만	577	417
50세 이상	1,119	466
합계	5,730	2,966

〈전공계열별 박사학위 취득자 분포〉

(단위 : 명)

구분	남성	여성
인문계열	357	368
사회계열	1,024	649
공학계열	2,441	332
자연계열	891	513
의약계열	581	537
교육·사범계열	172	304
예술·체육계열	266	260
합계	5,732	2,963

〈보기〉

ㄱ. 남성 박사학위 취득자 중 50세 이상이 차지하는 비율은 여성 박사학위 취득자 중 50세 이상이 차지하는 비율보다 높다.

ㄴ. 전공계열별 박사학위 취득자 중 여성보다 남성의 비율이 높은 순위는 1위가 공학계열, 2위가 사회계열, 3위가 자연계열 순서이다.

ㄷ. 남성의 연령별 박사학위 취득자 수가 많은 순서와 여성의 연령별 박사학위 취득자 수가 많은 순서는 같다.

ㄹ. 연령대가 올라갈수록 남녀 박사학위 취득자 수의 차이는 점점 커지고 있다.

① ㄱ, ㄴ

② ㄱ, ㄷ

③ ㄱ, ㄹ

④ ㄴ, ㄷ

⑤ ㄴ, ㄹ

30 전체가 200명인 집단을 대상으로 S, K, M 3개의 방송사 오디션 프로그램에 대한 선호도를 조사하였더니 다음과 같은 결과를 얻었다. M사의 오디션 프로그램을 좋아하는 사람 중 남자의 비율을 구하면?(단, 미응답자는 없었다)

〈선호도 조사결과〉
- 각 응답자는 'S사', 'K사', 'M사' 중 하나로 응답하였다.
- 전체 응답자 중 여자는 60%이다.
- 여자 응답자 중 50%가 'M사'를 선택했다.
- 'K사'를 선택한 남자 응답자는 30명이다.
- 남자 응답자 중 'S사'를 선택한 사람은 40%이다.
- 'S사'를 선택한 여자 응답자는 20명이다.

① $\dfrac{1}{5}$

② $\dfrac{2}{5}$

③ $\dfrac{3}{13}$

④ $\dfrac{19}{39}$

⑤ $\dfrac{5}{23}$

31 다음은 A ~ D국의 연구개발비에 대한 자료이다. 보고서를 작성하기 위해 추가로 필요한 자료를 〈보기〉에서 모두 고르면?

〈A ~ D국의 연구개발비〉

연도	구분 / 국가	A	B	C	D
2022년	연구개발비(억 달러)	605	4,569	1,709	1,064
	GDP 대비(%)	4.29	2.73	3.47	2.85
2023년	(민간연구개발비) : (정부연구개발비)	24 : 76	35 : 65	25 : 75	30 : 70

※ (연구개발비)=(정부연구개발비)+(민간연구개발비)

〈보고서〉

A ~ D국 모두 2023년 연구개발비가 2022년에 비하여 증가하였지만, A국은 약 3% 증가에 불과하여 A ~ D국 평균 증가율인 6% 수준에도 미치지 못했다. 특히, 2023년에 A국은 정부연구개발비 대비 민간연구개발비 비율이 가장 작다. 이는 2021 ~ 2023년 동안 A국 민간연구개발에 대한 정부의 지원금액이 매년 감소한 데 따른 것으로 분석된다.

──────── 〈보기〉 ────────

ㄱ. 2020 ~ 2023년 A ~ D국 전년 대비 GDP 증가율
ㄴ. 2022 ~ 2023년 연도별 A ~ D국 민간연구개발비
ㄷ. 2020 ~ 2023년 연도별 A국 민간연구개발에 대한 정부의 지원금액
ㄹ. 2021 ~ 2022년 A ~ D국 전년 대비 연구개발비 증가율

① ㄱ, ㄴ
② ㄱ, ㄹ
③ ㄴ, ㄷ
④ ㄴ, ㄹ
⑤ ㄷ, ㄹ

32 다음은 음식점 선택의 5개 속성별 중요도 및 이들 속성에 대한 A와 B음식점의 성과도에 대한 자료이다. 이에 대한 설명으로 옳은 것을 〈보기〉에서 모두 고르면?

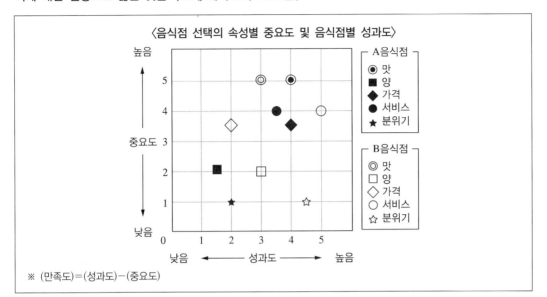

※ (만족도)=(성과도)-(중요도)

―――――〈보기〉―――――

ㄱ. A음식점은 3개 속성에서 B음식점보다 성과도가 높다.
ㄴ. 만족도가 가장 높은 속성은 B음식점의 분위기 속성이다.
ㄷ. A음식점과 B음식점 사이의 성과도 차이가 가장 큰 속성은 가격이다.
ㄹ. 중요도가 가장 높은 속성에서 A음식점이 B음식점보다 성과도가 높다.

① ㄱ, ㄴ
② ㄱ, ㄹ
③ ㄴ, ㄷ
④ ㄴ, ㄹ
⑤ ㄷ, ㄹ

33 다음은 지방자치단체 재정력지수에 대한 자료이다. 이에 대한 설명으로 옳은 것은?

<지방자치단체 재정력지수>

지방자치단체＼연도	2021년	2022년	2023년	평균
서울	1.106	1.088	1.010	1.068
부산	0.942	0.922	0.878	0.914
대구	0.896	0.860	0.810	0.855
인천	1.105	0.984	1.011	1.033
광주	0.772	0.737	0.681	0.730
대전	0.874	0.873	0.867	0.871
울산	0.843	0.837	0.832	0.837
경기	1.004	1.065	1.032	1.034
강원	0.417	0.407	0.458	0.427
충북	0.462	0.446	0.492	0.467
충남	0.581	0.693	0.675	0.650
전북	0.379	0.391	0.408	0.393
전남	0.319	0.330	0.320	0.323
경북	0.424	0.440	0.433	0.432
경남	0.653	0.642	0.664	0.653

※ 매년 지방자치단체의 기준재정수입액이 기준재정수요액에 미치지 않는 경우 중앙정부는 그 부족분만큼의 지방교부세를 당해년도에 지급함

※ (재정력지수) $= \dfrac{(기준재정수입액)}{(기준재정수요액)}$

① 3년간 지방교부세를 지원받은 적이 없는 지방자치단체는 서울, 인천, 경기 3곳이다.
② 3년간 충북은 전남보다 기준재정수입액이 매년 많았다.
③ 3년간 재정력지수가 지속적으로 상승한 지방자치단체는 전북이 유일하다.
④ 3년간 지방교부세를 가장 많이 지원받은 지방자치단체는 전남이다.
⑤ 3년간 대전과 울산의 기준재정수입액이 매년 서로 동일하다면 기준재정수요액은 대전이 울산보다 항상 크다.

34 다음은 충청남도 포장도로 현황에 대한 자료이다. 이에 대한 설명으로 옳은 것을 〈보기〉에서 모두 고르면?

〈충청남도 포장도로 현황〉

(단위 : km, %)

지역＼구분	포장도로					포장률
	고속도로	일반국도	지방도	시·군도	합	
A	50	90	100	700	940	75
B	40	160	240	330	770	73
C	45	110	99	280	534	75
D	0	120	130	530	780	54
E	20	100	100	520	740	50
F	51	70	140	240	501	88
G	0	10	5	110	125	96
H	25	60	110	130	325	85
I	0	48	100	130	278	75
J	0	70	70	170	310	75

※ [포장률(%)] = $\dfrac{(\text{포장도로 길이의 합})}{(\text{전체 도로 길이})} \times 100$

─────〈보기〉─────

ㄱ. C지역의 전체 도로 길이는 712km이다.

ㄴ. 전체 도로 길이가 가장 짧은 지역은 I이다.

ㄷ. 포장도로에서 고속도로가 차지하는 비율이 가장 큰 지역은 F이다.

ㄹ. 비포장도로의 길이가 가장 짧은 지역은 D이다.

① ㄱ, ㄴ   ② ㄱ, ㄷ

③ ㄴ, ㄷ   ④ ㄴ, ㄹ

⑤ ㄷ, ㄹ

35 다음은 양성평등정책에 대한 성별·연령별 의견에 대한 자료이다. 이에 대한 설명으로 옳은 것을 〈보기〉에서 모두 고르면?

〈양성평등정책에 대한 성별·연령별 의견〉

(단위 : 명)

구분	30세 미만		30세 이상	
	여성	남성	여성	남성
찬성	90	78	60	48
반대	10	22	40	52
합계	100	100	100	100

〈보기〉
ㄱ. 30세 미만 여성이 30세 이상 여성보다 양성평등정책에 찬성하는 비율이 높다.
ㄴ. 30세 이상 여성이 30세 이상 남성보다 양성평등정책에 찬성하는 비율이 높다.
ㄷ. 양성평등정책에 찬성하는 비율의 성별 차이는 연령별 차이보다 크다.
ㄹ. 남성의 절반 이상이 양성평등정책에 찬성하고 있다.

① ㄱ, ㄷ
② ㄴ, ㄹ
③ ㄱ, ㄴ, ㄷ
④ ㄱ, ㄴ, ㄹ
⑤ ㄴ, ㄷ, ㄹ

36 다음은 M국의 사회간접자본(SOC) 투자규모에 대한 자료이다. 이에 대한 설명으로 옳지 않은 것은?

〈M국의 사회간접자본(SOC) 투자규모〉

(단위 : 조 원, %)

연도 구분	2019년	2020년	2021년	2022년	2023년
SOC 투자규모	20.5	25.4	25.1	24.4	23.1
총지출 대비 SOC 투자규모 비중	7.8	8.4	8.6	7.9	6.9

① 2023년 총지출은 300조 원 이상이다.
② 2020년 'SOC 투자규모'의 전년 대비 증가율은 30% 이하이다.
③ 2020 ~ 2023년 동안 'SOC 투자규모'가 전년에 비해 가장 큰 비율로 감소한 해는 2023년이다.
④ 2020 ~ 2023년 동안 'SOC 투자규모'와 '총지출 대비 SOC 투자규모 비중'의 전년 대비 증감 방향은 동일하다.
⑤ 2024년 'SOC 투자규모'의 전년 대비 감소율이 2023년과 동일하다면 2024년 'SOC 투자규모'는 20조 원 이상이다.

37 귀하는 점심식사 중 TV에서 정부의 정책에 대한 뉴스가 나오는 것을 보았다. 함께 점심을 먹는 동료들과 뉴스를 보고 나눈 대화 내용으로 적절하지 않은 것은?

〈뉴스〉

앵커 : 저소득층에게 법률서비스를 제공하는 정책을 구상 중입니다. 정부는 무료로 법률자문을 하겠다고 자원하는 변호사를 활용하는 자원봉사제도, 정부에서 법률 구조공단 등의 기관을 신설하고 변호사를 유급으로 고용하여 법률서비스를 제공하는 유급법률구조제도, 정부가 법률서비스의 비용을 대신 지불하는 법률보호제도 등의 세 가지 정책대안 중 하나를 선택할 계획입니다.

이 정책대안을 비교하는 데 고려해야 할 정책목표는 비용저렴성, 접근용이성, 정치적 실현가능성, 법률서비스의 전문성입니다. 정책대안과 정책목표의 관계는 화면으로 보여드립니다. 각 대안이 정책목표를 달성하는 데 유리한 경우는 (+)로, 불리한 경우는 (−)로 표시하였으며, 유·불리 정도는 같습니다. 정책목표에 대한 가중치의 경우 '0'은 해당 정책목표를 무시하는 것을, '1'은 해당 정책목표를 고려하는 것을 의미합니다.

〈정책대안과 정책목표의 상관관계〉

정책목표	가중치		정책대안		
	A안	B안	자원봉사제도	유급법률구조제도	법률보호제도
비용저렴성	0	0	+	−	−
접근용이성	1	0	−	+	−
정치적 실현가능성	0	0	+	−	+
전문성	1	1	−	+	−

① 전문성 면에서는 유급법률구조제도가 자원봉사제도보다 더 좋은 정책 대안으로 평가받게 되겠군.
② A안에 가중치를 적용할 경우 유급법률구조제도가 가장 적절한 정책대안으로 평가받게 되지 않을까?
③ 반대로 B안에 가중치를 적용할 경우 자원봉사제도가 가장 적절한 정책대안으로 평가받게 될 것 같아.
④ A안과 B안 중 어떤 것을 적용하더라도 정책대안 비교의 결과는 달라지지 않을 것으로 보여.
⑤ 비용저렴성을 달성하기에 가장 유리한 정책대안은 자원봉사제도로군.

38 다음 글을 읽고 자료에서 선호를 가진 사람들이 투표할 경우 나타날 수 있는 결과로 옳은 것은?

'투표거래'란 과반수를 달성하지 못하는 집단이 과반수를 달성하기 위하여 표(Vote)를 거래하는 것을 말한다. 예를 들어 갑, 을, 병 세 사람이 대안을 선택하는 경우를 생각해보자. 하나의 대안을 대상으로 과반수 투표를 하는 경우 갑, 을, 병 세 사람은 모두 자신에게 돌아오는 순편익이 양(+)의 값을 갖는 대안에만 찬성한다. 그러나 투표거래를 하는 경우에는 자신이 원하는 대안이 채택되는 대가로 순편익이 양(+)의 값을 갖지 않는 대안을 지지할 수 있다. 즉, 갑은 자신이 선호하는 대안을 찬성해 준 을에게 그 대가로 자신은 선호하지 않으나 을이 선호하는 대안을 찬성해 주는 것이 투표거래이다.

순편익 \ 대안	대안 A	대안 B	대안 C	대안 D	대안 E
갑의 순편익	200	-40	-120	200	-40
을의 순편익	-50	150	-160	-110	150
병의 순편익	-55	-30	400	-105	-120
전체 순편익	95	80	120	-15	-10

① 투표거래를 하지 않는 과반수 투표의 경우에도 대안 A, B, C는 채택될 수 있다.
② 갑과 을이 투표거래를 한다면 대안 A와 대안 C가 채택될 수 있다.
③ 갑, 을, 병이 투표거래를 한다면 대안 A, B, C, D, E가 모두 채택될 수 있다.
④ 대안 D와 대안 E가 채택되기 위해서는 을과 병이 투표거래를 해야 한다.
⑤ 대안 A와 대안 E가 채택되는 것은 전체 순편익의 차원에서 가장 바람직하지 못하다.

39 M공사는 현재 신입사원을 모집하고 있으며, 지원자격은 다음과 같다. 〈보기〉의 지원자 중 M공사 지원자격에 부합하는 사람은 모두 몇 명인가?

〈M공사 대졸공채 신입사원 지원자격〉

- 4년제 정규대학 모집대상 전공 중 학사학위 이상 소지한 자(졸업예정자 지원 불가)
- TOEIC 750점 이상인 자(국내 응시 시험에 한함)
- 병역필 또는 면제자로 학업성적이 우수하고, 해외여행에 결격사유가 없는 자

※ 공인회계사, 외국어 능통자, 통계 전문가, 전공 관련 자격 보유자 및 장교 출신 지원자 우대

모집분야		대상 전공
일반직	일반관리	• 상경, 법정 계열 • 통계 / 수학, 산업공학, 신문방송, 식품공학(식품 관련 학과) • 중국어, 러시아어, 영어, 일어, 불어, 독어, 서반아어, 포르투갈어, 아랍어
	운항관리	• 항공교통, 천문기상 등 기상 관련 학과 - 운항관리사, 항공교통관제사 등 관련 자격증 소지자 우대
전산직		• 컴퓨터공학, 전산학 등 IT 관련 학과
시설직		• 전기부문 : 전기공학 등 관련 전공 - 전기기사, 전기공사기사, 소방설비기사(전기) 관련 자격증 소지자 우대 • 기계부문 : 기계학과, 건축설비학과 등 관련 전공 - 소방설비기사(기계), 전산응용기계제도기사, 건축설비기사, 공조냉동기사, 건설기계기사, 일반기계기사 등 관련 자격증 소지자 우대 • 건축부문 : 건축공학 관련 전공(현장 경력자 우대)

〈보기〉

지원자	지원분야	학력	전공	병역사항	TOEIC 점수	참고사항
A	전산직	대졸	컴퓨터공학	병역필	820점	• 중국어, 일본어 능통자이다. • 여권이 발급되지 않는 상태이다.
B	시설직 (건축부문)	대졸	식품공학	면제	930점	• 건축현장 경력이 있다. • 전기기사 자격증을 소지하고 있다.
C	일반직 (운항관리)	대재	항공교통학	병역필	810점	• 전기공사기사 자격증을 소지하고 있다. • 학업 성적이 우수하다.
D	시설직 (기계부문)	대졸	기계공학	병역필	745점	• 건축설비기사 자격증을 소지하고 있다. • 장교 출신 지원자이다.
E	일반직 (일반관리)	대졸	신문방송학	미필	830점	• 소방설비기사 자격증을 소지하고 있다. • 포르투갈어 능통자이다.

① 1명 ② 2명
③ 3명 ④ 4명
⑤ 없음

40 다음 논증에 대한 평가로 가장 적절한 것은?

> • 전제 1 : 절대빈곤은 모두 나쁘다.
> • 전제 2 : 비슷하게 중요한 다른 일을 소홀히 하지 않고도 우리가 막을 수 있는 절대빈곤이 존재한다.
> • 전제 3 : 우리가 비슷하게 중요한 다른 일을 소홀히 하지 않고도 나쁜 일을 막을 수 있다면 우리는 그 일을 막아야 한다.
> • 결론 : 우리가 막아야 하는 절대빈곤이 존재한다.

① 모든 전제가 참이라고 할지라도, 결론은 참이 아닐 수 있다.
② 전제 1을 논증에서 뺀다고 하더라도, 전제 2와 전제 3만으로 결론이 도출될 수 있다.
③ 비슷하게 중요한 다른 일을 소홀히 해도 막을 수 없는 절대 빈곤이 있다면 결론은 도출되지 않는다.
④ 절대빈곤을 막는 일에 비슷하게 중요한 다른 일을 소홀히 하게 되는 경우가 많다면 결론은 도출되지 않는다.
⑤ 비슷하게 중요한 다른 일을 소홀히 하지 않고도 막을 수 있는 나쁜 일이 존재한다는 것을 전제로 추가하지 않아도, 주어진 전제만으로 결론은 도출될 수 있다.

41 M방송국의 오디션 프로그램에 출연한 가수 지망생 A ~ E는 2명의 1차 합격자를 뽑는 예선에서 한 조가 되었다. A ~ E는 자신들의 심사 결과를 바탕으로 다음과 같은 대화를 나누었다. A ~ E 중 1명의 진술이 거짓일 때, 거짓말을 하는 사람은 누구인가?

> • A : 나와 D는 탈락했어.
> • B : 나와 C는 모두 탈락했어.
> • C : 나와 B 중 1명만 합격했어.
> • D : 나와 E 중 1명만 합격했어.
> • E : 나와 B 중 1명만 탈락하지 않았어.

① A
② B
③ C
④ D
⑤ E

42 다음 글을 근거로 판단할 때, B전시관 앞을 지나가거나 관람한 총인원은?

- 전시관은 A → B → C → D 순서로 배정되어 있다. 행사장 출입구는 다음과 같이 두 곳이며 다른 곳으로는 출입이 불가능하다.
- 관람객은 행사장 출입구 두 곳 중 한 곳으로 들어와서 시계 반대 방향으로 돌며, 모든 관람객은 4개의 전시관 중 2개의 전시관만을 골라 관람한다.
- 자신이 원하는 2개의 전시관을 모두 관람하면 그 다음 만나게 되는 첫 번째 행사장 출입구를 통해 나가기 때문에 관람객 중 일부는 반 바퀴를, 일부는 한 바퀴를 돌게 되지만 한 바퀴를 초과해서 도는 관람객은 없다.
- 행사장 출입구 두 곳을 통해 행사장에 입장한 관람객 수의 합은 400명이며, 이 중 한 바퀴를 돈 관람객은 200명이고, D전시관 앞을 지나가거나 관람한 인원은 350명이다.

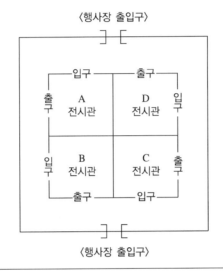

① 100명
② 150명
③ 200명
④ 250명
⑤ 300명

43 다음 법 규정에 근거할 때, 〈보기〉에서 옳은 것을 모두 고르면?

제1조
혼인은 가족관계등록법에 정한 바에 의하여 신고함으로써 그 효력이 생긴다.

제2조
부부 사이에 체결된 재산에 관한 계약은 부부가 그 혼인관계를 해소하지 않는 한 언제든지 부부의 일방이 이를 취소할 수 있다. 그러나 제3자의 권리를 해하지 못한다.

제3조
혼인성립 전에 그 재산에 관하여 약정한 때에는 혼인 중에 한하여 이를 변경하지 못한다. 그러나 정당한 사유가 있는 때에는 법원의 허가를 얻어 변경할 수 있다.

〈보기〉

ㄱ. 약혼자 A와 B가 가족관계등록법에서 정한 절차에 따라 혼인신고를 하면 아직 혼례식을 올리지 않았더라도 법률상 부부가 된다.

ㄴ. A는 혼인 5주년을 기념하는 의미로 자기가 장래 취득할 부동산을 배우자 B의 명의로 등기하기로 약정하였지만, 마음이 바뀌면 혼인 중에는 이 약정을 언제든지 취소할 수 있다.

ㄷ. B는 배우자 A에게 자기 소유의 주택을 증여하였는데, A가 친구 C에게 이 주택을 매도하여 소유권을 이전하였더라도 그 증여계약을 취소하면 B는 C에게 그 주택의 반환을 청구할 수 있다.

ㄹ. 혼인 후 사이가 좋을 때에 A가 배우자 B에게 자기 소유의 주택을 증여했으나, 이혼을 한 현재는 이전의 증여계약을 취소하고 주택반환을 청구할 수 없다.

ㅁ. 약혼자 A와 B가 혼인 후 B의 재산을 A가 관리하기로 합의를 하였다면 아직 혼인신고 이전이더라도 법원의 허가 없이는 합의내용을 변경할 수 없다.

※ 배우자란 혼인신고를 한 부부의 일방(한쪽)을 말함

---

① ㄱ, ㄷ   ② ㄴ, ㅁ
③ ㄱ, ㄴ, ㄹ   ④ ㄱ, ㄴ, ㅁ
⑤ ㄷ, ㄹ, ㅁ

44 같은 해에 입사한 동기 A ~ E는 모두 M공사 소속으로 서로 다른 부서에서 일하고 있다. 이들이 근무하는 부서와 해당 부서의 성과급은 다음과 같다. 부서배치 및 휴가에 대한 조건을 참고했을 때, 다음 중 항상 옳은 것은?

<각 부서별 성과급>

비서실	영업부	인사부	총무부	홍보부
60만 원	20만 원	40만 원	60만 원	60만 원

※ 각 사원은 모두 각 부서의 성과급을 동일하게 받음

〈부서배치 조건〉

• A는 성과급이 평균보다 적은 부서에서 일한다.
• B와 D의 성과급을 더하면 나머지 세 명의 성과급 합과 같다.
• C의 성과급은 총무부보다는 적지만 A보다는 많다.
• C와 D 중 한 사람은 비서실에서 일한다.
• E는 홍보부에서 일한다.

〈휴가 조건〉

• 영업부 직원은 비서실 직원보다 휴가를 더 늦게 가야 한다.
• 인사부 직원은 첫 번째 또는 제일 마지막으로 휴가를 가야 한다.
• B의 휴가 순서는 이들 중 세 번째이다.
• E는 휴가를 반납하고 성과급을 두 배로 받는다.

① D가 C보다 성과급이 많다.
② B는 A보다 휴가를 먼저 출발한다.
③ A의 3개월 치 성과급은 C의 2개월 치 성과급보다 많다.
④ C가 맨 먼저 휴가를 갈 경우 B가 맨 마지막으로 휴가를 가게 된다.
⑤ 휴가철이 끝난 직후, 급여명세서에 D와 E의 성과급 차이는 3배이다.

다음은 2025년 M방송사 상반기 승진자 선발 방식에 대한 자료이다. A ~ E주임 중 1명을 승진시키고자 할 때, 승진할 직원은 누구인가?

〈2025년 상반기 승진자 선발 방식〉

- 승진후보자 중 승진점수가 가장 높은 순서대로 승진한다.
- 승진점수는 100점 만점으로 평가한다. 단, 가점을 합산하여 100점을 초과할 수 있다.
- 승진점수는 분기실적(40), 부서동화(30), 성실고과(20), 혁신기여점(10) 항목별 점수의 총합에 연수에 따른 가점을 합산하여 산정한다.
- 각 연수 이수자에게는 다음 표에 따라 가점을 부여한다. 단, 한 승진후보자가 받을 수 있는 가점은 5점을 초과할 수 없다.
- 동점자가 발생한 경우, 분기실적 점수와 성실고과 점수의 합이 높은 직원이 우선한다.

〈연수별 가점〉

(단위 : 점)

구분	혁신선도	조직융화	자동화적응	대외협력
가점	2	1	4	3

〈승진후보자 항목별 평가점수〉

(단위 : 점)

승진후보자	분기실적	부서동화	성실고과	혁신기여	이수한 연수
A주임	29	28	12	4	조직융화
B주임	32	29	12	5	혁신선도
C주임	35	21	14	3	자동화적응, 대외협력
D주임	28	24	18	3	−
E주임	30	23	16	7	자동화적응

① A주임　　　　　　　　② B주임
③ C주임　　　　　　　　④ D주임
⑤ E주임

46 다음 기사를 읽고 SWOT 분석에 의한 수제 초콜릿 마케팅을 진행하고자 할 때, 해당 전략으로 옳지 않은 것은?

오늘날 식품 시장은 원산지와 성분이 의심스러운 제품들로 넘쳐 납니다. 이로 인해 소비자들은 안전하면서도 고급스러운 먹거리를 찾고 있습니다. 우리의 수제 초콜릿은 이러한 소비자의 요구를 완벽하게 충족시켜주고 있습니다. 풍부한 맛, 고급 포장, 모양, 건강상의 혜택, 강력한 스토리텔링 모두 높은 품질을 원하는 소비자들의 요구를 충족시키는 것입니다. 사실 수제 초콜릿을 만드는 데는 비용이 많이 듭니다. 각종 장비 및 유지 보수에서부터 값비싼 포장과 유통 업체의 높은 수익을 보장해주다 보면 초콜릿을 생산하는 업체에게 남는 이익은 많지 않습니다. 또한 수제 초콜릿의 존재 자체를 많은 사람들이 알지 못하는 상황입니다. 하지만 보다 좋은 식품에 대한 인기가 높아짐에 따라 더 많은 업체들이 수제 초콜릿을 취급하기를 원하고 있습니다. 따라서 수제 초콜릿은 일반 초콜릿보다 더 높은 가격으로 판매될 수 있을 것입니다. 현재 초콜릿을 대량으로 생산하는 대형 기업들은 자신들의 일반 초콜릿과 수제 초콜릿의 차이를 줄이는 데 최선을 다하고 있습니다. 그러나 직접 맛을 보기 전에는 일반 초콜릿과 수제 초콜릿의 차이를 알 수 없기 때문에 소비자들은 굳이 초콜릿에 더 많은 돈을 지불해야 하는 이유를 알지 못할 수 있습니다. 따라서 수제 초콜릿의 효과적인 마케팅 전략이 필요한 시점입니다.

〈SWOT 분석에 의한 마케팅 전략〉

• SO전략(강점 – 기회전략) : 강점을 살려 기회를 포착
• ST전략(강점 – 위협전략) : 강점을 살려 위협을 회피
• WO전략(약점 – 기회전략) : 약점을 보완하여 기회를 포착
• WT전략(약점 – 위협전략) : 약점을 보완하여 위협을 회피

① 수제 초콜릿의 값비싸고 과장된 포장을 바꾸고, 그 비용으로 안전하고 맛있는 수제 초콜릿을 홍보하면 어떨까.
② 수제 초콜릿을 고급 포장하여 수제 초콜릿의 스토리텔링을 더 살려보는 것은 어떨까.
③ 수제 초콜릿의 스토리텔링을 포장에 명시한다면 소비자들이 믿고 구매할 수 있을 거야.
④ 수제 초콜릿의 마케팅을 강화하는 방법으로 수제 초콜릿의 차이를 알려 대기업과의 경쟁에서 이겨야겠어.
⑤ 전문가의 의견을 통해 수제 초콜릿의 풍부한 맛을 알리는 동시에 일반 초콜릿과 맛의 차이도 알려야겠어.

※ 다음 암호화 규칙을 통해 김대리는 사내 동료들과 대화하기로 하였다. 이어지는 질문에 답하시오. **[47~48]**

〈암호화 규칙〉

• 한글 자음은 사전 순서에 따라 바로 뒤의 한글 자음으로 변환한다.
　例 ㄱ → ㄴ, …, ㅎ → ㄱ
• 쌍자음의 경우 자음 두 개로 풀어 표기한다.
　例 ㄲ → ㄴㄴ
• 한글 모음은 사전 순서에 따라 알파벳 a, b, c, …으로 변환한다.
　例 ㅏ → a, ㅐ → b, …, ㅢ → t, ㅣ → u
• 겹받침의 경우 풀어 표기한다.
　例 맑다 → ㅂaㅁㄴㄹa
• 공백은 0으로 표현한다.

47 메신저를 통해 김대리가 오늘 점심 메뉴로 'ㄴuㅂㅋuㅊㅊuㄴb'를 먹자고 했을 때, 다음 중 김대리가 말한 메뉴는 무엇인가?

① 김치김밥　　　　　　　　② 김치찌개
③ 계란말이　　　　　　　　④ 된장찌개
⑤ 부대찌개

48 김대리는 이번 주 금요일의 사내 워크숍에서 사용할 조별 구호를 '존중과 배려'로 결정하였고, 메신저를 통해 조원들에게 알리려고 한다. 다음 중 김대리가 전달할 구호를 암호화 규칙에 따라 바르게 변환한 것은 무엇인가?

① ㅊiㄷㅊuㅈㄴjㅅbㅁg　　　② ㅊiㄷㅊnㅈㄴjㅅbㅁg
③ ㅊiㄷㅊnㅈㄴj0ㅅbㅁg　　　④ ㅊiㄷㅊnㅈㄴia0ㅅbㅁg
⑤ ㅊiㄷㅊuㅈㄴia0ㅅbㅁg

49 다음 〈보기〉에서 (가) ~ (다)의 공통적인 규칙을 모두 고르면?

> (가) 2, 3, 6, 7, 8
> (나) 1, 4, 5, 6, 9
> (다) 6, 5, 8, 3, 9

─────── 〈보기〉 ───────

ㄱ. 홀수 다음에 홀수가 연이어 오지 않는다.
ㄴ. 짝수 다음에 짝수가 연이어 오지 않는다.
ㄷ. 동일한 숫자는 반복하여 사용되지 않는다.
ㄹ. 어떤 숫자 바로 다음에는 그 숫자의 배수가 오지 않는다.

① ㄱ, ㄴ ② ㄴ, ㄷ
③ ㄴ, ㄹ ④ ㄷ, ㄹ
⑤ ㄱ, ㄷ, ㄹ

50 다음 글을 바탕으로 추론한 내용으로 옳지 않은 것은?

> 갑, 을, 병은 같은 과목을 수강하고 있다. 이 과목의 성적은 과제 점수와 기말시험 점수를 합산하여 평가한다. 과제에 대한 평가방법은 다음과 같다. 강의에 참여하는 학생은 5명으로 구성된 팀을 이루어 과제를 발표해야 한다. 교수는 과제 발표의 수준에 따라 팀점수를 정한 후, 이 점수를 과제 수행에 대한 기여도에 따라 참여한 학생들에게 나누어준다. 이때 5명의 학생에게 모두 서로 다른 점수를 부여하되, 각 학생 간 2.5점의 차이를 둔다. 기말시험의 성적은 60점이 만점이고, 과제 점수는 40점이 만점이다.
> 과제 점수와 기말시험 점수를 합산하여 총점 95점 이상을 받은 학생은 A+등급을 받게 되고, 90점 이상 95점 미만은 A등급을 받는다. 마이너스(−) 등급은 없으며, 매 5점을 기준으로 등급은 한 단계씩 떨어진다. 예컨대 85점 이상 90점 미만은 B+, 80점 이상 85점 미만은 B등급이 되는 것이다.
> 갑, 을, 병은 다른 2명의 학생과 함께 팀을 이루어 발표를 했는데, 팀점수로 150점을 받았다. 그리고 기말고사에서 갑은 53점, 을은 50점, 병은 46점을 받았다.

① 갑은 최고 B+에서 최저 C+ 등급까지의 성적을 받을 수 있다.
② 을은 최고 B등급에서 최저 C등급까지의 성적을 받을 수 있다.
③ 병은 최고 B등급에서 최저 C등급까지의 성적을 받을 수 있다.
④ 을의 기여도가 최상위일 경우 갑과 병은 같은 등급의 성적을 받을 수 있다.
⑤ 갑의 기여도가 최상위일 경우 을과 병은 같은 등급의 성적을 받을 수 있다.

제3회
MBC
필기전형

기본직무소양평가
모의고사

www.sdedu.co.kr

〈문항 수 및 시험시간〉

평가영역	문항 수	시험시간	모바일 OMR 답안채점 / 성적분석 서비스
의사소통능력＋수리능력＋문제해결능력	50문항	60분	

제3회 모의고사

01 다음 〈보기〉의 문장이 들어갈 위치로 가장 적절한 곳은?

문화가 발전하려면 저작자의 권리 보호와 저작물의 공정 이용이 균형을 이루어야 한다. 저작물의 공정 이용이란 저작권자의 권리를 일부 제한하여 저작권자의 허락이 없어도 저작물을 자유롭게 이용하는 것을 말한다. 비영리적인 사적 복제를 허용하는 것이 그 예이다. (가) 우리나라의 저작권법에서는 오래전부터 공정 이용으로 볼 수 있는 저작권 제한 규정을 두었다.

그런데 디지털 환경에서 저작물의 공정 이용은 여러 장애에 부딪혔다. 디지털 환경에서는 저작물을 원본과 동일하게 복제할 수 있고 용이하게 개작할 수 있다. (나) 그 결과 디지털화된 저작물의 이용 행위가 공정 이용의 범주에 드는 것인지 가늠하기가 더 어려워졌고 그에 따른 처벌 위험도 커졌다. (다)

이러한 문제를 해소하기 위한 시도의 하나로 포괄적으로 적용할 수 있는 '저작물의 공정한 이용' 규정이 저작권법에 별도로 신설되었다. 그리하여 저작권자의 동의가 없어도 저작물을 공정하게 이용할 수 있는 영역이 확장되었다. 그러나 공정 이용 여부에 대한 시비가 자율적으로 해소되지 않으면 예나 지금이나 법적인 절차를 밟아 갈등을 해소해야 한다. (라) 저작물 이용의 영리성과 비영리성, 목적과 종류, 비중, 시장 가치 등이 법적인 판단의 기준이 된다.

저작물 이용자들이 처벌에 대한 불안감을 여전히 느낀다는 점에서 저작물의 자유 이용 허락 제도와 같은 '저작물의 공유' 캠페인이 주목받고 있다. 이 캠페인은 저작권자들이 자신의 저작물에 일정한 이용 허락 조건을 표시해서 이용자들에게 무료로 개방하는 것을 말한다. 누구의 저작물이든 개별적인 저작권을 인정하지 않고 모두가 공동으로 소유하자고 주장하는 사람들과 달리, 이 캠페인을 펼치는 사람들은 기본적으로 자신과 타인의 저작권을 존중한다. 캠페인 참여자들은 저작권자와 이용자들의 자발적인 참여를 통해 자유롭게 활용할 수 있는 저작물의 양과 범위를 확대하려고 노력한다. (마) 그러나 캠페인에 참여한 저작물을 이용할 때 허용된 범위를 벗어난 경우 법적 책임을 질 수 있다.

---〈보기〉---

㉠ 따라서 저작물이 개작되더라도 그것이 원래 창작물인지 이차적 저작물인지 알기 어렵다.

㉡ 이들은 저작물의 공유가 확산되면 디지털 저작물의 이용이 활성화되고 그 결과 인터넷이 더욱 창의적이고 풍성한 정보 교류의 장(場)이 될 것이라고 본다.

	㉠	㉡		㉠	㉡
①	(가)	(나)	②	(나)	(다)
③	(나)	(라)	④	(나)	(마)
⑤	(다)	(마)			

02 다음 문단을 논리적 순서대로 바르게 나열한 것은?

(가) 국어의 단어들은 어근과 어근이 결합해 만들어지기도 하고 어근과 파생 접사가 결합해 만들어지기도 한다. 어근과 파생 접사가 결합한 단어는 파생 접사가 어근의 앞에 결합한 것도 있고, 파생 접사가 어근의 뒤에 결합한 것도 있다. 어근이 용언 어간이나 체언일 때, 그 뒤에 결합한 파생 접사는 어미나 조사와 혼동될 수도 있다.

(나) 이러한 일반적인 단어 형성과 달리, 용언 어간에 어미가 결합한 형태나, 체언에 조사가 결합한 형태가 시간이 지나면서 새로운 단어가 된 경우도 있다. 먼저 용언의 활용형이 역사적으로 굳어져 새로운 단어가 된 경우가 있다. 부사 '하지만'은 '하다'의 어간에 어미 '−지만'이 결합했던 것이었는데, 시간이 지나면서 굳어져 새로운 단어가 되었다.

(다) 다음으로 체언에 조사가 결합한 형태가 역사적으로 굳어져 새로운 단어가 된 것도 있다. 명사 '아기'에 호격 조사 '아'가 결합했던 형태인 '아가'가 시간이 지나면서 새로운 단어가 되었다.

(라) 그러나 파생 접사는 주로 새로운 단어를 만든다는 점에서 차이가 있다. 이에 비해 어미는 용언 어간과 결합해 용언이 문장 성분이 될 수 있도록 해 주고, 조사는 체언과 결합해 체언이 문장 성분임을 나타내 줄 뿐 새로운 단어를 만들지는 않는다. 이 점에서 어미와 조사는 파생 접사와 분명하게 구별된다.

① (가) − (나) − (다) − (라)
② (가) − (라) − (나) − (다)
③ (가) − (라) − (다) − (나)
④ (나) − (다) − (라) − (가)
⑤ (나) − (라) − (다) − (가)

03 다음 글의 내용으로 적절하지 않은 것은?

서양에서는 왜 동양에 비해 약 1200년이나 지난 뒤에야 풍경화가 그려진 것일까? 이것은 결코 우연한 결과가 아니다. 동양과 같은 전원적(全元的) 일원론의 우주관이 결여되었던 서양에서는 풍경화가 애초부터 중요시될 수 없었다. 그들 문화권에서 자연성이란 신성(神性)과 반대 개념으로 이해되었고, 인간과 자연도 대립 관계로 생각되었다. 또한 신과 인간도 합치될 수 없는 분리의 개념으로 이해되었다. 이 때문에 서양 정신은 그 오랜 세월 동안 이원론적 대립과 분리의 한계를 넘어설 수가 없었다.

이 같은 사유 형태는 미술에도 절대적인 영향을 끼쳐 풍경화가 정당한 가치를 인정받으며 출현할 수 없는 문화적 배경으로 작용하였다. 그리하여 중세와 르네상스의 미술은 거의 모두가 신과 인간을 주제로 한 것들이다. 특히 중세의 본격적인 회화 작품에서 풍경화란 전무하다. 신성과 반대되는 개념으로 자연성을 바라본 중세 정신 속에서 도저히 자연 풍경이 주제가 될 수는 없었을 것이다. 그러다가 르네상스로 넘어오면서부터 극히 예외적으로 작품의 주제를 살리기 위해 자연 풍경을 배경으로 도입하고 있는 작품을 몇몇 볼 수 있다. 이는 16세기에 종전의 신(神) 중심적 권위가 인간의 세속적 권위로 서서히 넘어오면서 자연에 대한 태도 역시 중세와 같은 폐쇄적인 생각이 사라지고 점차 열린 생각으로 바뀌었기 때문이다. 그러나 인간 중심적, 자아 중심적 세계관이 지배하고 있던 서양에서 미술의 중심 주제는 여전히 인간일 수밖에 없었다.

17세기에 대두됐던 풍경화가 본격적으로 주목을 받으며 많이 그려진 것은 낭만주의 시대이다. 본질상 낭만적이라고 불릴 수 있는 자연 풍경화가 낭만주의의 등장과 함께 크게 번성했던 것은 당연한 이치라고 할 수 있다. 낭만주의 정신은 자연의 불가사의한 깊은 힘에 대하여 친화감을 느끼면서 종래와는 다른 시각으로 자연을 바라보기 시작했기 때문이다. 따라서 인간 중심적이고 자아중심적인 존재 세계의 편협한 구성이 사라지고, 인간은 오히려 우주의 작은 먼지에 불과할지도, 자연의 하찮은 존재에 불과할지도 모른다는 자각이 고개를 들기 시작했다. 이러한 정신적 배경은 자연스럽게 풍경화를 번성케 한 원인이 되었다. 그리하여 우리는 낭만주의 정신이 풍경화에서 가장 아름답게 개화하는 것을 보게 된다.

이렇듯 서양의 풍경화는 낭만주의 사조에 의해 비로소 가치를 인정받고 무한한 발전의 토대를 다질 수 있었다. 그러나 서양의 풍경화는 그 문화적 배경이 다른 만큼 동양의 산수화와는 현격히 다를 수밖에 없었다. 서양은 주객 분리의 이원론적 사유 전통 속에서 세계와 자아를 대립 관계에 있는 것으로 보고 자아의 주관성을 강조하는 입장에서 모든 것을 이해하려고 했다. 그들이 생각하는 '나'란 우주 만물과 별개의 것으로 존립하면서 만물을 타자(他者)로 바라보는 주관성이다. 이러한 태도는 풍경화 양식에도 그대로 반영되어 자연 풍경을 그리는 자와 대립적 관계로 바라보면서, '나'라고 하는 한 시점(視點)에서 정지된 주관성을 강조하는 풍경화 양식을 구축했다. 이것이 자연 풍경과 일체가 되어 그 속에서 다시점(多視點)의 유동성을 보이는 동양의 산수화와는 다른 점이다.

① 낭만주의 사조를 계기로 발달하기 시작한 서양의 풍경화에서는 '나'와 '자연'을 보는 대립적 인식이 드러난다.
② 과거 서양의 우주관에서 신과 자연, 인간은 각각 분리된 존재로 인식되었다.
③ 중세가 가고 르네상스 시대가 도래한 이후에도 여전히 미술의 중심 주제는 자연이 될 수 없었다.
④ 동양이 서양보다 1200년이나 앞서 풍경화가 발달한 까닭은 인간이 자연보다 작고 힘없는 존재라는 인식 때문이다.
⑤ 수많은 시점이 드러나는 동양의 풍경화와 달리 서양의 풍경화는 단일 시점이다.

04 다음 중 제시된 단어와 같거나 유사한 의미를 가진 것은?

지도

① 목도   ② 보도
③ 정독   ④ 감독
⑤ 고독

05 다음 글에서 어법상 옳지 않은 표현을 모두 고르면?

프랑스 리옹 대학 심리학과 스테파니 마차 교수팀은 학습 시간 사이에 잠을 자면 복습 시간이 줄어들고 더 오랫동안 기억할 수 있다는 점을 발명했다고 발표했다. 마차 교수팀은 성인 40명을 두 집단으로 나누어 단어 학습과 기억력을 검사했는데, 한 집단은 오전에 1차 학습을 한 후 오후에 복습시켰고 다른 한 집단은 저녁에 1차 학습을 한 후 잠을 자고 다음 날 오전 복습을 시킨 결과 수면 집단이 비수면 집단에 비해 획기적으로 학습 효과가 올라간 것을 확인할 수 있었다. 이는 수면 집단이 상대적으로 짧은 시간에 좋은 성과를 얻은 것으로 '수면이 기억을 어떤 방식으로인가 전환한 것으로 보인다.'고 설명했다. 학령기 자녀를 둔 부모라면 수면과 학습 효과의 상관성을 더욱 관심 있게 지켜봐야 할 것 같다.

① 없음   ② 1개
③ 2개   ④ 3개
⑤ 4개

06 다음 글의 빈칸에 들어갈 단어를 〈보기〉에서 골라 바르게 연결한 것은?

광고주들은 광고를 통해 상품의 인지도를 높이고 상품에 대한 호의적 태도를 확산시키려 한다. 간접 광고에서는 이러한 광고 ___(가)___ 을/를 거두기 위해 주류적 배치와 주변적 배치를 ___(나)___ 한다. 주류적 배치는 출연자가 상품을 ___(다)___ 하거나 대사를 통해 상품을 언급하는 것이고, 주변적 배치는 화면 속의 배경을 통해 상품을 노출하는 것인데, 시청자들은 주변적 배치보다 주류적 배치에 더 주목하기 때문에 주류적 배치가 광고 ___(라)___ 이/가 높다.

─────────────〈보기〉─────────────
ㄱ. 활용   ㄴ. 효용   ㄷ. 효과   ㄹ. 조율   ㅁ. 효율   ㅂ. 사용   ㅅ. 과시   ㅇ. 효능

	(가)	(나)	(다)	(라)
①	ㄴ	ㄱ	ㅂ	ㅁ
②	ㄴ	ㄹ	ㅅ	ㅇ
③	ㄷ	ㄱ	ㅂ	ㅁ
④	ㄷ	ㄱ	ㅂ	ㅇ
⑤	ㅁ	ㄹ	ㅅ	ㅇ

07 다음 (가) ~ (마) 문단에 대한 설명으로 적절하지 않은 것은?

> (가) 신문이나 잡지는 대부분 유료로 판매된다. 반면, 인터넷 뉴스 사이트는 신문이나 잡지의 기사와 같거나 비슷한 내용을 무료로 제공한다. 왜 이런 현상이 발생하는 것일까?
>
> (나) 이 현상 속에는 경제학적 배경이 숨어 있다. 대체로 상품의 가격은 그 상품을 생산하는 데 드는 비용의 언저리에서 결정된다. 생산 비용이 많이 들면 들수록 상품의 가격이 상승하는 것이다. 그런데 인터넷에 게재되는 기사를 생산하는 데 드는 비용은 0에 가깝다. 기자가 컴퓨터로 작성한 기사를 신문사 편집실로 보내 종이 신문에 게재하고, 그 기사를 그대로 재활용하여 인터넷 뉴스 사이트에 올리기 때문이다. 또한, 인터넷 뉴스 사이트 방문자 수가 증가하면 사이트에 걸어 놓은 광고에 대한 수입도 증가하게 된다. 이러한 이유로 신문사들은 경쟁적으로 인터넷 뉴스 사이트를 개설하여 무료로 운영했다.
>
> (다) 그런데 무료인터넷 뉴스 사이트를 이용하는 사람들이 폭발적으로 늘어나면서 돈을 내고 신문이나 잡지를 구독하는 사람들이 점점 줄어들기 시작했다. 그 결과 언론사들의 수익률이 감소하여 재정이 악화되었다. 문제는 여기서 그치지 않는다. 언론사들의 재정적 악화는 깊이 있고 정확한 뉴스를 생산하는 그들의 능력을 저하하거나 사라지게 할 수도 있다. 결국 그로 인한 피해는 뉴스를 이용하는 소비자에게로 되돌아올 것이다.
>
> (라) 그래서 언론사들, 특히 신문사들의 재정 악화 개선을 위해 인터넷 뉴스를 유료화해야 한다는 의견이 있다. 하지만 그러한 주장을 현실화하는 것은 그리 간단하지 않다. 소비자들은 어떤 상품을 구매할 때 그 상품의 가격이 얼마 정도면 구매할 것이고, 얼마 이상이면 구매하지 않겠다는 마음의 선을 긋는다. 이 선의 최대치가 바로 최대지불의사(Willingness to Pay)이다. 소비자들의 머릿속에 한번 각인된 최대지불의사는 좀처럼 변하지 않는 특성이 있다. 인터넷 뉴스의 경우 오랫동안 소비자에게 무료로 제공되었고, 그러는 사이 인터넷 뉴스에 대한 소비자들의 최대지불의사도 0으로 굳어진 것이다. 그런데 이제 와서 무료로 이용하던 정보를 유료화한다면 소비자들은 여러 이유를 들어 불만을 토로할 것이다.
>
> (마) 해외 신문 중 일부 경제 전문지는 이러한 문제를 성공적으로 해결했다. 그들은 매우 전문화되고 깊이 있는 기사를 작성하여 소비자에게 제공하는 대신 인터넷 뉴스 사이트를 유료화했다. 그럼에도 불구하고 많은 소비자가 기꺼이 돈을 내고 이들 사이트의 기사를 이용하고 있다. 전문화되고 맞춤화된 뉴스일수록 유료화 잠재력이 높은 것이다. 이처럼 제대로 된 뉴스를 만드는 공급자와 제값을 내고 제대로 된 뉴스를 소비하는 수요자가 만나는 순간 문제 해결의 실마리를 찾을 수 있을 것이다.

① (가) : 현상을 제시하고 있다.

② (나) : 현상의 발생 원인을 분석하고 있다.

③ (다) : 현상의 문제점을 지적하고 있다.

④ (라) : 현상의 긍정적 측면을 강조하고 있다.

⑤ (마) : 문제의 해결 방안을 시사하고 있다.

08 다음 글에 대한 평가로 가장 적절한 것은?

> 대중문화는 매스미디어의 급속한 발전과 더불어 급속히 대중 속에 파고든, 젊은 세대를 중심으로 이루어진 문화를 의미한다. 그들은 TV 속에서 그들의 우상을 찾아 이를 모방하는 것으로 대리 만족을 느끼고자 한다. 그러나 대중문화라고 해서 반드시 젊은 사람을 중심으로 이루어지는 것은 아니다. 넓은 의미에서의 대중문화는 사실 남녀노소 누구나가 느낄 수 있는 우리 문화의 대부분을 의미할 수 있다. 따라서 대중문화가 우리 생활에서 차지하는 비중은 가히 상상을 초월하며 우리의 사고 하나하나가 대중문화와 떼어놓고 생각할 수 없는 것이다.

① 앞, 뒤에서 서로 모순되는 설명을 하고 있다.
② 충분한 사례를 들어 자신의 주장을 뒷받침하고 있다.
③ 사실과 다른 내용을 사실인 것처럼 논거로 삼고 있다.
④ 말하려는 내용 없이 지나치게 기교를 부리려고 하였다.
⑤ 적절한 비유를 들어 중심 생각을 효과적으로 전달했다.

09 다음 글에 나타난 필자의 의도로 가장 적절한 것은?

> 세상은 수많은 뉴스로 넘쳐난다. 어떤 뉴스는 사람들에게 유용한 지식과 정보를 제공하고, 살아가는 데 힘이 된다. 하지만 또 어떤 뉴스는 사람들에게 거짓 정보를 흘려 현실을 왜곡하거나 잘못된 정보와 의도로 우리를 현혹하기도 한다. 우리는 흔히 뉴스를 볼 때 우리가 선택하고 이용한다고 생각하지만, 사실은 뉴스가 보여주거나 알려주는 것만을 볼 수밖에 없다. 더구나 뉴스로 선택된 것들은 기자와 언론사의 판단을 통해 해석되고 재구성되는 과정을 거치기 마련이다. 아무리 객관적인 보도라 할지라도 해당 매체의 가치 판단을 거친 결과라는 말이다. 더군다나 스마트폰과 소셜미디어로 대표되는 인터넷을 통한 뉴스 이용은 언론사라는 뉴스 유통 단계를 거치지 않고 곧바로 독자에게 전달되어 가짜 뉴스와 같은 문제를 일으키기도 한다.
> 2016년 미국 대통령 선거에서 떠들썩했던 가짜 뉴스 사례는 가짜 뉴스의 영향력과 심각성이 얼마나 대단한지를 보여 준다. 당시 가짜 뉴스는 소셜미디어를 통해 확산되었다. 소셜미디어를 통한 뉴스 이용은 개인적인 차원에서 이루어져 뉴스가 제공하는 정보의 형태와 출처가 뒤섞이거나 지인의 영향력에 의해 뉴스의 신뢰도가 결정되는 등의 부작용을 낳는다.

① 뉴스의 가치는 다양성에 있다.
② 뉴스는 생산자에 따라 다양하게 구성된다.
③ 뉴스는 이용자의 특성에 따라 다양하게 구성된다.
④ 뉴스는 생산자의 특성과 가치를 포함한다.
⑤ 뉴스 이용자의 바른 이해와 판단이 필요하다.

10 다음 글의 빈칸에 들어갈 내용으로 가장 적절한 것은?

조선 왕조에서 최고의 지위를 갖고 있던 왕들의 모습은 현재의 거울처럼 더욱더 생생하게 다가오고 있다. 조선 왕들에 대한 관심은 서적이나 영화, 드라마 등을 통해서도 상당히 표출되었지만, 영화나 드라마보다 더 극적인 상황 전개가 이루어진 정치 현실과 맞물리면서 조선시대 왕의 리더십에 대해서는 더욱 통찰력 있는 분석이 요구되고 있다.

조선 왕조는 500년 이상 장수한 왕조였고, 27명의 왕이 재위하였다. 각기 다른 개성을 가진 왕들은 체제의 정비가 요구되던 시기를 살기도 했고, 강력한 개혁이 요구되던 시기를 살기도 했다. 태종이나 세조처럼 자신의 집권 정당성을 위해서 강력한 왕권을 확립해야 했던 왕, 세종이나 성종처럼 체제와 문물의 정비에 총력을 쏟았던 왕이 있었고, 광해군이나 선조처럼 개혁이 시대적 요구가 되던 시대를 살아간 왕도 있었다. 선조와 같이 전란을 겪고 수습해야 했던 왕, 인조처럼 적장에게 항복할 수밖에 없었던 왕, 원인은 달랐지만 부왕의 복수와 명예 회복을 위해 살아간 효종과 정조도 있었다. 시대의 요구가 달랐고 각기 다른 배경 속에서 즉위한 조선의 왕이었지만, 이들은 모두 성리학 이념으로 무장한 신하들과 학자, 왕의 통치력을 믿고 따르는 백성들과 함께 국가를 합리적으로 이끌어갈 임무를 부여받았다. 왕들은 때로는 과감한 개혁 정책을 선보였고, 때로는 왕권에 맞서는 신권에 대응하기도 했으며 조정자의 역할도 하였다. 모두들 백성을 위한 정책을 추진한다고 했지만, 대동법과 균역법처럼 시대의 요청에 부응하는 것들도 있었던 반면, 무리한 토목 공사와 천도처럼 실패한 정책들도 있었다. 체제의 안정, 변화와 개혁의 중심에도 왕의 리더십이 있었고, 왕의 리더십은 국가의 성패를 가늠하는 주요한 기준이었기에 왕으로 산다는 것은 그렇게 쉬운 일이 아니었다. 역사는 현재를 비추는 거울이라고 한다. 왕조 시대가 끝나고 국민이 주인이 되는 민주사회가 도래했다고는 하지만, 적절한 정책의 추진, 여론의 존중, 도덕과 청렴성, 소통과 포용의 리더십, 언론의 존중 등 전통 사회의 왕들에게 요구되었던 덕목들은 오늘날 여전히 유효하다. _____

① 조선의 왕은 고대나 고려의 왕들에 비해 절대적인 권력을 누리지는 못하였다.

② 왕을 견제하는 세력을 두어 왕권과 신권의 적절한 조화가 중요하다.

③ 조선의 왕들은 자신의 정치 역량을 최대한 발휘하는 위치에 서 있었다.

④ 조선의 왕이 보인 리더십을 본받아 현재의 리더가 갖추어야 할 덕목들을 생각해보아야 한다.

⑤ 조선 왕조는 국제 전쟁이나 왕위 계승 등 역사적 전개 과정에서 크고 작은 변화를 경험했다.

※ 다음 글의 주된 전개 방식으로 가장 적절한 것을 고르시오. [11~12]

11

생활 속 보안을 위해 우리들이 가장 먼저 생각해야 하는 것은 무엇일까? 그것은 우리가 무엇을 가지고 있으며, 그 가치가 얼마나 되는지 확인하는 것이다. 그 가치가 얼마인지 정확히 모르겠다면, 그것을 잃어버렸을 때 어떤 일이 벌어질지 생각해 보자.

만약 당신이 기업연구소에서 일하고 있고, 몇 년 동안 쌓인 연구 자료가 컴퓨터에 저장되어 있다고 가정해 볼 때, 컴퓨터 속에는 구하기 힘든 각종 연구보고서, 논문, 발표 자료, 회사의 기밀자료, 도면 등이 저장되어 있을 것이다. 열심히 연구하던 중에 잠깐 메일을 확인하다가 당신의 호기심을 자극하는 제목의 전자메일을 클릭한 뒤, 그 메일의 첨부파일을 열어보는 것만으로도 당신의 컴퓨터는 랜섬웨어에 감염될 수 있다. 몇 년 동안 쌓아두었던 연구자료가 모두 암호화되어서 열어 볼 수 없는 상황이 벌어질 수 있다는 것이다.

또 크리스마스카드가 도착했다는 문자가 수신된 상황을 가정해 보자. 문자를 보고 흥분되고 기대되는 마음에 문자 속 인터넷주소(URL)를 클릭했더니, 크리스마스카드를 보려면 앱을 설치하라고 한다. '좀 번거롭기는 하지만, 뭐 어때?'라는 마음으로 그 앱을 설치하면 스마트폰에 있는 당신의 모든 정보는 해커들의 손에 들어갈 수 있다. 당신의 연락처, 동영상, 사진, 통화 내용, 문자 메시지, 인증서 등이 해커의 손에 들어가고, 그 내용 중 공개되어서는 안 될 정보를 가지고 협박한다면 어떻게 되겠는가?

그렇다면 랜섬웨어에 대한 대비책은 무엇일까? 첫째, 철저한 백업이다. 백업이야말로 여러 가지 재난적인 상황에 효과적인 대비책이다. 둘째, 잘 알고 있는 사람이 보낸 메일이 아니라면 첨부파일 다운로드나 실행에 주의한다. 셋째, 인터넷에서 받은 실행 파일은 위변조를 확인한 뒤 설치한다. 그리고 스미싱 문자에 대한 대비책은 문자로 전송된 경로를 클릭하거나 출처가 확인되지 않은 앱을 설치하지 않는 것이다. 문자로 전송된 경로를 클릭하는 것만으로도 악성코드가 스마트폰에 설치되어 해킹당할 수 있으므로 문자 속 URL을 클릭하지 말아야 한다.

현재 새로운 해킹 기술들이 계속 나오고 있지만, 간단한 원칙만 실천해도 해킹당할 가능성이 확 낮아진다. 컴퓨터는 정해진 일을 위해서만 쓰는 것. 스마트폰에 남들이 보면 안 되는 사항을 저장해 놓지 않는 것만으로도 우선은 안심이다. 내 것을 지키기 위해서는 내가 무엇을 가졌는지 그 가치를 제대로 알고 있어야 한다. 그리고 하지 말라고 주의를 주는 행위를 할 때는 주의를 기울여야 한다.

① 대상에 대한 장점을 부각시켜 상대방을 설득하고 있다.
② 두 가지 상반되는 주장을 비교하여 제시하고 있다.
③ 문제 상황에 대해 사례를 들어 설명하고, 그에 대한 대책 방안을 제시하고 있다.
④ 대상에 대한 옳은 예와 옳지 않은 예를 제시하고 있다.
⑤ 사건이 가지는 역사적 의의와 시사점에 대해 서술하고 있다.

12

현대 사회에서 스타는 대중문화의 성격을 규정짓는 가장 중요한 열쇠이다. 스타가 생산, 관리, 활용, 거래, 소비되는 전체적인 순환 메커니즘이 바로 스타 시스템이다. 이것이 자본주의 대중문화의 가장 핵심적인 작동 원리로 자리 잡게 되면서 사람들은 스타되기를 열망하고, 스타 만들기에 진력하게 되었다.

스크린과 TV 화면에 보이는 스타는 화려하고 강하고 영웅적이며, 누구보다 매력적인 인간형으로 비춰진다. 사람들은 스타에 열광하는 순간 스타와 자신을 무의식적으로 동일시하며 그 환상적 이미지에 빠진다. 스타를 자신들의 결점을 대리 충족시켜 주는 대상으로 생각하기 때문이다. 그런 과정이 가장 전형적으로 드러나는 장르가 영화이다. 영화는 어떤 환상도 쉽게 먹혀들어 갈 수 있는 조건에서 상영되며 기술적으로 완벽한 이미지를 구현하여 압도적인 이미지로 관객을 끌어들인다. 컴컴한 극장 안에서 관객은 부동자세로 숨죽인 채 영화에 집중하게 되며 자연스럽게 영화가 제공하는 이미지에 매료된다. 그리고 그 순간 무의식적으로 자신을 영화 속의 주인공과 동일시하게 된다. 관객은 매력적인 대상과 자신을 동일시하면서 자신의 진짜 모습을 잊고 이상적인 인간형을 간접 체험하게 되는 것이다.

스크린과 TV 화면에 비친 대중이 선망하는 스타의 모습은 현실적인 이미지가 아니라, 허구적인 이미지에 불과하다. 사람들은 스타 역시 어쩔 수 없는 약점과 한계를 안고 사는 한 인간일 수밖에 없다는 사실을 아주 쉽게 망각해 버리곤 한다. 이렇게 스타에 대한 열광의 성립은 대중과 스타의 관계가 기본적으로 익명적일 수밖에 없다는 데서 가능해진다. 자본주의의 특징 가운데 하나는 필요 이상의 물건을 생산하고 그것을 팔기 위해 갖가지 방법으로 소비자들의 욕망을 부추긴다는 것이다. 스타는 그 과정에서 소비자들의 구매 욕구를 불러일으키는 가장 중요한 연결고리 역할을 함과 동시에 그들도 상품처럼 취급되어 소비된다. 스타 시스템은 대중문화의 안과 밖에서 스타의 화려하고 소비적인 생활 패턴의 소개를 통해 사람들의 욕망을 자극하게 된다. 또한, 스타들을 상품의 생산과 판매를 위한 도구로 이용하며, 끊임없이 오락과 소비의 영역을 확장하고 거기서 이윤을 발생시킨다. 이 모든 것이 가능한 것은 많은 대중이 스타를 닮고자 하는 욕구를 가지고 있어 스타의 패션과 스타일, 소비 패턴을 모방하기 때문이다.

스타 시스템을 건전한 대중문화의 작동 원리로 발전시키기 위해서는 우선 대중문화 산업에 종사하고 싶어 하는 사람들을 위한 활동 공간과 유통 구조를 확보하여 실험적이고 독창적인 활동을 다양하게 벌일 수 있는 토양을 마련해 주어야 한다. 나아가 이러한 예술 인력을 스타 시스템과 연결하는 중간 메커니즘도 육성해야 할 것이다.

① 현상의 문제점을 언급한 후 해결 방안을 제시하고 있다.
② 상반된 이론을 제시한 후 절충적 견해를 이끌어내고 있다.
③ 권위 있는 학자의 견해를 들어 주장의 정당성을 입증하고 있다.
④ 대상을 하위 항목으로 구분하여 논의의 범주를 명확히 하고 있다.
⑤ 현상의 변천 과정을 고찰하고 향후의 발전 방향을 제시하고 있다.

13 다음 글의 ㉠, ㉡에 대한 설명으로 적절하지 않은 것은?

동영상 플랫폼 유튜브(Youtube)에는 'Me at the Zoo'라는 제목으로, 한 남성이 캘리포니아 동물원의 코끼리 우리 앞에 서서 18초 남짓한 시간 동안 코끼리 코를 칭찬하는 다소 평범한 내용의 영상이 게재돼 있다. 이 영상은 유튜브 최초의 동영상으로, 누구나 언제 어디서나 손쉽게 소통이 가능하다는 비디오 콘텐츠의 장점을 여실히 보여주고 있다. 국내 온라인 커머스에서도 이러한 비디오 콘텐츠에 주목한다.

스마트폰 보급률이 높아짐에 따라 모바일을 이용해 상품을 구매하는 소비자층이 늘어났다. 날이 갈수록 모바일 체류 시간이 늘고 있는 소비자들을 잡기 위해서는 최적화된 마케팅이 필요하다. 모바일을 활용한 마케팅은 기존 PC보다 작은 화면 안의 면밀하고 계획적인 공간 활용과 구성이 필요하다. 제품을 소개하는 글을 줄여 스크롤 압박을 최소화해야 하고, 재미와 즐거움을 줌으로써 고객들을 사로잡아야 한다. 이런 부분에서 비디오 콘텐츠가 가장 효과적인 마케팅으로 볼 수 있다. 모든 것을 한 화면 안에서 보여줄 뿐만 아니라, 시각과 청각을 자극해 시선을 끌기 쉽고, 정보를 효과적으로 전달하는 장점이 있기 때문이다.

비디오 콘텐츠를 활용한 ㉠ 비디오 커머스(V-commerce)는 기존 ㉡ 홈쇼핑과 유사한 맥락을 가지지만, 전달 형식에서 큰 차이가 있다. 홈쇼핑이 제품의 상세 설명이라면 비디오 커머스는 제품의 사용 후기에 보다 집중된 모습을 보여준다. 또한, 홈쇼핑을 정형화되고 깔끔하게 정리된 A급 콘텐츠라고 본다면 비디오 커머스는 일상 생활에서 흔하게 접할 수 있는 에피소드를 바탕으로 영상을 풀어나가는 B급 콘텐츠가 주를 이룬다. 주요 이용자가 40 ~ 50대인 홈쇼핑과 달리 모바일의 주요 이용자는 20 ~ 30대로, 이들의 눈높이에 맞추다 보니 쉽고 가벼운 콘텐츠가 많이 등장하고 있는 것이다. 향후 비디오 커머스 시장이 확대되면 재미는 물론 더욱 다양한 상품정보와 소비욕구를 충족시키는 콘텐츠가 많이 등장할 것이다.

일반 중소상인들에게 홈쇼핑을 통한 입점과 판매는 진입장벽이 높지만, 비디오 커머스는 진입장벽이 낮고 SNS와 동영상 플랫폼을 잘 이용하면 전 세계 어디에나 진출할 수 있다는 장점이 있다. 동영상 콘텐츠 하나로 채널과 국가, 나아가 모든 영역을 넘나드는 새로운 비즈니스 모델의 창출이 가능한 셈이다.

① 소비자에게 ㉠은 제품 사용 후기를, ㉡은 제품에 대한 상세 설명을 전달한다.

② ㉠과 ㉡은 주로 이용하는 대상이 각각 다르기 때문에 콘텐츠 내용에서 차이가 나타난다.

③ ㉠은 ㉡과 달리 일반 중소상인들에게 진입장벽이 낮다.

④ 모바일을 이용하는 소비자가 늘어남에 따라 ㉡이 효과적인 마케팅으로 주목받고 있다.

⑤ ㉠의 콘텐츠는 누구나 언제 어디서나 손쉽게 소통이 가능하다.

14 다음 글을 읽고 〈보기〉를 해석한 내용으로 가장 적절한 것은?

> 콘텐츠는 미디어를 필요로 한다. 미디어는 기술의 발현물이다. 텔레비전이라는 미디어는 기술의 산물이지만 여기에는 프로그램 영상물이라는 콘텐츠를 담고 있으며, 책이라는 기술 미디어에는 지식콘텐츠를 담고 있다. 결국 미디어와 콘텐츠는 분리될 수 없는 결합물이다.
>
> 시대가 시대이니만큼 콘텐츠의 중요함은 새삼 강조할 필요가 없어 보인다. 그러나 콘텐츠만 강조하는 것은 의미가 없다. 콘텐츠는 본질적으로 내용일 텐데, 그 내용은 결국 미디어라는 형식이나 도구를 빌어 표현될 수밖에 없기 때문이다. 그러므로 아무리 우수한 콘텐츠를 가지고 있더라도 미디어의 발전이 없다면 콘텐츠는 표현의 한계를 가질 수밖에 없다.
>
> 문화도 마찬가지이다. 문화의 내용이나 콘텐츠는 중요하다. 하지만 일반적으로 사람들은 문화를 향유할 때, 콘텐츠를 선택하기에 앞서 미디어를 먼저 결정한다. 전쟁물, 공포물을 감상할까 아니면 멜로나 판타지를 감상할까를 먼저 결정하는 것이 아니라, 영화를 볼까 연극을 볼까 아니면 TV를 볼까 하는 선택이 먼저라는 것이다. 그런 다음 영화를 볼 거면 어떤 영화를 볼까를 결정한다. 어떤 내용이냐도 중요하지만 어떤 형식이냐가 먼저이다. 미디어는 단순한 기술이나 도구가 아니다. 미디어는 콘텐츠를 표현하고 실현하는 최종적인 창구이다. 시대적으로 콘텐츠의 중요성이 강조되고 있지만 이에 못지않게 미디어의 중요성이 부각되어야 할 것이다. 콘텐츠가 아무리 좋아도 이를 문화 예술적으로 완성시켜 줄 미디어 기술이 없으면 콘텐츠는 대중적인 반향을 불러일으킬 수 없고 부가 가치를 창출할 수도 없기 때문이다.

───────────〈보기〉───────────

> '태극기 휘날리며'라는 대중적인 흥행물은 영화라는 미디어를 통해 메시지를 전달하고 있다. '태극기 휘날리며'는 책으로 읽을 수도 있고, 연극으로 감상할 수도 있다. 하지만 흥행에 성공한 것은 영화였다.

① 시대가 발전함에 따라 대중들은 보다 복잡하고 다양한 콘텐츠를 요구하고 있다.
② 문화적 콘텐츠가 훌륭하다면 이를 표현하는 형식은 중요하지 않다.
③ 동일한 콘텐츠더라도 어떤 미디어를 선택하느냐에 따라 대중의 선호가 달라질 수 있다.
④ 미래의 문화 산업에서는 미디어의 발전보다 콘텐츠의 개발이 더 중요하다.
⑤ 콘텐츠의 차이가 미디어를 수용하는 대중의 태도 차이로 나타난다.

15 다음 중 밑줄 친 부분과 같은 의미로 쓰인 것은?

> 친구들에게서 온 편지를 모두 한 데 묶어 책으로 보관해 두었다.

① 적이 책 쪽으로 접근해 왔다.

② 일이 그 사람들만 잘못했다고 책을 하기는 어렵게 되었다.

③ 연락과 운송의 책을 맡다.

④ 백지로 책을 매어 낙서를 하거나 삽화를 그리거나 화보를 붙여 놓았다.

⑤ 책이 오래되어 일부는 보수하고 일부는 다시 세우기로 했다.

16 다음 중 빈칸에 들어갈 단어로 적절하지 않은 것은?

> • 그녀의 _____은 언제나 기발하고 참신했다.
> • 조직 개편안은 _____ 단계일 뿐, 그 실현 여부는 아직 불투명하다.
> • 항상 대책을 _____하는 덕분에 문제가 발생해도 막힘없이 해결해 왔다.
> • 컴퓨터는 계산기의 필요성에 대한 _____에서 발전되었다.

① 착상   ② 입안

③ 고안   ④ 구상

⑤ 발상

17 다음 중 어법상 옳은 문장은?

① 이 배는 사람이나 짐을 싣고 하루에 다섯 번씩 운행한다.

② 운전기사와 잡담을 하거나 과속을 금지한다.

③ 영이는 노래를 하고, 순이는 키가 크다.

④ 사람은 환경의 지배를 받는다.

⑤ 아버님 그이가 출근하셨어요.

18 다음 글의 내용으로 적절하지 않은 것은?

베토벤의 '교향곡 5번'은 흔히 '운명 교향곡'으로 널리 알려졌다. '운명'이라는 이름은 그의 비서였던 안톤 쉰들러가 1악장 서두에 대해 물었을 때 베토벤이 '운명은 이처럼 문을 두드린다!'라고 말했다는 사실을 베토벤 사후에 밝힌 것에서 시작되었다. 그러나 운명 교향곡이라는 별칭은 서양에서는 널리 쓰이지 않고, 일본과 우리나라를 포함한 동양 일부에서만 그렇게 부르고 있다.

베토벤은 이 곡을 3번 교향곡 '영웅'을 완성한 뒤인 1804년부터 작곡을 시작했는데, 다른 곡들 때문에 작업이 늦어지다가 1807~1808년에 집중적으로 작곡하여 완성시켰다. 이 곡을 작업할 당시 그는 6번 교향곡인 '전원'의 작곡도 병행하고 있었다. 때문에 5번 교향곡의 초연이 있던 1808년 12월 22일에 6번 교향곡의 초연이 같이 이루어졌는데, 6번 교향곡이 먼저 연주되어 세상에 공개된 것은 5번 교향곡이 6번 교향곡보다 나중이라는 것도 흥미로운 사실이다.

이 곡을 작곡할 당시 베토벤은 30대 중반으로 귀의 상태는 점점 나빠지고 있었으며, 나폴레옹이 빈을 점령하는 등 그가 살고 있는 세상도 혼란스러웠던 시기였다. 그런 점에서 이 교향곡을 운명을 극복하는 인간의 의지와 환희를 그렸다고 해석하는 것도 그럴 듯하다. 곡을 들으면 1악장에서는 시련과 고뇌가, 2악장에서는 다시 찾은 평온함이 느껴지고, 3악장에서는 쉼 없는 열정이, 4악장에서는 운명을 극복한 자의 환희가 느껴진다.

이 곡은 초연 직후 큰 인기를 얻게 되었고 많은 사랑을 받아 클래식을 상징하는 곡이 되었다. 특히 서두의 부분이 제2차 세계대전 당시 영국의 BBC 뉴스의 시그널로 쓰이면서 더욱 유명해졌는데, BBC가 시그널로 사용한 이유는 서두의 리듬이 모스 부호의 'V', 즉 승리를 표현하기 때문이었다. 전쟁 시에 적국의 작곡가의 음악을 연주하는 것은 꺼리기 마련임에도, 독일과 적이었던 영국 국영 방송의 뉴스 시그널로 쓰였다는 것은 이 곡이 인간 사이의 갈등이나 전쟁 따위는 뛰어넘는 명곡이라는 것을 인정했기 때문이 아니었을까?

① 베토벤의 5번 교향곡은 1804년에 작곡을 시작했다.
② 영국의 BBC 뉴스는 적국 작곡가의 음악을 시그널로 사용했다.
③ 베토벤의 5번 교향곡 1악장에서는 시련과 고뇌가 느껴진다.
④ 베토벤이 5번 교향곡을 작곡할 당시 제2차 세계대전이 발발했다.
⑤ 베토벤의 5번 교향곡의 별명은 '운명 교향곡'이다.

19 다음은 2017 ~ 2024년 M기업의 콘텐츠 유형별 매출액에 대한 자료이다. 이에 대한 설명으로 옳은 것은?

〈M기업의 콘텐츠 유형별 매출액〉

(단위 : 억 원)

구분	SNS	영화	음원	게임	전체
2017년	30	371	108	235	744
2018년	45	355	175	144	719
2019년	42	391	186	178	797
2020년	59	508	184	269	1,020
2021년	58	758	199	485	1,500
2022년	308	1,031	302	470	2,111
2023년	104	1,148	411	603	2,266
2024년	341	1,510	419	689	2,959

① 영화 매출액은 매년 전체 매출액의 30% 이상이다.
② 게임과 음원의 2018 ~ 2019년 매출액 증감 추이는 같다.
③ 2017 ~ 2024년 동안 매년 음원 매출액은 SNS 매출액의 2배 이상이다.
④ 2019년에는 모든 콘텐츠 유형의 매출액이 전년에 비해 증가하였다.
⑤ 2022년에 전년 대비 매출액 증가율이 가장 큰 콘텐츠 유형은 영화이다.

20 다음은 방송사별 연간 방송시간에 대한 자료이다. 이에 대한 설명으로 옳지 않은 것을 〈보기〉에서 모두 고르면?

〈연간 방송시간〉

(단위 : 시간)

구분	보도시간	교양시간	오락시간
A방송사	2,343	3,707	1,274
B방송사	791	3,456	2,988
C방송사	1,584	2,520	3,243
D방송사	1,586	2,498	3,310

〈보기〉

ㄱ. 4개 방송사의 총연간 방송시간은 교양시간, 오락시간, 보도시간의 순이다.
ㄴ. A방송사의 연간 방송시간 중 보도시간 비율은 D방송사의 교양시간 비율보다 높다.
ㄷ. 각 방송사의 연간 방송시간 중 보도시간 비율이 가장 높은 방송사는 A방송사이다.
ㄹ. 4개 방송사의 총 연간 방송시간 중 오락시간 비율은 40% 이상이다.

① ㄱ, ㄴ   ② ㄱ, ㄷ
③ ㄴ, ㄷ   ④ ㄴ, ㄹ
⑤ ㄷ, ㄹ

21 귀하는 미디어 매체별 이용자 분포 자료를 토대로 보고서에 추가할 그래프를 제작하였다. 완성된 보고서를 상사에게 제출하였는데, 그래프 중에서 잘못된 것이 있다고 피드백을 받았다. 귀하가 그래프를 검토할 때, 수정이 필요한 그래프로 옳은 것은?

〈미디어 매체별 이용자 분포〉

(단위 : %)

구분		TV	스마트폰	PC / 노트북
사례 수		7,000명	6,000명	4,000명
성별	남	49.4	51.7	51.9
	여	50.6	48.3	48.1
연령	10대	9.4	11.2	13.0
	20대	14.1	18.7	20.6
	30대	17.1	21.1	23.0
	40대	19.1	22.2	22.6
	50대	18.6	18.6	15.0
	60세 이상	21.7	8.2	5.8
직업	사무직	20.1	25.6	28.2
	서비스직	14.8	16.6	14.9
	생산직	20.3	17.0	13.4
	학생	13.2	16.8	19.4
	주부	20.4	17.8	18.4
	기타	0.6	0.6	0.6
	무직	10.6	5.6	5.1
소득	상	31.4	35.5	38.2
	중	45.1	49.7	48.8
	하	23.5	14.8	13.0
도시 규모	대도시	45.3	47.5	49.5
	중소도시	37.5	39.6	39.3
	군지역	17.2	12.9	11.2

① 연령대별 스마트폰 이용자 수(단위 : 명)

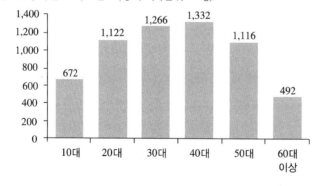

② 성별 매체이용자 수(단위 : 명)

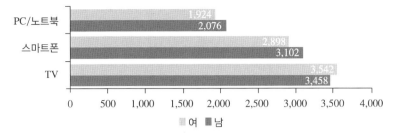

③ 매체별 소득수준 구성비

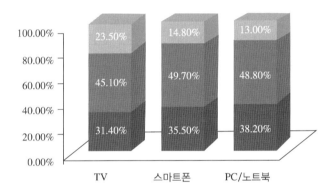

④ TV+ 스마트폰 이용자의 도시규모별 구성비

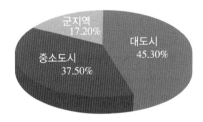

⑤ 사무직 이용자의 매체별 구성비

22 다음은 M방송사의 매출액 추이를 나타낸 자료이다. 이에 대하여 바르게 분석한 사람을 〈보기〉에서 모두 고르면?

〈M방송사 매출액 추이〉

(단위 : 천만 원)

구분		2019년	2020년	2021년	2022년	2023년
방송사업 매출액	방송수신료	5,645	5,717	5,452	5,325	5,487
	광고	21,990	21,437	23,825	22,785	22,186
	협찬	3,154	3,085	3,306	3,142	3,145
	프로그램 판매	1,202	1,195	1,294	1,322	1,299
	기타 방송사업	1,961	2,145	2,097	2,018	2,012
기타 사업		4,204	4,219	4,275	4,224	4,281
합계		76,312	75,596	80,498	77,632	76,820

─〈보기〉─

지환 : 방송수신료 매출액의 증감 추이와 반대되는 추이를 보이는 항목이 존재해.

소영 : 5년 동안 모든 항목의 매출액이 10억 원 이상의 변동폭을 보였어.

동현 : 5년간 각 항목의 매출액 순위는 한 번도 변동 없이 동일했구나.

세미 : 2019년과 비교했을 때 2023년에 매출액이 상승하지 않은 항목은 2개뿐이군.

① 지환, 소영

② 소영, 세미

③ 지환, 소영, 세미

④ 지환, 동현, 세미

⑤ 소영, 동현, 세미

23 다음은 방송산업 매출실적에 대한 자료이다. 〈보기〉의 ⓐ+ⓑ+ⓒ+ⓓ의 값으로 옳은 것은?(단, 소수점 셋째 자리에서 버림한다)

〈방송산업별 매출실적〉

(단위 : 개, 명, 백만 원)

구분	사업체 수	종사자 수	매출액	업체당 평균 매출액	1인당 평균 매출액
지상파방송		13,691	3,914,473	73,858	286
종합유선방송	94		2,116,851	22,520	437
일반위성방송	1	295	374,385		1,269
홈쇼핑PP방송	6	3,950	2,575,400	429,233	
IPTV방송	3	520	616,196	205,399	1,185
전체	157	23,302	9,597,305	61,129	412

〈보기〉

ⓐ 전체 사업체 수 대비 지상파방송 사업체 수의 비율은?
ⓑ 홈쇼핑PP방송 사업체 수와 종합유선방송 종사자 수의 합은?
ⓒ (일반위성방송 평균 매출액)−(지상파방송 업체당 평균 매출액)×2는?
ⓓ (홈쇼핑PP방송 1인당 평균 매출액)×1,000−(IPTV방송 매출액)은?

① 261,826.75
② 267,358.75
③ 271,826.75
④ 276,826.75
⑤ 281,358.75

24 다음은 M국에서 2023년에 채용된 공무원 인원에 대한 자료이다. 이에 대한 설명으로 옳은 것을 〈보기〉에서 모두 고르면?

〈M국의 2023년 공무원 채용 인원〉

(단위 : 명)

공무원구분 \ 채용방식	공개경쟁채용	경력경쟁채용	합
고위공무원	–	73	73
3급	–	17	17
4급	–	99	99
5급	296	205	501
6급	–	193	193
7급	639	509	1,148
8급	–	481	481
9급	3,000	1,466	4,466
연구직	17	357	374
지도직	–	3	3
우정직	–	599	599
전문경력관	–	104	104
전문임기제	–	241	241
한시임기제	–	743	743
전체	3,952	5,090	9,042

※ 채용방식은 공개경쟁채용과 경력경쟁채용으로만 이루어짐
※ 공무원구분은 자료에 제시된 것으로 한정함

〈보기〉

ㄱ. 2023년에 공개경쟁채용을 통해 채용이 이루어진 공무원구분은 총 4개이다.
ㄴ. 2023년 우정직 채용 인원은 7급 채용 인원의 절반보다 많다.
ㄷ. 2023년에 공개경쟁채용을 통해 채용이 이루어진 공무원구분 각각에서는 공개경쟁채용 인원이 경력경쟁채용 인원보다 많다.
ㄹ. 2024년부터 공무원 채용 인원 중 9급 공개경쟁채용 인원만을 해마다 전년 대비 10%씩 늘리고 그 외 나머지 채용 인원을 2023년과 동일하게 유지하여 채용한다면 2025년 전체 공무원 채용 인원 중 9급 공개경쟁채용 인원의 비중은 40% 이하이다.

① ㄱ, ㄴ
② ㄱ, ㄷ
③ ㄷ, ㄹ
④ ㄱ, ㄴ, ㄹ
⑤ ㄴ, ㄷ, ㄹ

25 다음은 방송통신위원회가 발표한 두 방송사의 점유율과 사업수익의 일부 자료이다. 이를 토대로 2023년 MBC의 방송점유율 0.1%당 수익률을 계산한 것은?

<지상파계열 방송채널사용사업자 방송사업수익과 시장점유율>

지상파	방송채널사용사업	방송사업수익(억 원)		점유율	
		2022년	2023년	2022년	2023년
MBC	MBC엔	1,254	1,382	7.0%	6.5%
KBS	KBS플러스미디어	1,382	1,569	7.7%	7.3%
	KBS스포츠	400	428	2.2%	2.0%
	지역 KBS슈퍼스테이션	35	25	0.2%	0.1%
	소계	1,817	2,022	10.1%	9.4%

① 2.13억 원   ② 3.23억 원

③ 21.3억 원   ④ 32.3억 원

⑤ 323억 원

26 농도가 서로 다른 소금물 A, B가 있다. 소금물 A를 200g, 소금물 B를 300g 섞으면 농도가 9%인 소금물이 되고, 소금물 A를 300g, 소금물 B를 200g 섞으면 농도 10%인 소금물이 될 때, 소금물 B의 농도는?

① 7%   ② 10%

③ 13%   ④ 20%

⑤ 25%

27 M시는 폐업 신고한 전체 자영업자를 대상으로 창업교육 이수 여부와 창업부터 폐업까지의 기간을 조사하였다. 다음은 조사결과를 이용하여 창업교육 이수 여부에 따른 기간별 생존비율을 비교한 자료이다. 이에 대한 설명으로 옳은 것은?

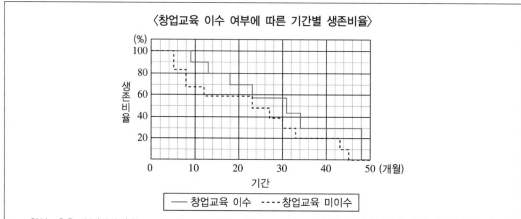

※ 창업교육을 이수(미이수)한 폐업 자영업자의 기간별 생존비율은 창업교육을 이수(미이수)한 폐업 자영업자 중 생존기간이 해당 기간 이상인 자영업자의 비율임
※ 생존기간은 창업부터 폐업까지의 기간을 의미함

① 창업교육을 이수한 폐업 자영업자 수가 창업교육을 미이수한 폐업 자영업자 수보다 더 많다.
② 창업교육을 미이수한 폐업 자영업자 중 생존기간이 10개월 미만인 자영업자의 비율은 20% 이상이다.
③ 창업교육을 이수한 폐업 자영업자 중 생존기간이 32개월 이상인 자영업자의 비율은 50% 이상이다.
④ 창업교육을 이수한 폐업 자영업자의 생존비율과 창업교육을 미이수한 폐업 자영업자의 생존비율의 차이는 창업 후 20개월에 가장 크다.
⑤ 창업교육을 미이수한 폐업 자영업자의 평균 생존기간은 창업교육을 이수한 폐업 자영업자의 평균 생존기간보다 더 길다.

28 다음은 2024년 산업별 근로 현황에 대한 자료이다. 이에 대한 설명으로 옳은 것은?

〈2024년 산업별 근로 현황〉

(단위 : 천 명)

구분	연초기준 근로자 수	연간 취업자 수	연간 이직자 수	연간 퇴사자 수
농림어업	5,280	120	247	380
제조업	22,400	1,280	1,320	1,650
건설업	8,800	520	330	440
도소매업	54,150	2,800	2,652	3,120
전기 · 통신업	6,100	220	108	180
금융업	3,020	180	225	250
운수업	6,550	540	663	780
전체	106,300	5,660	5,545	6,800

※ 전체 취업자 수는 위에 나온 산업에 한하여 표시함

※ $[취업률(\%)] = \dfrac{(해당\ 산업\ 취업자\ 수)}{(전체\ 취업자\ 수)} \times 100$

※ '이직자 수'는 '퇴사자 수' 안에 포함됨(퇴사자는 이직한 자와 이직하지 않은 자로 구성됨)

※ 2020년 취업자는 2020년 동안 이직·퇴사를 하지 않았다고 가정함

※ 이직률과 퇴사율은 '연초기준 근로자 수'를 기준으로 계산함

－ $[퇴사자\ 중\ 이직률(\%)] = \dfrac{(해당\ 산업\ 이직자\ 수)}{(해당\ 산업\ 퇴사자\ 수)} \times 100$

－ $[퇴사율(\%)] = \dfrac{(해당\ 산업\ 퇴사자\ 수)}{(연초\ 기준\ 근로자\ 수)} \times 100$

※ (연말기준 근로자 수)=(연초기준 근로자 수)+(연간 취업자 수)－(연간 퇴사자 수)

① 연초기준 근로자 수가 가장 많은 상위 두 산업의 연초기준 근로자 수의 합은 8,000만 명 이상이다.
② 도소매업의 취업률은 50% 이상이다.
③ 도소매업의 '퇴사자 중 이직률'은 운수업보다 높다.
④ 건설업의 퇴사율은 5% 미만이다.
⑤ 연말기준 근로자 수가 연초기준 근로자 수보다 많은 산업은 2개이다.

29 다음은 특정분야의 기술에 대한 정보검색 건수를 연도별로 나타낸 자료이다. 이에 대한 설명으로 옳은 것을 〈보기〉에서 모두 고르면?

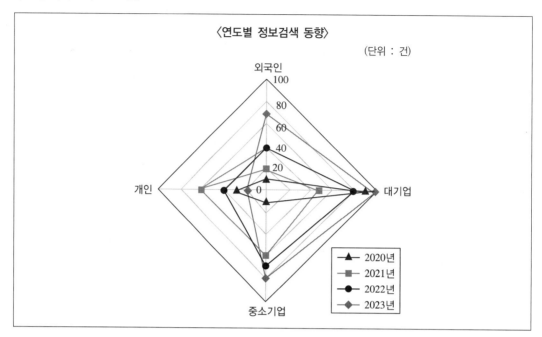

〈연도별 정보검색 동향〉

(단위 : 건)

─〈보기〉─

ㄱ. 전체 검색 건수는 2021년에 가장 적었다.
ㄴ. 중소기업의 검색 건수는 2020년부터 2023년까지 계속 증가하고 있다.
ㄷ. 2020년부터 2023년까지 검색 건수 총합은 대기업이 가장 많았다.
ㄹ. 2022년에는 외국인과 개인의 검색 건수가 가장 적었고, 중소기업의 검색 건수가 가장 많았다.

① ㄱ, ㄴ   ② ㄴ, ㄷ
③ ㄷ, ㄹ   ④ ㄱ, ㄴ, ㄷ
⑤ ㄴ, ㄷ, ㄹ

30 다음은 국내 입지별 지식산업센터 수에 대한 자료이다. 이에 대한 설명으로 옳지 않은 것은?

〈국내 입지별 지식산업센터 수〉

(단위 : 개)

지역	구분	개별입지	계획입지	합계
서울		54	73	127
6대 광역시	부산	3	6	9
	대구	2	2	4
	인천	7	11	( )
	광주	0	2	2
	대전	( )	4	6
	울산	1	0	1
경기		100	( )	133
강원		1	0	1
충북		0	0	0
충남		0	1	1
전북		0	1	1
전남		1	1	2
경북		2	0	2
경남		2	15	( )
제주		0	0	0
전국 합계		175	149	324

※ 지식산업센터가 조성된 입지는 개별입지와 계획입지로 구분됨

① 국내 지식산업센터는 60% 이상이 개별입지에 조성되어 있다.

② 수도권(서울, 인천, 경기)의 지식산업센터 수는 전국 합계의 80%가 넘는다.

③ 경기지역의 지식산업센터는 계획입지보다 개별입지에 많이 조성되어 있다.

④ 동남권(부산, 울산, 경남)의 지식산업센터 수는 대경권(대구, 경북)의 4배 이상이다.

⑤ 6대 광역시 중 계획입지에 조성된 지식산업센터 수가 개별입지에 조성된 지식산업센터 수보다 적은 지역은 울산뿐이다.

31 다음은 한국방송공사가 발표한 2024년 연간방송 편성비율이다. 2TV가 재방송 시간 중 교양프로그램에 35%를 할애했다면 교양프로그램의 재방송 방영시간은 총 몇 분인가?

〈연간방송 편성비율〉

(단위 : 분, %)

매체	연간 유형별 방송시간과 편성비율									
	보도		교양		오락		본방송		재방송	
	시간	비율	시간	비율	시간	비율	시간	비율	시간	비율
1TV	141,615	32.2	227,305	51.7	70,440	16.0	397,075	90.4	42,285	9.6
2TV	32,400	7.4	208,085	47.8	194,835	44.8	333,320	76.6	102,000	23.4
1라디오	234,527	44.8	280,430	53.6	8,190	1.6	449,285	85.9	73,862	14.1
2라디오	34,548	7.2	224,928	46.7	222,314	46.1	459,785	95.4	22,005	4.6
3라디오	111,327	24.3	285,513	62.4	60,915	13.3	310,695	67.9	147,060	32.1
1FM	85	0.02	231,114	44.0	294,264	56.0	460,260	87.6	65,203	12.4
2FM	82	0.02	0	0	523,358	100	523,440	100	0	0
한민족1	71,868	16.4	311,792	71.2	54,340	12.4	302,160	69.0	135,840	31.0
한민족2	44,030	14.3	237,250	77.3	25,550	8.3	230	0.1	306,600	99.9
국제방송 (5개 채널)	729,060	22.9	1,832,670	57.6	620,590	19.5	364,150	11.4	2,818,170	88.6

① 27,530분
② 30,467분
③ 35,700분
④ 38,967분
⑤ 40,120분

32 다음은 전산장비(A ~ F) 연간유지비와 전산장비 가격 대비 연간유지비 비율에 대한 자료이다. 이에 대한 설명으로 옳은 것은?

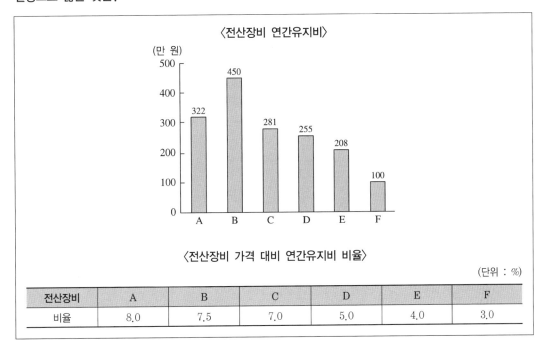

〈전산장비 가격 대비 연간유지비 비율〉

(단위 : %)

전산장비	A	B	C	D	E	F
비율	8.0	7.5	7.0	5.0	4.0	3.0

① B의 연간유지비가 D의 연간유지비의 2배 이상이다.

② 가격이 가장 높은 전산장비는 A이다.

③ 가격이 가장 낮은 전산장비는 F이다.

④ C의 가격은 E의 가격보다 높다.

⑤ A를 제외한 전산장비는 가격이 높을수록 연간유지비도 더 높다.

33 다음은 11개 전통 건축물에 대해 조사한 자료이다. 이를 토대로 작성한 보고서의 내용 중 옳은 것을 모두 고르면?

〈11개 전통 건축물의 공포양식과 주요 구조물 치수〉

(단위 : 척)

명칭	현 소재지	공포양식	기둥 지름	처마 서까래 지름	부연	
					폭	높이
숭례문	서울	다포	1.80	0.60	0.40	0.50
관덕정	제주	익공	1.50	0.50	0.25	0.30
봉정사 화엄강당	경북	주심포	1.50	0.55	0.40	0.50
문묘 대성전	서울	다포	1.75	0.55	0.35	0.45
창덕궁 인정전	서울	다포	2.00	0.70	0.40	0.60
남원 광한루	전북	익공	1.40	0.60	0.55	0.55
화엄사 각황전	전남	다포	1.82	0.70	0.50	0.60
창의문	서울	익공	1.40	0.50	0.30	0.40
장곡사 상대웅전	충남	주심포	1.60	0.60	0.40	0.60
무량사 극락전	충남	다포	2.20	0.80	0.35	0.50
덕수궁 중화전	서울	다포	1.70	0.70	0.40	0.50

〈보고서〉

문화재연구소는 11개 전통 건축물의 공포양식과 기둥 지름, 처마서까래 지름, 그리고 부연의 치수를 조사하였다. 건축물 유형은 궁궐, 사찰, 성문, 누각 등으로 구분된다.

㉠ 11개 전통 건축물을 공포양식별로 구분하면 다포양식 6개, 주심포양식 2개, 익공양식 3개이다. 건축물의 현 소재지는 서울이 5곳으로 가장 많다.

㉡ 11개 전통 건축물의 기둥 지름은 최소 1.40척, 최대 2.00척이고, 처마서까래 지름은 최소 0.50척, 최대 0.80척이다. 각 건축물의 기둥 지름 대비 처마서까래 지름 비율은 0.30보다 크고 0.50보다 작다.

㉢ 11개 전통 건축물의 부연은 폭이 최소 0.25척, 최대 0.55척이고 높이는 최소 0.30척, 최대 0.60척으로, 모든 건축물의 부연은 높이가 폭보다 크다.

㉣ 기둥 지름 대비 부연 폭의 비율은 0.15보다 크고 0.40보다 작다.

① ㉠, ㉡

② ㉠, ㉣

③ ㉡, ㉢

④ ㉠, ㉢, ㉣

⑤ ㉡, ㉢, ㉣

34 M회사에서는 사원들의 업무효율을 위하여 오래된 책상을 교체해주려고 한다. 다음은 부서별 책상 현황과 책상 교체 조건에 대한 자료이다. 다음 〈조건〉에 따라 부서와 교체할 책상의 개수가 바르게 짝지어진 것은?

〈부서별 책상 현황〉

(단위 : 개)

구입날짜	E부서	F부서	G부서	H부서
2018.02.17.	15	8	5	12
2019.08.01.	10	8	12	0
2020.07.30.	5	2	0	3

※ 부서별 책상의 개수와 인원은 같음

〈조건〉

• 구입한 지 5년 이상인 책상을 대상으로 교체할 예정이다.
• 기존 책상과 교체할 책상의 개수 비율은 전체의 10 : 90 또는 20 : 80이다.
• 부서별 기존 책상의 수는 전체 책상 수의 10%를 넘지 않는다.
• 오늘은 2024년 8월 15일이다.
• 기존 책상은 교체하지 않은 책상을 말한다.

	E부서	F부서	G부서	H부서
①	25개	17개	12개	10개
②	23개	10개	8개	15개
③	22개	12개	16개	12개
④	22개	14개	16개	12개
⑤	21개	13개	15개	11개

35 TV광고 모델에 지원한 A ~ G 7명 중에서 2명이 선발되었다. 누가 선발되었는가에 대하여 5명이 다음과 같이 진술하였다. 이 중 3명의 진술만 옳을 때, 반드시 선발되는 사람은?

- A, B, G는 모두 탈락하였다.
- E, F, G는 모두 탈락하였다.
- C와 G 중에서 1명만 선발되었다.
- A, B, C, D 중에서 1명만 선발되었다.
- B, C, D 중에서 1명만 선발되었고, D, E, F 중에서 1명만 선발되었다.

① A   ② C
③ D   ④ E
⑤ G

36 M기업에서 다음 면접방식으로 면접을 진행할 때, 심층면접을 할 수 있는 최대 인원수와 마지막 심층면접자의 기본면접 종료 시각을 바르게 짝지은 것은?

〈면접방식〉

- 면접은 기본면접과 심층면접으로 구분된다. 기본면접실과 심층면접실은 각 1개이고, 면접대상자는 1명씩 입실한다.
- 기본면접과 심층면접은 모두 개별면접의 방식을 취한다. 기본면접은 심층면접의 진행 상황에 관계없이 10분 단위로 계속되고, 심층면접은 기본면접의 진행 상황에 관계없이 15분 단위로 계속된다.
- 기본면접을 마친 면접대상자는 순서대로 심층면접에 들어간다.
- 첫 번째 기본면접은 오전 9시 정각에 실시되고, 첫 번째 심층면접은 첫 번째 기본면접이 종료된 시각에 시작된다.
- 기본면접과 심층면접 모두 낮 12시부터 오후 1시까지 점심 및 휴식 시간을 가진다.
- 각각의 면접 도중에 점심 및 휴식 시간을 가질 수 없고, 1인을 위한 기본면접 시간이나 심층면접 시간이 확보되지 않으면 새로운 면접을 시작하지 않는다.
- 기본면접과 심층면접 모두 오후 1시에 오후 면접 일정을 시작하고, 기본면접의 일정과 관련 없이 심층면접은 오후 5시 정각에는 종료되어야 한다.
※ 면접대상자의 이동 및 교체 시간 등 다른 조건은 고려하지 않음

	인원수	종료 시각
①	27명	오후 2시 30분
②	27명	오후 2시 40분
③	28명	오후 2시 30분
④	28명	오후 2시 40분
⑤	28명	오후 2시 50분

37 M씨는 자신의 생활을 참고하여 신용카드를 발급받고자 한다. 다음 중 M씨에게 가장 적절한 것은?

〈M씨의 생활〉

M씨는 아침에 일어나 간단하게 끼니를 챙기고 출근을 한다. 자가용을 타고 가는 길이 항상 막혀 짜증이 날 법도 하지만, M씨는 라디오 뉴스로 주요 이슈를 확인하느라 정신이 없다. 출퇴근 중에는 차에서 보내는 시간이 많아 주유비가 상당히 많이 나온다. 그나마 기름 값이 싸져서 부담은 덜하다. 보조석에는 공과금 용지가 펼쳐져 있다. 혼자 살기 때문에 많은 요금이 나오지 않아 납부하는 것을 신경쓰지 못하고 있다. 그리고 오늘 오후에 차량 점검을 맡기려고 예약을 해두었다. 아직 사고는 난 적이 없지만 혹시나 하는 마음에 점검을 받으려고 한다.

〈신용카드 종류〉

A카드	B카드	C카드	D카드
• 놀이공원 할인 • 커피 할인 • 키즈카페 할인	• 포인트 두 배 적립 • 6개월간 무이자 할인	• 공과금 할인 • 온라인 쇼핑몰 할인 • 병원 / 약국 할인	• 주유비 할인 • 차량 소모품 할인 • 상해보험 무료 가입

① A카드
② B카드
③ C카드
④ D카드
⑤ 없음

38 다음 정보를 바탕으로 추론할 수 없는 것은?

• 혈당이 낮아지면 혈중 L의 양이 줄어들고, 혈당이 높아지면 그 양이 늘어난다.
• 혈중 L의 양이 늘어나면 시상하부 알파 부분에서 호르몬 A가 분비되고, 혈중 L의 양이 줄어들면 시상하부 알파 부분에서 호르몬 B가 분비된다.
• 시상하부 알파 부분에서 호르몬 A가 분비되면 시상하부 베타 부분에서 호르몬 C가 분비되고, 시상하부 감마 부분의 호르몬 D의 분비가 억제된다.
• 시상하부 알파 부분에서 호르몬 B가 분비되면 시상하부 감마 부분에서 호르몬 D가 분비되고, 시상하부 베타 부분의 호르몬 C의 분비가 억제된다.
• 시상하부 베타 부분에서 분비되는 호르몬 C는 물질대사를 증가시키고, 이 호르몬의 분비가 억제될 경우 물질대사가 감소한다.
• 시상하부 감마 부분에서 분비되는 호르몬 D는 식욕을 증가시키고, 이 호르몬의 분비가 억제될 경우 식욕이 감소한다.

① 혈당이 낮아지면 식욕이 증가한다.
② 혈당이 높아지면 식욕이 감소한다.
③ 혈당이 높아지면 물질대사가 증가한다.
④ 혈당이 낮아지면 시상하부 감마 부분에서 호르몬의 분비가 억제된다.
⑤ 혈당이 높아지면 시상하부 알파 부분과 베타 부분에서 각각 분비되는 호르몬이 있다.

39 M기업은 직원들의 복리 증진을 위해 다음과 같이 복지제도를 검토하여 도입하고자 한다. 다음 〈조건〉의 명제가 모두 참일 때, 반드시 참인 것은?

M기업은 다음 중 최대 2개의 복지제도를 도입하고자 한다.
- 동호회행사비 지원
- 출퇴근교통비 지원
- 연차 추가제공
- 주택마련자금 지원

〈조건〉
- 연차를 추가제공하지 않거나 출퇴근교통비를 지원한다면, 주택마련자금 지원을 도입한다.
- 동호회행사비 지원을 도입할 때에만 연차 추가제공을 도입한다.
- 출퇴근교통비 지원을 도입하지 않는다면, 동호회행사비 지원을 도입한다.
- 출퇴근교통비 지원을 도입하거나 연차 추가제공을 도입하지 않으면, 동호회행사비 지원을 도입하지 않는다.
- 주택마련자금 지원을 도입한다면 다른 복지제도는 도입할 수 없다.

---

① 동호회행사비 지원은 도입되지 않는다.
② 출퇴근교통비 지원이 도입된다.
③ 연차 추가제공은 도입되지 않는다.
④ M기업은 1개의 복지제도만 새로 도입한다.
⑤ 출퇴근교통비 지원과 연차 추가제공 중 한 가지만 도입된다.

40 M극장의 직원은 A ~ F 6명으로, 매일 오전과 오후 2회로 나누어 각 근무 시간에 2명의 직원이 근무하고 있다. 직원은 1주에 4회 이상 근무를 해야 하며, 7회 이상은 근무할 수 없고, 인사 담당자는 근무 계획을 작성할 때 다음 〈조건〉을 충족해야 한다. F가 근무할 수 있는 요일을 모두 고르면?

─────────── 〈조건〉 ───────────

- A는 오전에 근무하지 않는다.
- B는 수요일에 근무한다.
- C은 수요일을 제외하고는 매일 1회 근무한다.
- D는 토요일과 일요일을 제외한 날의 오전에만 근무할 수 있다.
- E은 월요일부터 금요일까지는 근무하지 않는다.
- F는 C와 함께 근무해야 한다.

① 월요일, 화요일, 수요일, 목요일
② 월요일, 화요일, 목요일, 금요일
③ 목요일, 금요일, 토요일, 일요일
④ 화요일, 목요일, 금요일, 일요일
⑤ 월요일, 목요일, 금요일, 토요일

41 M기업 경영기획실에서 근무하는 귀하는 매년 부서별 사업계획을 정리하는 업무를 맡고 있다. 다음은 부서별 사업계획을 간략하게 정리한 자료이다. 이에 대해 귀하가 할 수 있는 생각으로 가장 적절한 것은?

〈사업별 기간 및 소요예산〉

- A사업 : 총 사업기간은 2년으로, 첫해에는 1조 원, 둘째 해에는 4조 원의 예산이 필요하다.
- B사업 : 총 사업기간은 3년으로, 첫해에는 15조 원, 둘째 해에는 18조 원, 셋째 해에는 21조 원의 예산이 필요하다.
- C사업 : 총 사업기간은 1년으로, 총 소요예산은 15조 원이다.
- D사업 : 총 사업기간은 2년으로, 첫해에는 15조 원, 둘째 해에는 8조 원의 예산이 필요하다.
- E사업 : 총 사업기간은 3년으로, 첫해에는 6조 원, 둘째 해에는 12조 원, 셋째 해에는 24조 원의 예산이 필요하다.

올해를 포함한 향후 5년간 위의 5개 사업에 투자할 수 있는 예산은 다음과 같다.

〈연도별 가용예산〉

(단위 : 조 원)

1차연도(올해)	2차연도	3차연도	4차연도	5차연도
20	24	28.8	34.5	41.5

〈규정〉

- 모든 사업은 한번 시작하면 완료될 때까지 중단할 수 없다.
- 예산은 당해 사업연도에 남아도 상관없다.
- 각 사업연도의 예산은 이월될 수 없다.
- 모든 사업을 향후 5년 이내에 반드시 완료한다.

① B사업을 세 번째 해에 시작하고 C사업을 최종연도에 시행한다.
② A사업과 D사업을 첫해에 동시에 시작한다.
③ 첫해에는 E사업만 시작한다.
④ D사업을 첫해에 시작한다.
⑤ 첫해에 E사업과 A사업을 같이 시작한다.

42 갑은 키보드를 이용해 숫자를 계산하는 과정에서 키보드의 숫자 배열을 휴대폰의 숫자 배열로 착각하고 숫자를 입력하였다. 휴대폰과 키보드의 숫자 배열이 다음과 같다고 할 때, 이에 대한 설명으로 옳은 것을 〈보기〉에서 모두 고르면?

〈휴대폰의 숫자 배열〉

1	2	3
4	5	6
7	8	9
@	0	#

〈키보드의 숫자 배열〉

7	8	9
4	5	6
1	2	3
0		.

〈보기〉

ㄱ. '46×5'의 계산 결과는 바르게 산출되었다.
ㄴ. '789+123'의 계산 결과는 바르게 산출되었다.
ㄷ. '159+753'의 계산 결과는 바르게 산출되었다.
ㄹ. '753+951'의 계산 결과는 바르게 산출되었다.
ㅁ. '789-123'의 계산 결과는 바르게 산출되었다.

① ㄱ, ㄴ, ㄷ　　　　② ㄱ, ㄴ, ㄹ
③ ㄱ, ㄷ, ㅁ　　　　④ ㄴ, ㄷ, ㄹ
⑤ ㄴ, ㄹ, ㅁ

43 다음 글과 평가 결과를 근거로 판단할 때, 〈보기〉에서 옳은 것을 모두 고르면?

M국에서는 현재 정부 재정지원을 받고 있는 복지시설(A ~ D)을 대상으로 다섯 가지 항목(환경개선, 복지관리, 복지지원, 복지성과, 중장기 발전계획)에 대한 종합적인 평가를 진행하였다.

평가점수의 총점은 각 평가항목에 대해 해당 시설이 받은 점수와 해당 평가항목별 가중치를 곱한 것을 합산하여 구하고, 총점 90점 이상은 1등급, 80점 이상 90점 미만은 2등급, 70점 이상 80점 미만은 3등급, 70점 미만은 4등급으로 한다.

평가 결과, 1등급 시설은 특별한 조치를 취하지 않으며, 2등급 시설은 관리 정원의 5%를, 3등급 이하 시설은 관리 정원의 10%를 감축해야 하고, 4등급을 받으면 정부의 재정지원도 받을 수 없다.

〈평가 결과〉

평가항목(가중치)	A시설	B시설	C시설	D시설
환경개선(0.2)	90	90	80	90
복지관리(0.2)	95	70	65	70
복지지원(0.2)	95	70	55	80
복지성과(0.2)	95	70	60	60
중장기 발전계획(0.2)	90	95	50	65

〈보기〉

ㄱ. A시설은 관리 정원을 감축하지 않아도 된다.
ㄴ. B시설은 관리 정원을 감축해야 하나 정부의 재정지원은 받을 수 있다.
ㄷ. 만약 평가항목에서 환경개선의 가중치를 0.3으로, 복지성과의 가중치를 0.1로 바꾼다면 C시설은 정부의 재정지원을 받을 수 있다.
ㄹ. D시설은 관리 정원을 감축해야 하고, 정부의 재정지원도 받을 수 없다.

① ㄱ, ㄴ
② ㄴ, ㄹ
③ ㄷ, ㄹ
④ ㄱ, ㄴ, ㄷ
⑤ ㄱ, ㄷ, ㄹ

44 다음 정렬 방법을 근거로 판단할 때, 정렬 대상에서 두 번째로 위치를 교환해야 하는 두 수로 옳은 것은?

〈정렬 방법〉

다음은 정렬되지 않은 여러 개의 서로 다른 수를 작은 것에서 큰 것 순으로 정렬하는 방법이다.

(1) 가로로 나열된 수 중 가장 오른쪽의 수를 피벗(Pivot)이라 하며, 나열된 수에서 제외시킨다.

예 나열된 수가 5, 3, 7, 1, 2, 6, 4라고 할 때, 4가 피벗이고 남은 수는 5, 3, 7, 1, 2, 6이다.

(2) 피벗보다 큰 수 중 가장 왼쪽의 수를 찾는다.

예 5, 3, 7, 1, 2, 6에서는 5이다.

(3) 피벗보다 작은 수 중 가장 오른쪽의 수를 찾는다.

예 5, 3, 7, 1, 2, 6에서는 2이다.

(4) (2)와 (3)에서 찾은 두 수의 위치를 교환한다.

예 5와 2를 교환하여(첫 번째 위치 교환) 2, 3, 7, 1, 5, 6이 된다.

(5) 피벗보다 작은 모든 수가 피벗보다 큰 모든 수보다 왼쪽에 위치할 때까지 (2) ~ (4)의 과정을 반복한다.

예 2, 3, 7, 1, 5, 6에서 7은 피벗 4보다 큰 수 중 가장 왼쪽의 수이며, 1은 피벗 4보다 작은 수 중 가장 오른쪽의 수이다. 이 두 수를 교환하면(두 번째 위치 교환) 2, 3, 1, 7, 5, 6이 되어 피벗 4보다 작은 모든 수는 피벗 4보다 큰 모든 수보다 왼쪽에 있다.

〈정렬 대상〉

15, 22, 13, 27, 12, 10, 25, 20

① 15와 10

② 20과 13

③ 22와 10

④ 25와 20

⑤ 27과 12

다음 글을 근거로 판단할 때, 〈보기〉에서 옳은 것을 모두 고르면?

- 손글씨 대회 참가자 100명을 왼손으로만 필기할 수 있는 왼손잡이, 오른손으로만 필기할 수 있는 오른손잡이, 양손으로 모두 필기할 수 있는 양손잡이로 분류하고자 한다.
- 참가자를 대상으로 다음 세 가지 질문을 차례대로 하여 해당하는 참가자는 한 번만 손을 들도록 하였다.
  [질문 1] 왼손으로만 필기할 수 있는 사람은?
  [질문 2] 오른손으로만 필기할 수 있는 사람은?
  [질문 3] 양손으로 모두 필기할 수 있는 사람은?
- 양손잡이 중 일부는 제대로 알아듣지 못해 질문 1, 2, 3에 모두 손을 들었고, 그 외 모든 참가자는 바르게 손을 들었다.
- 질문 1에 손을 든 참가자는 16명, 질문 2에 손을 든 참가자는 80명, 질문 3에 손을 든 참가자는 10명이다.

---〈보기〉---

ㄱ. 양손잡이는 총 10명이다.
ㄴ. 왼손잡이 수는 양손잡이 수보다 많다.
ㄷ. 오른손잡이 수는 왼손잡이 수의 6배 이상이다.

① ㄱ   ② ㄴ
③ ㄱ, ㄴ   ④ ㄱ, ㄷ
⑤ ㄴ, ㄷ

46 다음 〈조건〉을 근거로 판단할 때, 재생된 곡의 순서로 옳은 것은?

━━━〈조건〉━━━

- 찬우는 A, B, C, D 4개의 곡으로 구성된 앨범을 감상하고 있다. A는 1분 10초, B는 1분 20초, C는 1분 00초, D는 2분 10초간 재생되며, 각각의 곡 첫 30초는 전주 부분이다.
- 재생순서는 처음에 설정하여 이후 변경되지 않으며, 찬우는 자신의 선호에 따라 곡당 1회씩 포함하여 설정하였다.
- 한 곡의 재생이 끝나면 시차 없이 다음 곡이 자동적으로 재생된다.
- 마지막 곡 재생이 끝나고 나면 첫 곡부터 다시 재생된다.
- 모든 곡은 처음부터 끝까지 건너뛰지 않고 재생된다.
- 찬우는 13시 20분 00초부터 첫 곡을 듣기 시작했다.
- 13시 23분 00초에 C가 재생되고 있었다.
- A를 듣고 있던 어느 한 시점부터 3분 00초가 되는 때에는 C가 재생되고 있었다.
- 13시 45분 00초에 어떤 곡의 전주 부분이 재생되고 있었다.

① A − B − C − D
② B − A − C − D
③ C − A − D − B
④ D − C − A − B
⑤ D − C − B − A

47 다음 글을 근거로 판단할 때, 〈보기〉에서 옳은 것을 모두 고르면?

사슴은 맹수에게 계속 괴롭힘을 당하자 자신을 맹수로 바꾸어 달라고 산신령에게 빌었다. 사슴을 불쌍하게 여긴 산신령은 사슴에게 남은 수명 중 n년(n은 자연수)을 포기하면 여생을 다음 5가지의 맹수 중 하나로 살 수 있게 해주겠다고 했다.

사슴으로 살 경우의 1년당 효용은 40이며, 다른 맹수로 살 경우의 1년당 효용과 그 맹수로 살기 위해 사슴이 포기해야 하는 수명은 다음과 같다. 예를 들어 사슴의 남은 수명이 12년일 경우 사슴으로 계속 산다면 $12 \times 40 = 480$의 총 효용을 얻지만, 독수리로 사는 것을 선택한다면 $(12-5) \times 50 = 350$의 총 효용을 얻는다.

사슴은 여생의 총 효용이 줄어드는 선택은 하지 않으며, 포기해야 하는 수명이 사슴의 남은 수명 이상인 맹수는 선택할 수 없다. 1년당 효용이 큰 맹수일수록, 사슴은 그 맹수가 되기 위해 더 많은 수명을 포기해야 한다. 사슴은 자신의 남은 수명과 표의 '?'로 표시된 수를 알고 있다.

맹수	1년당 효용	포기해야 하는 수명(년)
사자	250	14
호랑이	200	?
곰	170	11
악어	70	?
독수리	50	5

〈보기〉

ㄱ. 사슴의 남은 수명이 13년이라면 사슴은 곰을 선택할 것이다.
ㄴ. 사슴의 남은 수명이 20년이라면 사슴은 독수리를 선택하지는 않을 것이다.
ㄷ. 호랑이로 살기 위해 포기해야 하는 수명이 13년이라면 사슴의 남은 수명에 따라 사자를 선택했을 때와 호랑이를 선택했을 때 여생의 총 효용이 같은 경우가 있다.

① ㄴ
② ㄷ
③ ㄱ, ㄴ
④ ㄴ, ㄷ
⑤ ㄱ, ㄴ, ㄷ

48 컨설팅 회사에 근무 중인 A사원은 최근 컨설팅 의뢰를 받은 M사진관에 대해 SWOT 분석을 진행하기로 하였다. 다음 ⊙ ~ ⑩ 중 SWOT 분석에 들어갈 내용으로 적절하지 않은 것은?

<SWOT 분석 결과>

강점(Strength)	• ⊙ 넓은 촬영 공간(야외 촬영장 보유) • 백화점 인근의 높은 접근성 • ⓒ 다양한 채널을 통한 홍보로 높은 인지도 확보
약점(Weakness)	• ⓒ 직원들의 높은 이직률 • 회원 관리 능력 부족 • 내부 회계 능력 부족
기회(Opportunity)	• 사진 시장의 규모 확대 • 오프라인 사진 인화 시장의 성장 • ⓔ 전문가용 카메라의 일반화
위협(Threat)	• 저가 전략 위주의 경쟁 업체 증가 • ⑩ 온라인 사진 저장 서비스에 대한 수요 증가

① ⊙

② ⓒ

③ ⓒ

④ ⓔ

⑤ ⑩

49 M도서관은 원서책의 코드에 다음과 같은 일정한 규칙을 부여한다. 책의 제목이 'find me'일 때, 이 책의 코드는 무엇인가?

<규칙>

• 책 제목을 다음의 규칙으로 변환한다.
• 알파벳 모음 a, e, i, o, u를 쌍자음 ㄲ, ㄸ, ㅃ, ㅆ, ㅉ 순으로 변환한다.
• 알파벳 자음의 경우 앞의 14개는 한글 자음 ㄱ, ㄴ, ㄷ, …으로, 뒤의 7개는 숫자 1, 2, 3, …으로 변환한다.
• 책 제목의 띄어쓰기한 부분에는 0을 적는다.
  예 summer vacation을 변환할 경우 summer와 vacation 변환한 사이에 0을 붙여준다. '1ㅉㅊㅊㄸㅎ03ㄲㄴㄲ2ㅃㅆㅋ'
• 한글 자음과 쌍자음으로 변환된 알파벳의 각각 뒤에 ㅏ, ㅑ, ㅓ, ㅕ, ㅗ, ㅛ, ㅜ, ㅠ, ㅡ, ㅣ를 뒤에 붙여주며 9개를 초과할 경우 다시 ㅏ, ㅑ, ㅓ, … 순으로 계속하여 붙여준다.
  예 summer vacation를 변환할 경우 '1짜챠쳐떠호03꾜누뀨2쁘씨카'

① 라버코두츠디

② 라버코두0츠디

③ 라뱌커뎌0초됴

④ 라뺘커뎌0초똬

⑤ 라뷰커투0초꾜

50 평소 영화제작에 관심이 많은 B씨는 우연히 M방송사에서 진행하는 홍보영화 공모전에 대해 듣게 되었다. 공고문이 아래와 같을 때, B씨가 이를 보고 할 수 있는 생각으로 옳지 않은 것은?

〈제1회 단편 영화 공모전〉

1. 공모개요
   - 주최 / 후원 : M방송사 / S시네마
   - 공모대상 : 개인 또는 팀으로 참가
   - 공모주제 : 공사를 소재로 하는 참신한 영상콘텐츠(1 ~ 3분)
   - 공모기간 : 2025.5.1 ~ 6.30
   - 당선작발표 : 2025.7.11 오전 11시(시상식은 별도시행 및 통보)
   - 시상내역 : 상금 및 상패

구분	시상 수	상금	비고
대상	1	500만 원	상패
최우수상	1	300만 원	상패
우수상	2	100만 원	상패
장려상	3	50만 원	상패
특별상	10	30만 원	상패
가작	10	영화티켓 각 10매	S시네마

   - 제출 작품의 수준이 현격하게 낮을 경우 대상 등 주요 상을 선정하지 않을 수 있음
   - 당선작은 공사 홍보 및 옥외광고 스크린에 수시 상영함

2. 출품방법 및 규격
   - 출품 수 : 1인(팀) 3점 이내, 다만 수상은 1인(팀)당 1작품에 한함
   - 온라인 접수 : M방송사 홈페이지 웹하드에 제출
     ※ 신청서 및 영상파일을 1개의 파일로 압축하여 파일명을 출품자 이름(예 홍길동.mov)으로 하여 제출
   - 출품 규격
     - 제목 및 엔딩크레딧 포함 러닝타임 1 ~ 3분
     - 옥외광고 특성상 음향(대사 포함)이 없어도 내용을 이해할 수 있어야 하며, 공공장소 상영에 적합한 내용이어야 함
       ※ 극장 또는 온라인 매체에서는 음향(대사 포함)을 포함해서 상영
     - DV, HDV, DVCAM, HD, DVD, MPEG, MOV, MP4 파일
     - Quicktime proRes(422HQ) 또는 Quicktime(H264) 파일 권장, 사이즈는 16 : 9(Screen Ratio), Full HD(1,920×1,080) 이상을 권장

3. 주의사항
- 출품자의 개인 정보는 개인정보운영 방침에 따라 보관하지 않고 파기함
- 출품된 작품은 반환하지 않음
- 제출 작품은 타 공모전에 당선되지 않은 것이어야 함
- 작품소재로 이용된 인물, 건축물, 음악, 자막, 사진 등 저작권과 초상권에 관한 문제발생 시 출품자가 전적으로 민형사상 책임을 짐
- 당선작은 M방송사가 사용권을 갖게 되며, 홍보자료로 편집 활용하여 홈페이지·SNS 영상매체 등에 수시로 사용할 수 있음
- 상금에 대한 제세공과금은 본인 부담(원천징수)

① 출품작에 대한 심사는 어떻게 진행되는지 물어봐야겠는걸.
② 팀으로도 참가가 가능하니까 예전에 같이 활동했던 영화동아리 후배에게 연락해봐야지.
③ 한 번에 3점까지 출품이 가능하니까 열심히 해서 꼭 대상을 받을 거야.
④ 팀 멤버 수에 제한이 있을지도 모르니 미리 문의해봐야겠다.
⑤ 비슷한 주제로 찍어놓은 영상이 있는데 확장자가 MPEG라 출품하려면 확장자를 바꿔야겠네.

제4회
MBC
필기전형

기본직무소양평가
모의고사

www.sdedu.co.kr

⟨문항 수 및 시험시간⟩

평가영역	문항 수	시험시간	모바일 OMR 답안채점 / 성적분석 서비스
의사소통능력＋수리능력＋문제해결능력	50문항	60분	

제4회 모의고사

문항 수 : 50문항
시험시간 : 60분

01 다음 글의 중심 내용으로 가장 적절한 것은?

> 사피어 – 워프 가설은 어떤 언어를 사용하느냐에 따라 사고의 방식이 정해진다는 이론이다. 이에 따르면 언어는 인간의 사고나 사유를 반영함은 물론이고, 그 언어를 쓰는 사람들의 사고방식에까지 영향을 미친다. 공동체의 언어 습관이 특정한 해석을 선택하도록 하므로 우리는 일반적으로 우리가 행한 대로 보고 듣고 경험한다고 한 사피어의 관점에 영향을 받아, 워프는 언어가 경험을 조직한다고 주장했다. 한 문화의 구성원으로서, 특정한 언어를 사용하는 화자로서, 우리는 언어를 통해 암묵적 분류를 배우고 이 분류가 세계의 정확한 표현이라고 간주한다. 그리고 그 분류는 사회마다 다르므로, 각 문화는 서로 다른 의견을 가질 수 있는 개인들로 구성됨에도 불구하고 독특한 합의를 보여 준다.
>
> 가령, 에스키모어에는 눈에 관한 낱말이 많은데 영어로는 한 단어인 '눈(snow)'을 네 가지 다른 단어, 즉 땅 위의 눈(aput), 내리는 눈(quana), 바람에 날리는 눈(piqsirpoq), 바람에 날려 쌓이는 눈(quiumqsuq) 등으로 표현한다는 것이다. 북아프리카 사막의 유목민들은 낙타에 대한 10개 이상의 단어를 가지고 있으며, 우리도 마찬가지다. 영어의 'rice'에 해당하는 우리말은 '모', '벼', '쌀', '밥' 등이 있다.
>
> 그렇다면 언어와 사고, 언어와 문화의 관계는 어떻게 볼 수 있을까? 일단 우리는 언어와 정신 활동이 상호 의존성을 갖는다고 말할 수 있을 것이다. 하지만 그들 간의 관계 중 어떤 것이 우월한 것인지를 잘 식별할 수 없는 정도로 인식이 되고 나면, 우리의 생각은 언어 우위 쪽으로 기울기 쉽다.
>
> 왜냐하면 언어의 사용에 따라 사고가 달라지는 것이라고 규정하는 것이 사고를 통해 언어가 만들어진다는 것보다 훨씬 더 쉽게 이해되기 때문이다. 이러한 면에서 사피어 – 워프 가설은 언어 우위론적 태도를 보인다고 할 수 있다.
>
> 그러나 사피어 – 워프 가설이 언어 우위론의 근거로만 설명되는 것은 아니다. 앞 에스키모어의 예를 보면, 사람들이 눈을 인지하는 방법이 달라진 것(사고의 변화)으로 인해 언어도 달라졌는지, 반대로 언어 체계가 달라진 것으로 인해 눈을 인지하는 방법이 달라졌는지를 명확하게 설명할 수 없기 때문이다.

① 사피어 – 워프 가설은 언어 우위론으로 입증할 수 있다.

② 사피어 – 워프 가설의 예로 에스키모어가 있다.

③ 사피어 – 워프 가설은 우리의 언어 생활과 밀접한 이론이다.

④ 언어와 사고의 관계에 대한 사피어 – 워프 가설을 증명하기는 쉽지 않다.

⑤ 사피어 – 워프 가설은 학계에서 대체로 인정하는 추세이다.

02 다음 글에서 〈보기〉가 들어갈 위치로 가장 적절한 곳은?

정보란 무엇인가? 이는 정보화 사회를 맞이하면서 우리가 가장 깊이 생각해보아야 할 문제 중 하나이다. 정보는 그냥 객관적으로 주어진 대상인가? 그래서 그것과 관련된 당사자들에게 항상 가치중립적이고 공정한 지식이 되는가? 결코 그렇지 않다. 똑같은 현상에 대해 정보를 만들어 내는 방식은 매우 다양할 수 있다. 정보라는 것은 인간에 의해 가공되는 것이고 그 배경에는 언제나 나름대로의 입장과 가치관이 깔려 있게 마련이다. ___(가)___

정보화 사회가 되어 정보가 넘쳐나는 듯하지만 사실 우리 대부분은 그 소비자로 머물러 있을 뿐, 적극적인 생산의 주체로 나서지 못하고 있다. 이런 상황에서는 우리의 생활을 질적으로 풍요롭게 해 주는 정보를 확보하기가 대단히 어렵다. 사실 우리가 일상적으로 구매하고 소비하는 정보란 대부분이 일회적인 심심풀이용이 많다. ___(나)___

물론 정보가 많을수록 좋은 것만은 아니다. 오히려 정보의 과잉은 무기력과 무관심을 낳는다. 네트워크와 각종 미디어와 통신 기기의 회로들 속에서 정보가 기하급수적인 속도의 규모로 증식하고 있는 데 반해, 그것을 수용하고 처리할 수 있는 우리 두뇌의 용량은 진화하지 못하고 있다. 이 불균형은 일상의 스트레스 또는 사회적인 교란으로 표출된다. 정보 그 자체에 집착하는 태도에서 벗어나 무엇이 필요한지를 분별할 수 있는 능력이 배양되어야 한다. ___(다)___

정보는 얼마든지 새롭게 창조될 수 있다. 컴퓨터의 기계적인 언어로 입력되기 전까지의 과정은 인간의 몫이다. 기계가 그것을 대신하기는 불가능하다. 따라서 정보화 시대의 중요한 관건은 컴퓨터에 대한 지식이나 컴퓨터를 다루는 방법이 아니라, 무엇을 담을 것인가에 대한 인간의 창조적 상상력이다. 그것은 마치 전자레인지가 아무리 좋아도 그 자체로 훌륭한 요리를 보장하지는 못하는 것과 마찬가지이다. ___(라)___

정보와 지식 그 자체로는 딱딱하게 굳어 있는 물건처럼 존재하는 듯 보인다. 그러나 그것은 커뮤니케이션 속에서 살아 움직이며 진화한다. 끊임없이 새로운 의미가 발생하고 더 고급으로 갱신되어 간다. 따라서 한 사회의 정보화 수준은 그러한 소통의 능력과 직결된다. 정보의 순환 속에서 끊임없이 새로운 정보로 거듭나는 역동성 없이는 아무리 방대한 데이터베이스라 해도 그 기능에 한계가 있기 때문이다. ___(마)___

───────〈보기〉───────

한 가지 예를 들어 보자. 어떤 나라에서 발행하는 관광 안내 책자는 정보가 섬세하고 정확하다. 그러나 그 책을 구입해 관광을 간 소비자들은 종종 그 내용의 오류를 발견한다. 그리고 많은 이들이 그것을 그냥 넘기지 않고 수정 사항을 엽서에 적어서 출판사에 보내준다. 이를 통해 출판사는 일일이 현지에 직원을 파견하지 않고도 책자를 개정할 수 있다.

① (가)   ② (나)
③ (다)   ④ (라)
⑤ (마)

03 다음 (가) ~ (마) 문단에 대한 설명으로 가장 적절한 것은?

(가) 현재 각종 SNS 및 동영상 게재 사이트에서 흔하게 접할 수 있는 콘텐츠 중 하나가 ASMR이다. 그러다 보니 자주 접하는 ASMR의 이름의 뜻에 대해 다수의 네티즌들이 궁금해 하고 있다. ASMR은 자율감각 쾌락반응으로, 뇌를 자극해 심리적인 안정을 유도하는 것을 말한다.

(나) 힐링을 얻고자 하는 청취자들이 ASMR의 특정 소리를 들으면 이 소리가 일종의 트리거(Trigger)로 작용해 팅글(Tingle : 기분 좋게 소름 돋는 느낌)을 느끼게 한다. 트리거로 작용하는 소리는 사람에 따라 다를 수 있다. 이는 청취자마다 삶의 경험이나 취향 등에서 뚜렷한 차이를 보이기 때문이다.

(다) ASMR 현상은 시각적, 청각적 혹은 인지적 자극에 반응한 뇌가 신체 뒷부분에 분포하는 자율 신경계에 신경 전달 물질을 촉진하며 심리적 안정감을 느끼게 한다. 일상생활에서 편안하게 느꼈던 소리를 들으면 그때 느낀 긍정적인 감정을 다시 느끼면서 스트레스 정도를 낮출 수 있고 불면증과 흥분 상태 개선에 도움이 되며 안정감을 받을 수 있다. 소곤소곤 귓속말하는 소리, 자연의 소리, 특정 사물을 반복적으로 두드리는 소리 등이 담긴 영상 속 소리 등을 예로 들 수 있다.

(라) 최근 유튜버를 비롯한 연예인들이 ASMR 코너를 만들어 대중과 소통 중이다. 요즘은 청포도 젤리나 쿄효 젤리 등 식감이나 씹는 소리가 좋은 음식으로 먹방 ASMR을 하기도 한다. 많은 사람들이 ASMR을 진행하기 때문에 인기 있는 ASMR 콘텐츠가 되기 위해서는 세분화된 분야를 공략하거나 다른 사람들과 차별화하는 전략이 필요하게 되었다.

(마) 독특한 ASMR 채널로 대중의 사랑을 받고 있는 것은 공감각적인 ASMR이다. 공감각은 시각, 청각, 촉각 등 우리의 오감 중에서 하나의 감각만을 자극하는 것이 아니라, 2개 이상의 감각이 결합하여 자극받을 수 있도록 하는 것이다. 공감각적인 ASMR이 많은 인기를 끌고 있는 만큼 앞으로의 ASMR 콘텐츠들은 공감각적인 콘텐츠로 대체될 것이라는 이야기가 대두되었다.

① (가) : ASMR을 자주 접하는 사람들의 특징은 일상에 지친 현대인이다.
② (나) : 많은 사람들이 선호하는 트리거는 소곤거리는 소리이다.
③ (다) : 신체의 자율 신경계가 뇌에 특정 신경 전달 물질을 전달한다.
④ (라) : 연예인들은 일반인보다 ASMR에 많이 도전하는 경향이 있다.
⑤ (마) : ASMR 콘텐츠들은 공감각적인 ASMR로 대체될 전망이다.

04 다음 중 어법상 옳은 것은?

① 생선을 졸인다.

② 옷을 달인다.

③ 마음을 조린다.

④ 배추를 절인다.

⑤ 저 산 넘어에 강이 있다.

05 다음 중 빈칸에 들어갈 단어로 적절하지 않은 것은?

- 시골 땅의 _____을/를 바꾸었다.
- 서예로 _____을/를 날렸다.
- 선비들은 절개와 _____을/를 중시했다.
- 동창회 _____(으)로 모교에 장학금을 전달했다.
- 여러 가지 _____의 발전금을 걷었다.

① 명의   ② 명목

③ 이름   ④ 명색

⑤ 명분

06 다음 글의 빈칸에 들어갈 접속어를 바르게 나열한 것은?

언론의 자유라는 대원칙에 대해 여러 가지 다른 의견이 있을 수 있다. ㉠ 현재의 명예 훼손 관련법이 제시하는 것보다 훨씬 강력한 기준이 필요하다. ㉡ 어떤 사람이 나쁜 평판을 얻게 될 만한 언행을 했다고 하더라도 그것을 악의적으로 보도하여 무고한 개인의 일상생활을 위협하는 관행은 금지되어야 한다. ㉢ 불행을 막을 수 있는 근본적인 치료법은 대중이 관대한 태도를 기르는 것뿐이다. 이를 위한 최선의 방법은 참된 행복을 누리는 사람들의 수를 늘려서 그들이 동시대인을 고통스럽게 하는 데서 즐거움을 찾지 않도록 만드는 것이다.

	㉠	㉡	㉢
①	그런데	물론	그리고
②	하지만	물론	따라서
③	그리고	만일	하지만
④	그래서	만일	그러나
⑤	그러나	설사	하지만

오늘날 특정한 국가에서 순수하게 하나의 언어만을 사용하는 경우는 드물다. 한 국가의 언어 상황은 아주 복잡한 양상을 띠고 있는데, 특히 한 개인이나 사회가 둘 또는 그 이상의 언어를 사용하는 언어적 다양성을 보이는 경우에는, '이중 언어 사용'과 '양층 언어 사용'의 두 상황으로 나누어 볼 수 있다.

먼저 이중 언어 사용은 한 개인이나 사회가 일상생활에서 두 개 혹은 그 이상의 언어를 어느 정도 유창하게 사용하는 것을 말하는데, 이때 둘 이상의 언어들은 사회적으로 기능상의 차이 없이 통용된다. 이중 언어 사용은 개인적 이중 언어 사용과 사회적 이중 언어 사용의 두 가지로 나누어 볼 수 있는데, 전자는 개인이 이중 언어 사용 공동체에 속해 있는지와 상관없이 두 개 이상의 언어를 사용하는 것을 말하며, 후자는 공동체 내에 두 개 이상의 언어가 실제로 사용되고 있는 상황을 가리킨다. 이중 언어 사회의 구성원은 반드시 이중 언어 사용자가 될 필요는 없다. 대다수 구성원이 두 언어를 모두 사용할 수 있기 때문에, 자신은 하나의 언어만 알고 있어도 사회생활의 거의 모든 분야에서 의사소통이 되지 않을 염려는 없다.

이중 언어 사회에서 통용되는 둘 이상의 언어들은 공용어로서 대등한 지위를 가질 수 있지만 대체로 구성원 대다수가 사용하는 언어가 '다수자 언어'가 되고, 상대적으로 사용 인원이 적은 언어는 '소수자 언어'가 된다. 일반적으로 다수자 언어는 힘이나 권위의 문제에 있어 소수자 언어보다 우세한 지위를 가지는 경우가 많고, 소수자 언어는 그 사회에서의 영향력이 작다는 이유로 정치, 교육, 경제 등 여러 분야에서 상대적으로 소홀히 취급되는 경향이 있다.

양층 언어 사용은 언어학자 퍼거슨이 처음으로 사용한 개념이다. 양층 언어 사용은 언어적 유사성이 희미하게 남아 있지만 방언 수준 이상으로 음운, 문법, 어휘 등의 층위에서 서로 다른 모습을 보이는 두 개 이상의 변이어를 사용하는 것을 말한다. 변이어들은 사회적 차원에서 서로 독립적인 기능을 하면서, 사용하는 장소나 상황이 엄격하게 구분되어 쓰인다. 양층 언어 사회에서 변이어들은 언어 사용자 수와 무관하게 '상층어'와 '하층어'로 구분되어 사용되며 상보적 관계에 있다. 상층어는 주로 종교, 법률, 교육, 행정 등과 같은 '높은 차원'의 언어적 기능을 수행하기 위해 사용되며, 주로 학교에서 이루어지는 정식 교육을 통해 배우게 된다.

반면 하층어는 가족 간의 비격식적인 대화, 친교를 위한 일상 담화 등 '낮은 차원'의 언어적 기능을 수행하기 위해 사용되며, 가정에서 모어로 습득되는 경우가 많다. 양층 언어 사용 상황에 있는 구성원은 특정 상황에서 사용되는 언어를 모를 경우 불이익을 받을 수 있다. 예를 들어 정치 분야에서 사용되는 특정 상층어를 모른다면 일상생활에는 지장이 없겠지만, 투표와 같은 참정권을 행사하는 과정에서 불편을 겪게 될 가능성이 크다.

퍼거슨과 달리 피시먼은 그의 연구에서, 언어적 유사성이 없는 서로 다른 두 언어가 각자의 기능을 엄격하게 구별하여 수행하는 상황까지를 포함하여 양층 언어 사용을 설명하였다. 피시먼의 연구 결과를 뒷받침하는 대표적인 사례로는 파라과이의 언어 사용 상황을 들 수 있다. 파라과이에서는 스페인어가 상층어로서 각종 행정이나 교육 현장에서 사용되고, 스페인어와 언어적 유사성이 없는 토착어인 과라니어는 인구의 90%가 사용하고 있음에도 불구하고 하층어로 사용되고 있다.

07 다음 중 윗글에 대한 설명으로 적절하지 않은 것은?

① 용어의 개념을 밝혀 독자의 이해를 돕고 있다.
② 예시의 방법으로 설명 내용을 뒷받침하고 있다.
③ 대조의 방법으로 대상의 특성을 부각하고 있다.
④ 인과의 방법으로 대상의 변화 과정을 소개하고 있다.
⑤ 대상을 하위 요소로 나누어 체계적으로 설명하고 있다.

08 다음 중 윗글의 내용으로 적절하지 않은 것은?

① 양층 언어 사회에서는 사용되는 변이어들이 상보적 관계에 있다.

② 양층 언어 사회에서는 특정 변이어를 모르면 불편을 겪을 수 있다.

③ 양층 언어 사회에서는 구성원들이 각 변이어에 부여하는 가치가 다르다.

④ 이중 언어 사회에서는 소수자 언어가 공용어로서의 지위를 얻을 수 없다.

⑤ 이중 언어 사회에서는 일반적으로 다수자 언어의 사회적 영향력이 더 크다.

09 윗글을 바탕으로 다음 사례를 이해한 내용으로 적절하지 않은 것은?

> • A지역에서는 현대 표준 아랍어와 구어체 아랍어 두 개의 언어가 사용된다. 사회 구성원들 대다수는 현대 표준 아랍어가 구어체 아랍어보다 우위에 있다고 생각하며, 현대 표준 아랍어를 사용해야 하는 종교 시설에서 구어체 아랍어를 사용하면 비난을 받게 된다.
> • B지역에서는 프랑스어와 영어 두 개의 언어가 사용된다. 이 두 언어를 모두 유창하게 구사할 수 있는 공무원들은 공공기관에 찾아온 민원인에게 프랑스어와 영어 중 무엇을 사용할 것인지에 대한 선택권을 주기 위해 'Bonjour(봉주르), Hello(헬로)!'와 같이 인사를 건넨다.

① A지역에서는 두 개의 언어를 습득하는 환경이 다를 수 있겠군.

② B지역에서는 구성원 모두가 두 개의 언어를 유창하게 구사할 수 있어야 하겠군.

③ A지역에서는 B지역에서와 달리 두 개의 언어가 사회적으로 그 기능에 차이가 있겠군.

④ B지역에서는 A지역에서와 달리 두 개의 언어가 사용되는 장소의 구분이 없겠군.

⑤ A지역과 B지역에서는 두 개의 언어가 통용될 수 있는 언어적 다양성이 나타나겠군.

10 다음 글에서 〈보기〉의 문장이 들어갈 위치로 가장 적절한 곳은?

컴퓨터는 0 또는 1로 표시되는 비트를 최소 단위로 삼아 내부적으로 데이터를 표시한다. 컴퓨터가 한 번에 처리하는 비트 수는 정해져 있는데, 이를 워드라고 한다. 예를 들어 64비트의 컴퓨터는 64개의 비트를 1워드로 처리한다. (가) 4비트를 1워드로 처리하는 컴퓨터에서 양의 정수를 표현하는 경우, 4비트 중 가장 왼쪽 자리인 최상위 비트는 0으로 표시하여 양수를 나타내고 나머지 3개의 비트로 정수의 절댓값을 나타낸다. (나) 0111의 경우 가장 왼쪽 자리인 '0'은 양수를 표시하고 나머지 '111'은 정수의 절댓값 7을 이진수로 나타낸 것으로, +7을 표현하게 된다. 이때 최상위 비트를 제외한 나머지 비트를 데이터 비트라고 한다. (다) 그런데 음의 정수를 표현할 때는 최상위 비트를 1로 표시한다. −3을 표현한다면 −3의 절댓값 3을 이진수로 나타낸 011에 최상위 비트 1을 덧붙이면 된다. (라) 이러한 음수 표현 방식을 '부호화 절댓값'이라고 한다. 그러나 부호화 절댓값은 연산이 부정확하다. 예를 들어 7−3을 계산한다면 7+(−3)인 0111+1011로 표현된다. 컴퓨터에서는 0과 1만 사용하기 때문에 1에 1을 더하면 바로 윗자리 숫자가 올라가 10으로 표현된다. 따라서 0111에 1011을 더하면 100010이 된다. (마) 하지만 부호화 절댓값에서는 오버플로를 처리하는 별도의 규칙이 없으므로 계산값이 부정확하다. 또한 0000 또는 1000이 0을 나타내어 표현의 일관성과 저장 공간의 효율성이 떨어진다.

───〈보기〉───
10010은 4비트 컴퓨터가 처리하는 1워드를 초과하게 된 것으로, 이러한 현상을 오버플로라 한다.

① (가)   ② (나)
③ (다)   ④ (라)
⑤ (마)

11 다음 글의 밑줄 친 ⊙에 해당하지 않는 것은?

키르케의 섬에 표류한 오디세우스의 부하들은 키르케의 마법에 걸려 변신의 형벌을 받았다. 변신의 형벌이란 몸은 돼지로 바뀌었지만 정신은 인간의 것으로 남아 자신이 돼지가 아니라, 인간이라는 기억을 유지해야 하는 형벌이다. 그 기억은 돼지의 몸과 인간의 정신이라는 기묘한 결합의 내부에 견딜 수 없는 비동일성과 분열이 담겨 있기 때문에 고통스럽다. "나는 돼지이지만 돼지가 아니다. 나는 인간이지만 인간이 아니다."라고 말해야만 하는 것이 비동일성의 고통이다.

바로 이 대목이 현대 사회의 인간을 '물화(物化)'라는 개념으로 파악하고자 했던 루카치를 전율케 했다. 물화된 현대 사회에서 인간 존재의 모습은 두 가지로 갈린다. 먼저 인간은 상품이 되었으면서도 인간이라는 것을 기억하는, 현실에서 소외당한 자신을 회복하려는 가혹한 노력을 경주해야 하는 존재이다. 자신이 인간이라는 점을 기억하고 있지 않다면 그에게 구원은 구원이 아닐 것이므로 인간이라는 본질을 계속 기억하는 일은 그에게 구원의 첫째 조건이 된다. 키르케의 마법으로 변신의 계절을 살고 있지만, 자신이 기억을 계속 유지하면 그 계절은 영원하지 않을 것이라는 희망을 가질 수 있다. 그는 소외 없는 저편의 세계, 구원과 해방의 순간을 기다린다.

반면, ⊙ 망각의 전략을 선택하는 자는 자신이 인간이었다는 기억 자체를 포기하는 인간이다. 그는 구원을 위해 기억에 매달리지 않는다. 그는 그에게 발생한 변화를 받아들이고 그것을 새로운 현실로 인정하며 그 현실에 맞는 새로운 언어를 얻기 위해 망각의 정치학을 개발한다. 망각의 정치학에서는 인간이 고유의 본질을 갖고 있다고 믿는 것 자체가 현실적인 변화를 포기하는 것이 된다. 일단 키르케의 돼지가 된 자는 인간 본질을 붙들고 있는 한 새로운 변화를 꾀할 수 없다.

키르케의 돼지는 자신이 인간이었다는 기억을 망각하고 포기할 때 새로운 존재로 탄생할 수 있겠지만, 바로 그 때문에 그는 소외된 현실이 가져다주는 비참함으로부터 눈을 돌리게 된다. 대중소비를 신성화하는 대신 왜곡된 현실에는 관심을 두지 않는다고 비판받았던 1960년대 팝아트 예술은 망각의 전략을 구사하는 키르케의 돼지들이다.

① 물화된 세계를 비판 없이 받아들인다.
② 고유의 본질을 버리고 변화를 선택한다.
③ 왜곡된 현실을 자기합리화하여 수용한다.
④ 자신의 정체성이 분열되었음을 직시한다.
⑤ 소외된 상황에 적응할 수 있는 언어를 찾는다.

12 다음 글의 제목으로 가장 적절한 것은?

'100세 시대' 노인의 큰 고민거리 중 하나가 바로 주변의 도움 없이도 긴 세월을 잘 버텨낼 주거 공간에 대한 것이다. 이미 많은 언론에서 보도되었듯이 우리나라는 '노인이 살기 불편한 나라'인 것이 사실이다. 일본이 고령화 시대의 도시 모델로 의(醫)·직(職)·주(住) 일체형 주거 단지를 도입하고 있는 데 반해, 우리나라는 아직 노인을 위한 공용 주택도 변변한 게 없는 실정이다.

일본은 우리보다 30년 빠르게 고령화 사회에 직면했다. 일본 정부는 개인 주택을 노인 친화적 구조로 개조하도록 전문 컨설턴트를 붙이고 보조금까지 주고 있다. 또한, 사회 전반에는 장애 없는 '유니버설 디자인'을 보편화하도록 노력해 왔다. 그 결과 실내에 휠체어 작동 공간이 확보되고, 바닥에는 턱이 없으며, 손잡이와 미끄럼 방지 장치도 기본적으로 설치되었다. 이 같은 준비는 노쇠해 거동이 불편해져도 익숙한 집, 익숙한 마을에서 끝까지 살고 싶다는 노인들의 바람을 존중했기 때문이다. 그러나 이 정책의 이면에는 기하급수적으로 증가하는 사회 복지 비용을 절감하자는 목적도 있었다. 고령자 입주 시설을 설치하고 운영하는 비용이 재가 복지 비용보다 몇 배나 더 들기 때문이다.

우리나라의 경우 공동 주택인 아파트를 잘 활용하면 의외로 문제를 쉽게 풀 수 있을 것이다. 대규모 주거 단지의 일부를 고령 친화형으로 설계해서 노인 공유 동(棟)을 의무적으로 공급하는 것이다. 그곳에 식당, 욕실, 스포츠센터, 독서실, 오락실, 세탁실, 요양실, 게스트하우스, 육아 시설 등 노인들이 선호하는 시설을 넣으면 된다. 이러한 공유 공간은 가구당 전용 면적을 줄이고 공유 면적을 넓히면 해결된다. 이런 공유 경제가 확산되면 모든 공동 주택이 작은 공동체로 바뀌어갈 것이다. 공유 공간에서의 삶은 노인들만 모여 사는 실버타운과 달리 전체적인 활력도 높아질 것이다.

① 더욱더 빨라지는 고령화 속도를 줄이는 방법
② '유니버설 디자인'의 노인 친화적 주택
③ 노인 주거 문제, 소유에서 공유로 바꿔 해결하자.
④ 증가하는 사회 복지 비용, 그 해결 방안은?
⑤ 일본과 한국의 노인 주거 정책 비교

13 다음 중 제시된 단어가 나타내는 뜻을 모두 포괄할 수 있는 단어는?

들다	차다	냉담하다	가득하다	지니다

① 들다   ② 차다
③ 냉담하다   ④ 가득하다
⑤ 지니다

14 다음 〈보기〉의 밑줄 친 단어 중 의미가 서로 비슷한 것을 모두 고르면?

───〈보기〉───

ㄱ. 다른 사람을 배려하는 윤아의 모습이 참 <u>예뻐</u> 보였다.

ㄴ. 여기저기 눈치를 살피는 그의 모습이 도무지 <u>미쁘게</u> 보이지 않는다.

ㄷ. 주어진 모든 일에 성실한 민우는 정말 <u>믿음직해</u> 보인다.

ㄹ. 크게 숨을 들이마시고, 마음을 <u>굳세게</u> 먹은 채 시험장으로 들어섰다.

ㅁ. 그런 <u>실답지</u> 않은 말 그만두고 들어가서 공부나 해라.

ㅂ. 얼핏 보기에 <u>미약해</u> 보이는 힘도 모이면 세상을 바꿀 수 있다.

① ㄱ, ㄴ, ㄷ   ② ㄱ, ㄷ, ㄹ

③ ㄴ, ㄷ, ㅁ   ④ ㄷ, ㅁ, ㅂ

⑤ ㄹ, ㅁ, ㅂ

15 다음은 표준어 규정 중 일부를 제시한 자료이다. ㉮ ~ ㉺에 대한 구체적 예시로 적절하지 않은 것은?

㉮ 기술자에게는 '-장이', 그 외에는 '-쟁이'가 붙는 형태를 표준어로 삼는다.

㉯ 준말이 널리 쓰이고 본말이 잘 쓰이지 않는 경우에는 준말만을 표준어로 삼는다.

㉰ 어원에서 멀어진 형태로 굳어져서 널리 쓰이는 단어는 그것을 표준어로 삼는다.

㉱ 양성 모음이 음성 모음으로 바뀌어 굳어진 단어는 음성 모음 형태를 표준어로 삼는다.

㉲ '웃-' 및 '윗-'은 명사 '위'에 맞추어 '윗-'으로 통일하지만, '아래, 위'의 대립이 없는 단어는 '웃-'으로 발음되는 형태를 표준어로 삼는다.

① ㉮ : '소금쟁이'를 표준어로 삼고, '소금장이'를 버림

② ㉯ : '솔개'를 표준어로 삼고, '소리개'를 버림

③ ㉰ : '사글세'를 표준어로 삼고, '삭월세'를 버림

④ ㉱ : '깡충깡충'을 표준어로 삼고, '깡총깡총'을 버림

⑤ ㉲ : '웃도리'를 표준어로 삼고, '윗도리'를 버림

16 다음 중 갑 ~ 병의 견해에 대한 분석으로 적절한 것을 〈보기〉에서 모두 고르면?

> 갑 : 현대 사회에서 '기술'이라는 용어는 낯설지 않다. 이 용어는 어떻게 정의될 수 있을까? 한 가지 분명한 사실은 우리가 기술이라고 부를 수 있는 것은 모두 물질로 구현된다는 것이다. 기술이 물질로 구현된다는 말은 그것이 물질을 소재 삼아 무언가 물질적인 결과물을 산출한다는 의미이다. 나노기술이나 유전자조합기술도 당연히 이 조건을 만족하는 기술이다.
>
> 을 : 기술은 반드시 물질로 구현되는 것이어야 한다는 말은 맞지만 그렇게 구현되는 것들을 모두 기술이라고 부를 수는 없다. 가령, 본능적으로 개미집을 만드는 개미의 재주 같은 것은 기술이 아니다. 기술로 인정되려면 그 안에 지성이 개입해 있어야 한다. 나노기술이나 유전자조합기술을 기술이라 부를 수 있는 이유는 둘 다 고도의 지성의 산물인 현대과학이 그 안에 깊게 개입해 있기 때문이다. 더 나아가 기술에 대한 우리의 주된 관심사가 현대 사회에 끼치는 기술의 막강한 영향력에 있다는 점을 고려할 때, '기술'이란 용어의 적용을 근대 과학혁명 이후에 등장한 과학이 개입한 것들로 한정하는 것이 합당하다.
>
> 병 : 근대 과학혁명 이후의 과학이 개입한 것들이 기술이라는 점을 부인하지 않는다. 하지만 그런 과학이 개입한 것들만 기술로 간주하는 정의는 너무 협소하다. 지성이 개입해야 기술인 것은 맞지만 기술을 만들어내기 위해 과학의 개입이 꼭 필요한 것은 아니다. 오히려 기술은 과학과 별개로 수많은 시행착오를 통해 발전해 나가기도 한다. 이를테면 근대 과학혁명 이전에 인간이 곡식을 재배하고 가축을 기르기 위해 고안한 여러 가지 방법들도 기술이라고 불러야 마땅하다. 따라서 우리는 '기술'을 더 넓게 적용할 수 있도록 정의할 필요가 있다.

〈보기〉

ㄱ. '기술'을 적용하는 범위는 셋 중 갑이 가장 넓고 을이 가장 좁다.
ㄴ. 을은 '모든 기술에는 과학이 개입해 있다.'라는 주장에 동의하지만, 병은 그렇지 않다.
ㄷ. 병은 시행착오를 거쳐 발전해온 옷감 제작법을 기술로 인정하지만, 갑은 그렇지 않다.

---

① ㄱ   ② ㄴ
③ ㄱ, ㄷ   ④ ㄴ, ㄷ
⑤ ㄱ, ㄴ, ㄷ

17 다음 제시된 문단을 읽고, 이어질 문장을 논리적 순서대로 바르게 나열한 것은?

> 텔레비전 앞에 앉아 있으면 우리는 침묵한다. 수줍은 소녀가 된다. 텔레비전은 세상의 그 무엇에 대해서도 다 이야기한다.

> (가) 하지만 텔레비전은 내 사적인 질문 따위는 거들떠보지도 않는다.
> (나) 심지어 텔레비전은 자기 자신에 대해서도 이야기한다.
> (다) 남 앞에서 자기에 대해 말하는 것을 몹시 불편해하는 나로서는 존경하고 싶을 지경이다.

① (가) – (나) – (다)　　　　　　　② (가) – (다) – (나)
③ (나) – (다) – (가)　　　　　　　④ (다) – (가) – (나)
⑤ (다) – (나) – (가)

18 다음 문장을 논리적 순서대로 바르게 나열한 것은?

> (가) 정확한 보도를 하기 위해서는 문제를 전체적으로 봐야 하고, 역사적으로 새로운 가치의 편에서 봐야 하며, 무엇이 근거이고 무엇이 조건인가를 명확히 해야 한다.
> (나) 양심적이고자 하는 언론인이 때로 형극의 길과 고독의 길을 걸어야 하는 이유가 여기에 있다.
> (다) 신문이 진실을 보도해야 한다는 것은 설명이 필요 없는 당연한 이야기이다.
> (라) 이러한 준칙을 명확히 해야 하는 것은 기자들의 기사 작성 기술이 미숙하기 때문이 아니라, 이해관계에 따라 특정 보도의 내용이 달라지기 때문이다.
> (마) 자신들에게 유리하도록 기사가 보도되게 하려는 외부 세력이 있으므로 진실 보도는 일반적으로 수난의 길을 걷게 마련이다.

① (가) – (다) – (라) – (나) – (마)
② (가) – (다) – (라) – (마) – (나)
③ (다) – (가) – (라) – (나) – (마)
④ (다) – (가) – (라) – (마) – (나)
⑤ (라) – (나) – (가) – (마) – (다)

19 다음 글에서 추론할 수 있는 것을 〈보기〉에서 모두 고르면?

> '공립학교 인종차별 금지 판결의 준수를 종용하면서 어떤 법률에 대해서는 의도적으로 그 준수를 거부하니 이는 기괴하다.'라고 할 수 있습니다. '어떤 법률은 준수해야 한다고 하면서도 어떤 법률에 대해서는 그를 거부하라 할 수 있습니까?'라고 물을 수도 있습니다. 하지만 이에는 '불의한 법률은 결코 법률이 아니다.'라는 아우구스티누스의 말을 살펴 답할 수 있습니다. 법률에는 정의로운 법률과 불의한 법률, 두 가지가 있습니다.
>
> 이 두 가지 법률 간 차이는 무엇입니까? 법률이 정의로운 때가 언제이며, 불의한 때는 언제인지 무엇을 보고 결정해야 합니까? 우리 사회에서 통용되는 법률들을 놓고 생각해 봅시다. 우리 사회에서 지켜야 할 법률이라는 점에서 정의로운 법률과 불의한 법률 모두 사람에게 적용되는 규약이기는 합니다. 하지만 정의로운 법률은 신의 법, 곧 도덕법에 해당한다는 데 동의할 것으로 믿습니다. 그렇다면 불의한 법률은 그 도덕법에 배치되는 규약이라 할 것입니다. 도덕법을 자연법이라 표현한 아퀴나스의 말을 빌리면 불의한 법률은 결국 사람끼리의 규약에 불과합니다. 사람끼리의 규약이 불의한 이유는 그것이 자연법에 기원한 것이 아니기 때문입니다.
>
> 인간의 성품을 고양하는 법률은 정의롭습니다. 인간의 품성을 타락시키는 법률은 물론 불의한 것입니다. 인종차별을 허용하는 법률은 모두 불의한 것인데 그 까닭은 인종차별이 영혼을 왜곡하고 인격을 해치기 때문입니다. 가령 인종을 차별하는 자는 거짓된 우월감을, 차별당하는 이는 거짓된 열등감을 느끼게 되는데 여기서 느끼는 우월감과 열등감은 영혼의 본래 모습이 아니라서 바른 인격을 갖추지 못하도록 합니다.
>
> 따라서 인종차별은 정치·사회·경제적으로 불건전할 뿐 아니라, 죄악이며 도덕적으로 그른 것입니다. 분리는 곧 죄악이라 할 것인데, 인간의 비극적인 분리를 실존적으로 드러내고, 두려운 소외와 끔찍한 죄악을 표출하는 상징이 인종차별 아니겠습니까? 공립학교 인종차별 금지 판결이 바르기에 그 준수를 종용할 수 있는 한편, 인종차별을 허용하는 법률은 결단코 그르기에 이에 대한 거부에 동참해달라고 호소하는 바입니다.

─────〈보기〉─────

ㄱ. 인간의 성품을 고양하는 법률은 도덕법에 해당한다.
ㄴ. 사람끼리의 규약에 해당하는 법률은 자연법이 아니다.
ㄷ. 인종차별적 내용을 포함하지 않는 모든 법률은 신의 법에 해당한다.

① ㄱ
② ㄷ
③ ㄱ, ㄴ
④ ㄴ, ㄷ
⑤ ㄱ, ㄴ, ㄷ

20 다음 글의 결론으로 가장 적절한 것은?

> 정치 갈등의 중심에는 불평등과 재분배의 문제가 자리하고 있다. 이 문제로 좌파와 우파는 오랫동안 대립해 왔다. 두 진영이 협력하여 공동의 목표를 이루려면 두 진영이 불일치하는 지점을 찾아 이 지점을 바르고 정확하게 분석해야 한다. 바로 이것이 우리가 논증하고자 하는 바이다.
>
> 우파는 시장 원리, 개인 주도성, 효율성이 장기 관점에서 소득 수준과 생활환경을 실제로 개선할 수 있다고 주장한다. 반면, 정부 개입을 통한 재분배는 그 규모가 크지 않아야 한다. 이 점에서 이들은 선순환 메커니즘을 되도록 방해하지 않는 원천징수나 근로장려세 같은 조세 제도만을 사용해야 한다고 주장한다.
>
> 반면, 19세기 사회주의 이론과 노동조합 운동을 이어받은 좌파는 사회 및 정치 투쟁이 극빈자의 불행을 덜어주는 더 좋은 방법이라고 주장한다. 이들은 불평등을 누그러뜨리고 재분배를 이루려면 우파가 주장하는 조세 제도만으로는 부족하고, 생산수단을 공유화하거나 노동자의 급여 수준을 강제하는 등 보다 강력한 정부 개입이 있어야 한다고 주장한다. 정부의 개입이 생산 과정의 중심에까지 영향을 미쳐야 시장 원리의 실패와 이 때문에 생긴 불평등을 해소할 수 있다는 것이다.
>
> 좌파와 우파의 대립은 두 진영이 사회정의를 바라보는 시각이 다른 데서 비롯된 것이 아니다. 오히려 불평등이 왜 생겨났으며 그것을 어떻게 해소할 것인가를 다루는 사회경제 이론이 다른 데서 비롯되었다. 사실 좌우 진영은 사회정의의 몇 가지 기본 원칙에 합의했다.
>
> 행운으로 얻었거나 가족에게 물려받은 재산의 불평등은 개인이 통제할 수 없다. 개인이 통제할 수 없는 요인 때문에 생겨난 불평등을 그런 재산의 수혜자에게 책임지우는 것은 옳지 않다. 이 점에서 행운과 상속의 혜택을 받은 이들에게 이런 불평등 문제를 해결하라고 요구하는 것은 바람직하지 않다. 혜택 받지 못한 이들, 곧 매우 불리한 형편에 부닥친 이들의 처지를 개선하려고 애써야 할 당사자는 당연히 국가다. 정의로운 국가라면 국가가 사회 구성원 모두 평등권을 되도록 폭넓게 누리도록 보장해야 한다는 정의의 원칙은 좌파와 우파 모두에게 널리 받아들여진 생각이다.
>
> 불리한 형편에 놓인 이들의 삶을 덜 나쁘게 하고 불평등을 누그러뜨려야 하는 국가의 목표를 이루는 데 두 진영이 협력하는 첫걸음이 무엇인지는 이제 거의 분명해졌다.

① 좌파와 우파는 자신들의 문제점을 개선하려고 애써야 한다.
② 좌파와 우파는 정치 갈등을 해결하려는 의지가 있어야 한다.
③ 좌파와 우파는 사회정의를 위한 기본 원칙에 먼저 합의해야 한다.
④ 좌파와 우파는 분배 문제 해결에 국가가 앞장서야 한다는 데 동의해야 한다.
⑤ 좌파와 우파는 불평등을 일으키고 이를 완화하는 사회경제 메커니즘을 보다 정확히 분석해야 한다.

21 다음은 방송통신위원회가 발표한 2023년 유선방송사 현황에 대한 자료이다. 〈보기〉의 빈칸에 들어갈 수로 옳은 것은?

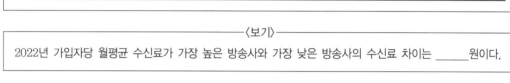

〈복수종합유선방송사(MSO) 현황과 시장점유율〉

구분	SO 수(개)		방송사업수익(억 원)		방송사업수익 점유율(%)		가입자당 월평균 수신료(원)	
	2022년	2023년	2022년	2023년	2022년	2023년	2022년	2023년
티브로드	21	22	4,946	5,384	25.6	25.4	8,339	8,660
씨제이 헬로비전	17	19	4,290	5,031	22.2	23.8	6,661	6,264
현대 에이치씨엔	8	8	1,663	1,835	8.6	8.7	6,120	6,402
씨엠비	9	9	1,036	1,142	5.4	5.4	4,552	4,567
지에스	2	–	672	–	3.5	–	6,806	–
MOS 규모	73	76	16,121	18,133	83.6	85.7	7,008	7,083
SO 전체	94	94	19,285	21,169	100	100	6,583	6,781

〈보기〉

2022년 가입자당 월평균 수신료가 가장 높은 방송사와 가장 낮은 방송사의 수신료 차이는 _____원이다.

① 2,531   ② 2,893
③ 3,112   ④ 3,219
⑤ 3,787

22 어느 반죽 제품의 밀가루와 설탕의 비율이 A회사 제품은 5 : 4이고, B회사 제품은 2 : 1이다. 이 두 회사의 제품을 섞었을 때 밀가루와 설탕의 비율은 3 : 2가 된다. 섞은 설탕의 무게가 120kg일 때 A회사 제품의 무게는?

① 160kg   ② 165kg
③ 170kg   ④ 175kg
⑤ 180kg

23 다음은 국가별 음악 산업 수출·수입액 현황에 대한 자료이다. 이에 대한 설명으로 옳지 않은 것은?

〈국가별 음악 산업 수출액 현황〉

(단위 : 천 달러, %)

구분	2022년	2023년	2024년	전년 대비 증감률
중국	10,186	52,798	89,761	70.0
일본	221,739	235,481	242,370	2.9
동남아	38,166	39,548	40,557	2.6
북미	1,024	1,058	1,085	2.6
유럽	4,827	4,778	4,976	4.1
기타	1,386	1,987	2,274	14.4
전체	277,328	335,650	381,023	13.5

〈국가별 음악 산업 수입액 현황〉

(단위 : 천 달러, %)

구분	2022년	2023년	2024년	전년 대비 증감률
중국	103	112	129	15.2
일본	2,650	2,598	2,761	6.3
동남아	63	65	67	3.1
북미	2,619	2,604	2,786	7.0
유럽	7,201	7,211	7,316	1.5
기타	325	306	338	10.5
전체	12,961	12,896	13,397	3.9

※ 전년 대비 증감률은 2024년을 기준으로 함

① 중국의 2023년 대비 2024년의 음악 산업 수출액의 증가율은 다른 국가보다 높았으며, 수입액의 증가율 또한 다른 국가보다 높았다.
② 2023년에는 기타국가를 포함한 세 개 국가의 수입액이 전년보다 감소했으며, 전체 수입액 또한 전년보다 감소하였다.
③ 일본의 2022년 대비 2024년 음악 산업 수출액의 증가율은 수입액의 증가율보다 작다.
④ 조사기간 중 매해 동남아의 음악 산업 수출액은 수입액의 600배를 넘었다.
⑤ 2024년 전체 음악 산업 수입액 중 북미와 유럽의 음악 산업 수입액이 차지하는 비중은 70% 이상이다.

24 문화기획을 하는 A씨는 올해 새로운 공연을 기획하고자 한다. 이를 위해 A씨는 문화예술에 대한 국민의 관심과 참여 수준을 조사하여 다음과 같은 자료를 제작하였다. 이에 대한 설명으로 옳지 않은 것은?

〈문화예술 관람률〉

(단위 : %)

구분		2021년	2022년	2023년	2024년
문화예술 성별·연령별 관람률	전체	52.4	54.5	60.8	64.5
	남자	50.5	51.5	58.5	62.0
	여자	54.2	57.4	62.9	66.9
	20세 미만	81.2	79.9	83.6	84.5
	20 ~ 29세	79.6	78.2	83.4	83.8
	30 ~ 39세	68.2	70.6	77.2	79.2
	40 ~ 49세	53.4	58.7	67.4	73.2
	50 ~ 59세	35.0	41.2	48.1	56.2
	60세 이상	13.4	16.6	21.7	28.9
문화예술 종류별 관람률	음악·연주회	13.9	13.6	11.6	10.7
	연극	13.9	13.5	13.2	11.8
	무용	1.1	1.5	1.4	1.2
	영화	44.8	45.8	50.3	52.8
	박물관	13.8	14.5	13.3	13.7
	미술관	12.5	11.1	10.2	9.8

① 문화예술 관람률은 계속해서 증가하고 있다.

② 2023년의 전체 인구수를 100명으로 가정했을 때 그해 미술관을 관람한 사람은 10명이다.

③ 문화예술 관람률이 접근성을 반영한다면, 접근성이 가장 떨어지는 문화예술은 무용이다.

④ 문화예술 관람률은 남자보다는 여자, 40세 이상보다는 30세 이하의 관람률이 높다.

⑤ 60세 이상 문화예술 관람률은 2021년 대비 2024년에 100% 이상 증가했다.

25 다음은 2023년 방송 산업 종사자 수에 대한 자료이다. 2023년 추세에 언급되지 않은 분야의 인원은 고정되어 있었다고 할 때, 2022년 방송 산업 종사자 수는?

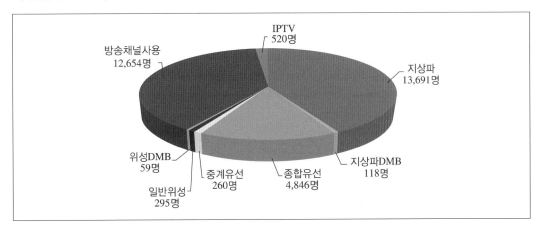

〈2023년 추세〉

지상파 방송사(지상파DMB 포함)는 전년보다 301명(2.2%)이 증가한 것으로 나타났다. 직종별로 방송직에서는 PD(1.4% 감소)와 아나운서(1.1% 감소), 성우, 작가, 리포터, 제작지원 등의 기타 방송직(5% 감소)이 감소했으나, 카메라, 음향, 조명, 미술, 편집 등의 제작관련직(4.8% 증가)과 기자(0.5% 증가)는 증가하였다. 그리고 영업홍보직(13.5% 감소), 기술직(6.1% 감소), 임원(0.7% 감소)은 감소했으나, 연구직(11.7% 증가)과 관리행정직(5.8% 증가)은 증가했다.

① 20,081명   ② 24,550명

③ 32,142명   ④ 32,443명

⑤ 34,420명

26 M게임회사는 지속적인 성장을 위하여 새로운 분야에 도전하고자 한다. 다음은 미래사업 전략회의에 사용할 브리핑 자료이다. 이에 대한 설명으로 옳은 것은?

<세계 게임 시장 규모 및 전망>

(단위 : 백만 달러)

구분		2018년	2019년	2020년	2021년	2022년	2023년
게임광고		2,842	3,194	3,565	3,957	4,375	4,749
소셜 / 캐주얼게임		15,981	17,338	18,624	19,912	21,315	22,519
	애플리케이션	13,094	14,486	15,809	17,135	18,577	19,816
	웹브라우저	2,887	2,852	2,815	2,777	2,738	2,703
콘솔게임		26,381	27,488	28,601	29,671	30,779	31,851
	디지털	4,915	5,614	6,363	7,117	7,933	8,750
	오프라인	19,563	19,518	19,422	19,272	19,099	18,895
	온라인	1,903	2,356	2,816	3,282	3,747	4,206
PC게임		25,573	27,386	28,920	30,442	32,072	34,058
	디지털	3,108	3,370	3,587	3,730	3,878	4,142
	오프라인	2,286	2,186	2,086	1,986	1,886	1,786
	온라인	20,179	21,830	23,247	24,726	26,308	28,130
합계		70,777	75,406	79,710	83,982	88,541	93,177

※ 해당 자료는 2019년에 작성되었으며, 2018년 이전의 추이를 근거로 2019 ~ 2023년의 전망을 추정한 결과임

① 세계 게임 시장 규모는 2023년까지 연평균 약 5.7%씩 성장하여 93억 1,770만 달러로 확대될 전망이다.

② 게임광고 분야는 다른 분야에 비해 규모 면에서는 비중이 매우 낮으나, 연평균 성장률은 10.8%로 두 번째로 높다.

③ 소셜 / 캐주얼게임은 스마트폰 보급 확대에 따라 2021년에 시장 규모가 급증할 것으로 보고 있다.

④ 향후 콘솔게임 및 PC게임의 오프라인 판매가 점차 감소할 것으로 예상된다.

⑤ 2023년 시장 규모를 비교하면 PC게임이 가장 많은 비중을 차지하고 있으며, 그다음 순위로는 소셜 / 캐주얼게임이다.

27 다음은 6명 학생들의 지난달 독서 현황에 대한 자료이다. 이에 대한 설명으로 옳은 것을 〈보기〉에서 모두 고르면?

〈학생별 독서 현황〉

구분 \ 학생	지호	영길	다솜	대현	정은	관호
성별	남	남	여	남	여	남
독서량(권)	0	2	6	4	8	10

─── 〈보기〉 ───

ㄱ. 학생들의 평균 독서량은 5권이다.
ㄴ. 남학생이면서 독서량이 5권 이상인 학생 수는 전체 남학생 수의 50% 이상이다.
ㄷ. 독서량이 2권 이상인 학생 중 남학생 비율은 전체 학생 중 여학생 비율의 2배 이상이다.
ㄹ. 여학생이거나 독서량이 7권 이상인 학생 수는 전체 학생 수의 50% 이상이다.

① ㄱ, ㄴ   ② ㄱ, ㄷ
③ ㄱ, ㄹ   ④ ㄴ, ㄷ
⑤ ㄴ, ㄹ

다음은 M회사의 생산직 근로자 133명과 사무직 근로자 87명이 직무스트레스 조사에 응답한 결과이다. 이에 대한 설명으로 옳은 것을 〈보기〉에서 모두 고르면?

〈표 1〉 생산직 근로자의 직무스트레스 수준 응답 구성비

(단위 : %)

스트레스 수준 항목	상위		하위	
	매우 높음	높음	낮음	매우 낮음
업무과다	9.77	67.67	22.56	0.00
직위불안	10.53	64.66	24.06	0.75
관계갈등	10.53	67.67	20.30	1.50
보상부적절	10.53	60.15	27.82	1.50

〈표 2〉 사무직 근로자의 직무스트레스 수준 응답 구성비

(단위 : %)

스트레스 수준 항목	상위		하위	
	매우 높음	높음	낮음	매우 낮음
업무과다	10.34	67.82	20.69	1.15
직위불안	12.64	58.62	27.59	1.15
관계갈등	10.34	64.37	24.14	1.15
보상부적절	10.34	64.37	20.69	4.60

─── 〈보기〉 ───

ㄱ. 항목별 직무스트레스 수준이 '상위'에 해당하는 근로자의 비율은 각 항목에서 사무직이 생산직보다 높다.
ㄴ. '직위불안' 항목에서 '낮음'으로 응답한 근로자는 생산직이 사무직보다 많다.
ㄷ. '관계갈등' 항목에서 '매우 높음'으로 응답한 생산직 근로자는 '매우 낮음'으로 응답한 생산직 근로자보다 11명 많다.
ㄹ. '보상부적절' 항목에서 '높음'으로 응답한 근로자는 사무직이 생산직보다 적다.

① ㄱ   ② ㄹ
③ ㄱ, ㄷ   ④ ㄴ, ㄷ
⑤ ㄴ, ㄹ

※ 다음은 연도별 방송사 평균시청률에 대한 자료이다. 이어지는 질문에 답하시오. **[29~30]**

〈연도별 방송사 평균시청률〉

(단위 : %)

구분		2019년	2020년	2021년	2022년	2023년
K사	예능	12.4	11.7	11.4	10.8	10.1
	드라마	8.5	9.9	11.5	11.2	12.8
	다큐멘터리	5.1	5.3	5.4	5.2	5.1
	교육	3.2	2.8	3.0	3.4	3.1
S사	예능	7.4	7.8	9.2	11.4	13.1
	드라마	10.2	10.8	11.5	12.4	13.0
	다큐멘터리	2.4	2.8	3.1	2.7	2.6
	교육	2.2	1.8	1.9	2.0	2.1
M사	예능	11.8	11.3	9.4	9.8	10.2
	드라마	9.4	10.5	13.2	12.9	11.7
	다큐멘터리	2.4	2.2	2.3	2.4	2.1
	교육	1.8	2.1	2.0	2.2	2.3

29 다음 중 자료에 대한 설명으로 옳지 않은 것은?

① 2020년부터 2023년까지 S사의 예능 평균시청률은 전년 대비 증가하고 있다.
② M사의 예능과 드라마 평균시청률의 전년 대비 증감 추이는 서로 반대이다.
③ 2021년부터 2023년까지 매년 S사 드라마의 평균시청률은 M사 드라마보다 높다.
④ 2023년 K사, S사, M사 드라마 평균시청률에서 M사 드라마가 차지하는 비율은 30% 이상이다.
⑤ 2019년부터 2023년까지 K사의 교육프로그램 평균시청률은 4% 미만이다.

30 다음 중 자료에 대한 설명으로 옳은 것은?

① 2019년부터 2021년까지의 예능 평균시청률 1위는 K사이다.
② 모든 방송사에서 교육프로그램의 평균시청률은 해당 방송사의 다른 장르보다 낮다.
③ 2021년 S사의 예능프로그램 평균시청률은 드라마 평균시청률의 85%에 해당한다.
④ K사의 다큐멘터리 시청률은 매년 S사와 M사의 다큐멘터리 시청률을 합한 값보다 높다.
⑤ 2020년까지는 3사 중 S사의 드라마 시청률이 1위였지만, 2021년부터는 M사의 드라마 시청률이 1위이다.

31 다음은 둘씩 짝지은 A ~ F대학 현황 자료이다. 〈조건〉을 근거로 A－B, C－D, E－F대학을 순서대로 바르게 짝지은 것은?

〈둘씩 짝지은 대학 현황〉

(단위 : %, 명, 달러)

구분	A－B		C－D		E－F	
	A	B	C	D	E	F
입학허가율	7	12	7	7	9	7
졸업률	96	96	96	97	95	94
학생 수	7,000	24,600	12,300	28,800	9,270	27,600
교수 1인당 학생 수	7	6	6	8	9	6
연간 학비	43,500	49,500	47,600	45,300	49,300	53,000

〈조건〉

• 짝지어진 두 대학끼리만 비교한다.
• 졸업률은 야누스가 플로라보다 높다.
• 로키와 토르의 학생 수 차이는 18,000명 이상이다.
• 교수 수는 이시스가 오시리스보다 많다.
• 입학허가율은 토르가 로키보다 높다.

	A－B	C－D	E－F
①	오시리스 － 이시스	플로라 － 야누스	토르 － 로키
②	이시스 － 오시리스	플로라 － 야누스	로키 － 토르
③	로키 － 토르	이시스 － 오시리스	야누스 － 플로라
④	로키 － 토르	플로라 － 야누스	오시리스 － 이시스
⑤	야누스 － 플로라	이시스 － 오시리스	토르 － 로키

32 다음은 2020년과 2023년에 A ~ D국가 전체 인구를 대상으로 한 통신 가입자 현황에 대한 자료이다. 이에 대한 설명으로 옳은 것은?

〈국가별 2020년과 2023년 통신 가입자 현황〉

(단위 : 만 명)

연도 구분 국가	2020년				2023년			
	유선 통신 가입자	무선 통신 가입자	유·무선 통신 동시 가입자	미가입자	유선 통신 가입자	무선 통신 가입자	유·무선 통신 동시 가입자	미가입자
A	( )	4,100	700	200	1,600	5,700	400	100
B	1,900	3,000	300	400	1,400	( )	100	200
C	3,200	7,700	( )	700	3,000	5,500	1,100	400
D	1,100	1,300	500	100	1,100	2,500	800	( )

※ 유·무선 통신 동시 가입자는 유선 통신 가입자와 무선 통신 가입자에도 포함됨

① A국의 2020년 인구 100명당 유선 통신 가입자가 40명이라면 유선 통신 가입자는 2,200만 명이다.

② B국의 2023년 무선 통신 가입자 수의 2020년 대비 비율이 1.5라면 2023년 무선 통신 가입자는 5,000만 명이다.

③ C국의 2020년 인구 100명당 무선 통신 가입자가 77명이라면 유·무선 통신 동시 가입자는 1,600만 명이다.

④ D국의 2023년 인구의 2020년 대비 비율이 1.5라면 2023년 미가입자는 100만 명이다.

⑤ 2020년 유선 통신만 가입한 인구는 B국이 D국의 3배 이상이다.

33 A ~ C팀에 대한 근무만족도 조사를 한 결과 근무만족도 평균이 〈보기〉와 같을 때, 이에 대한 설명으로 옳은 것은?

〈보기〉

• A팀은 근무만족도 평균이 80이다.
• B팀은 근무만족도 평균이 90이다.
• C팀은 근무만족도 평균이 40이다.
• A팀과 B팀의 근무만족도 평균은 88이다.
• B팀과 C팀의 근무만족도 평균은 70이다.

① C팀의 사원 수는 짝수이다.

② A팀의 사원의 근무만족도 평균이 가장 낮다.

③ B팀의 사원 수는 A팀 사원 수의 2배이다.

④ C팀의 사원 수는 A팀 사원 수의 3배이다.

⑤ A, B, C팀의 근무만족도 평균은 70이 넘지 않는다.

34 다음은 스마트폰을 이용한 동영상 및 방송프로그램 시청 현황에 대한 보고서이다. 이를 이용하여 작성한 자료로 옳지 않은 것은?

<보고서>

스마트폰 사용자 3,427만 명 중 월 1회 이상 동영상을 시청한 사용자는 3,246만 명이고, 동영상 시청자 중 월 1회 이상 방송프로그램을 시청한 사용자는 2,075만 명이었다. 월평균 동영상 시청시간은 월평균 스마트폰 이용시간의 10% 이상이었으나 월평균 방송프로그램 시청시간은 월평균 동영상 시청시간의 10% 미만이었다. 스마트폰 사용자 중 동영상 시청자가 차지하는 비중은 모든 연령대에서 90% 이상인 반면, 스마트폰 사용자 중 방송프로그램 시청자의 비중은 '20 ~ 40대'는 60%를 상회하지만 '60대 이상'은 50%에 미치지 못해 연령대별 편차가 큰 것으로 나타났다.

월평균 동영상 시청시간은 남성이 여성보다 길고, 연령대별로는 '10대 이하'의 시청시간이 가장 길었다. 반면, 월평균 방송프로그램 시청시간은 여성이 남성보다 9분 이상 길고, 연령대별로는 '20대'의 시청시간이 가장 길었는데 이는 '60대 이상'의 월평균 방송프로그램 시청시간의 3배 이상이다.

월평균 방송프로그램 시청시간을 장르별로 살펴보면 '오락'이 전체의 45% 이상으로 가장 길고, 그 뒤를 이어 '드라마', '스포츠', '보도' 순서이다.

① 스마트폰 사용자 중 월 1회 이상 동영상 및 방송프로그램 시청자 비율

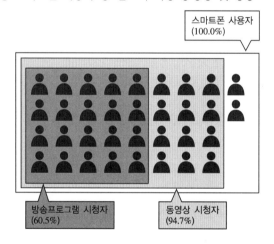

② 스마트폰 사용자의 월평균 스마트폰 이용시간, 동영상 및 방송프로그램 시청시간

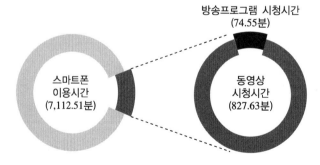

③ 성별, 연령대별 스마트폰 사용자 중 동영상 및 방송프로그램 시청자 비율

(단위 : %)

구분	성별		연령대					
	남성	여성	10대 이하	20대	30대	40대	50대	60대 이상
동영상	94.7	94.7	97.0	95.3	95.6	95.4	93.1	92.0
방송프로그램	59.1	62.1	52.3	68.0	67.2	65.6	56.0	44.5

④ 방송프로그램 장르별 월평균 시청시간

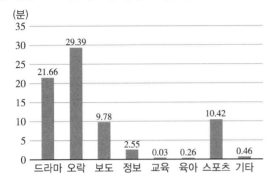

⑤ 성별, 연령대별 스마트폰 사용자의 동영상 및 방송프로그램 월평균 시청시간

(단위 : 분)

구분	성별		연령대					
	남성	여성	10대 이하	20대	30대	40대	50대	60대 이상
동영상	901.0	746.4	1,917.5	1,371.2	671.0	589.0	496.4	438.0
방송프로그램	70.0	79.6	50.7	120.5	75.5	82.9	60.1	38.6

35 다음은 화학경시대회 응시생 A~J의 성적 자료이다. 이에 대한 설명으로 옳은 것을 〈보기〉에서 모두 고르면?

〈화학경시대회 성적 자료〉

(단위 : 개, 점)

구분 응시생	정답 문항 수	오답 문항 수	풀지 않은 문항 수	점수
A	19	1	0	93
B	18	2	0	86
C	17	1	2	83
D	( )	2	1	( )
E	( )	3	0	( )
F	16	1	3	78
G	16	( )	( )	76
H	( )	( )	( )	75
I	15	( )	( )	71
J	( )	( )	( )	64

※ 총 20문항으로 100점 만점임
※ 정답인 문항에 대해서는 각 5점의 득점, 오답인 문항에 대해서는 각 2점의 감점이 있고, 풀지 않은 문항에 대해서는 득점과 감점이 없음

〈보기〉

ㄱ. 응시생 I의 '풀지 않은 문항 수'는 3개이다.
ㄴ. '풀지 않은 문항 수'의 합은 20개이다.
ㄷ. 80점 이상인 응시생은 5명이다.
ㄹ. 응시생 J의 '오답 문항 수'와 '풀지 않은 문항 수'는 동일하다.

① ㄱ, ㄴ   ② ㄱ, ㄷ
③ ㄱ, ㄹ   ④ ㄴ, ㄷ
⑤ ㄴ, ㄹ

※ 다음은 M공사에서 채용시험을 실시할 때 필요한 〈조건〉과 채용시험장 후보 대상에 대한 자료이다. 이어지는 질문에 답하시오. [36~37]

─────〈조건〉─────

• 신입직 지원자는 400명이고, 경력직 지원자는 80명이다(단, 지원자 모두 시험에 응시한다).
• 시험은 방송으로 진행되므로 스피커가 있어야 한다.
• 시험 안내를 위해 칠판이나 화이트보드가 있어야 한다.
• 신입직의 경우 3시간, 경력직의 경우 2시간 동안 시험이 진행된다.
• 비교적 비용이 저렴한 시설을 선호한다.

〈채용시험장 후보 대상〉

구분	A중학교	B고등학교	C대학교	D중학교	E고등학교
수용 가능 인원	380명	630명	500명	460명	500명
시간당 대여료	300만 원	450만 원	700만 원	630만 원	620만 원
시설	스피커, 화이트보드	스피커, 칠판	칠판, 스피커	화이트보드, 스피커	칠판
대여 가능 시간	토 ~ 일요일 10 ~ 13시	일요일 09 ~ 12시	토 ~ 일요일 14 ~ 17시	토요일 14 ~ 17시	토 ~ 일요일 09 ~ 12시 13 ~ 15시

36 M공사가 신입직 채용시험을 토요일에 실시한다고 할 때, 다음 중 채용시험 장소로 가장 적절한 곳은?

① A중학교
② B고등학교
③ C대학교
④ D중학교
⑤ E고등학교

37 M공사는 채용 일정이 변경됨에 따라 신입직과 경력직의 채용시험을 동시에 동일한 장소에서 실시하려고 한다. 다음 중 채용시험 장소로 가장 적절한 곳은?(단, 채용시험일은 토요일이나 일요일로 한다)

① A중학교
② B고등학교
③ C대학교
④ D중학교
⑤ E고등학교

※ 공개 오디션 프로그램에서 현재 살아남은 인원은 남자 보컬 2명, 여자 보컬 2명, 악기(기타) 3명, 댄스 4명, 그룹 4팀으로, 팀별 미션을 앞두고 있다. 모든 인원은 다음 〈조건〉을 만족하도록 팀을 구성하려고 한다. 이어지는 질문에 답하시오(단, 그룹 4팀은 인원 4명으로 간주한다). [38~39]

───────── 〈조건〉 ─────────
• 팀은 총 5팀이며, 팀별 미션 조장은 남자 보컬 1명, 여자 보컬 1명, 기타 1명, 댄스 2명이 맡을 수 있다.
• 팀은 반드시 두 영역 이상의 사람이 속해야 하며, 한 팀에 같은 영역을 소화하는 지원자가 들어갈 수는 없다.

38 다음 중 항상 옳은 것은?

① 댄스와 기타가 한 팀이 되는 경우는 없다.

② 그룹이 속한 팀에 댄스가 속하지 않는 경우는 없다.

③ 남자 보컬이 속한 팀에는 항상 댄스가 들어가 있다.

④ 여자 보컬이 그룹과 한 팀이 되는 경우가 있다.

⑤ 기타는 보컬과 반드시 한 팀으로 구성된다.

39 기타 1명이 개인 사정으로 인하여 중도 하차하게 되었을 때, 다음 중 옳지 않은 것은?

① 남자 보컬과 그룹이 한 팀에서 만날 수 있다.

② 기타 중 1명 이상은 반드시 댄스와 같은 팀에 들어가야만 한다.

③ 댄스와 그룹이 만나는 팀은 세 팀 이상이다.

④ 여자 보컬은 댄스와 항상 같은 팀이 된다.

⑤ 한 팀에 최대로 구성될 수 있는 인원은 4명이다.

40 다음 A ~ G산업단지 정보를 보고 평가 기준에 부합한 산업단지를 국가혁신클러스터 지구로 선정하려고 할 때, 옳지 않은 것은?

> M국은 국가혁신클러스터 지구를 선정하고자 한다. 산업단지를 대상으로 평가 기준에 따라 점수를 부여하고 이를 합산한다. 지방자치단체(이하 '지자체')의 육성 의지가 있는 곳 중 합산점수가 높은 4곳의 산업단지를 국가혁신클러스터 지구로 선정한다.
>
> 〈A ~ G산업단지 정보〉
>
> | 구분 | 산업단지 내 기업 수 | 업종 | 입주공간 확보 | 지자체 육성 의지 |
> |---|---|---|---|---|
> | A산업단지 | 58개 | 자동차 | 가능 | 있음 |
> | B산업단지 | 9개 | 자동차 | 가능 | 있음 |
> | C산업단지 | 14개 | 철강 | 가능 | 있음 |
> | D산업단지 | 10개 | 운송 | 가능 | 없음 |
> | E산업단지 | 44개 | 바이오 | 가능 | 있음 |
> | F산업단지 | 27개 | 화학 | 불가 | 있음 |
> | G산업단지 | 35개 | 전기전자 | 가능 | 있음 |
>
> 〈평가 기준〉
>
> • 산업단지 내 기업 집적 정도
>
> | 산업단지 내 기업 수 | 30개 이상 | 10 ~ 29개 | 9개 이하 |
> |---|---|---|---|
> | 점수 | 40점 | 30점 | 20점 |
>
> • 산업단지의 산업클러스터 연관성
>
> | 업종 | 연관 업종 | 유사 업종 | 기타 |
> |---|---|---|---|
> | 점수 | 40점 | 20점 | 0점 |
>
> ※ 연관 업종 : 자동차, 철강, 운송, 화학, IT
> ※ 유사 업종 : 소재, 전기전자
> • 신규투자기업 입주공간 확보 가능 여부
>
> | 입주공간 확보 | 가능 | 불가 |
> |---|---|---|
> | 점수 | 20점 | 0점 |
>
> • 합산점수가 동일할 경우 우선순위는 다음과 같은 순서로 정한다.
> 1) 산업클러스터 연관성 점수가 높은 산업단지
> 2) 기업 집적 정도 점수가 높은 산업단지
> 3) 신규투자기업의 입주공간 확보 가능 여부 점수가 높은 산업단지

① B산업단지가 선정된다.
② A가 '소재' 산업단지인 경우 F산업단지가 선정된다.
③ 3곳을 선정할 경우 G산업단지는 선정되지 않는다.
④ F산업단지는 산업단지 내에 기업이 3개 더 있다면 선정된다.
⑤ D산업단지가 소재한 지역의 지자체가 육성 의지가 있을 경우 D산업단지는 선정된다.

41 다음 글을 근거로 판단할 때, 〈보기〉에서 옳은 것을 모두 고르면?

> M국은 출산장려를 위한 경제적 지원 정책으로 다음과 같은 세 가지 안(A ~ C안)을 고려 중이다.
> - A안 : 18세 이하의 자녀가 있는 가정에 수당을 매월 지급하되, 자녀가 둘 이상인 경우에 한한다. 18세 이하의 자녀에 대해서 첫째와 둘째는 각각 15만 원, 셋째는 30만 원, 넷째부터는 45만 원씩의 수당을 해당 가정에 지급한다.
> - B안 : 18세 이하의 자녀가 있는 가정에 수당을 매월 지급한다. 다만, 자녀가 18세를 초과하더라도 재학 중인 경우에는 24세까지 수당을 지급한다. 첫째와 둘째는 각각 20만 원, 셋째는 22만 원, 넷째부터는 25만 원씩의 수당을 해당 가정에 지급한다.
> - C안 : 자녀가 중학교를 졸업할 때(상한 연령 16세)까지만 해당 가정에 수당을 매월 지급한다. 우선 3세 미만의 자녀가 있는 가정에는 3세 미만의 자녀 1명당 10만 원을 지급한다. 3세부터 초등학교를 졸업할 때까지는 첫째와 둘째는 각각 8만 원, 셋째부터는 10만 원씩 해당 가정에 지급한다. 중학생 자녀의 경우 일률적으로 1명당 8만 원씩 해당 가정에 지급한다.

───────〈보기〉───────

ㄱ. 18세 이하 자녀 3명만 있는 가정의 경우 지급받는 월 수당액은 A안보다 B안을 적용할 때 더 많다.
ㄴ. A안을 적용할 때 자녀가 18세 이하 1명만 있는 가정은 월 15만 원을 수당으로 지급받는다.
ㄷ. C안의 수당을 50% 증액하더라도 중학생 자녀 2명(14세, 15세)만 있는 가정은 A안보다 C안을 적용할 때 더 적은 월 수당을 지급받는다.
ㄹ. C안을 적용할 때 한 자녀에 대해 지급되는 월 수당액은 그 자녀가 성장하면서 지속적으로 증가하는 특징이 있다.

① ㄱ, ㄴ
② ㄱ, ㄷ
③ ㄴ, ㄹ
④ ㄱ, ㄴ, ㄷ
⑤ ㄴ, ㄷ, ㄹ

42

다음은 질병진단키트 A ~ D의 임상실험 결과 자료이다. 이에 대한 설명으로 옳은 것을 〈보기〉에서 모두 고르면?

〈질병진단키트 A ~ D의 임상실험 결과〉

(단위 : 명)

A

판정＼질병	있음	없음
양성	100	20
음성	20	100

B

판정＼질병	있음	없음
양성	80	40
음성	40	80

C

판정＼질병	있음	없음
양성	80	30
음성	30	100

D

판정＼질병	있음	없음
양성	80	20
음성	20	120

※ 질병진단키트당 피실험자 240명을 대상으로 임상실험한 결과임
※ 민감도 : 질병이 있는 피실험자 중 임상실험 결과에서 양성 판정된 피실험자의 비율
※ 특이도 : 질병이 없는 피실험자 중 임상실험 결과에서 음성 판정된 피실험자의 비율
※ 양성 예측도 : 임상실험 결과 양성 판정된 피실험자 중 질병이 있는 피실험자의 비율
※ 음성 예측도 : 임상실험 결과 음성 판정된 피실험자 중 질병이 없는 피실험자의 비율

─〈보기〉─

ㄱ. 민감도가 가장 높은 질병진단키트는 A이다.
ㄴ. 특이도가 가장 높은 질병진단키트는 B이다.
ㄷ. 질병진단키트 C의 민감도와 양성 예측도는 동일하다.
ㄹ. 질병진단키트 D의 양성 예측도와 음성 예측도는 동일하다.

① ㄱ, ㄴ　　　　　　　　　② ㄱ, ㄷ
③ ㄴ, ㄷ　　　　　　　　　④ ㄱ, ㄷ, ㄹ
⑤ ㄴ, ㄷ, ㄹ

※ 다음은 블랙박스의 시리얼 번호 체계에 대한 자료이다. 이어지는 질문에 답하시오. **[43~44]**

〈블랙박스 시리얼 번호 체계〉

개발사		제품		메모리 용량		제조연월				일련번호	PCB버전
값	의미	값	의미	값	의미	값	의미	값	의미	값	값
A	아리스	BD	블랙박스	1	4GB	A	2021년	1~9	1~9월	00001	1
S	성진	BL	LCD 블랙박스	2	8GB	B	2022년	O	10월	00002	2
B	백경	BP	IPS 블랙박스	3	16GB	C	2023년	N	11월	…	3
C	천호	BE	LED 블랙박스	4	32GB	D	2024년	D	12월	09999	
M	미강테크					E	2025년				

※ 예시 : ABD2B6000101 → 아리스 블랙박스, 8GB, 2013년 6월 생산, 10번째 모델, PCB 1번째 버전

〈A/S 접수 현황〉

분류1	분류2	분류3	분류4
ABD1A2001092	MBE2E3001243	SBP3CD012083	ABD4B3007042
BBD1DD000132	MBP2CO120202	CBE3C4000643	SBE4D5101483
SBD1D9000082	ABE2D0001063	BBD3B6000761	MBP4C6000263
ABE1C6100121	CBL2C3010213	ABP3D8010063	BBE4DN020473
CBP1C6001202	SBD2B9001501	CBL3S8005402	BBL4C5020163
CBL1BN000192	SBP2C5000843	SBD3B1004803	CBP4D6100023
MBD1A2012081	BBL2BO010012	MBE3E4010803	SBE4E4001613
MBE1DB001403	CBD2B3000183	MBL3C1010203	ABE4DO010843

43 A/S가 접수되면 수리를 위해 각 제품을 해당 제조사로 전달한다. 그런데 제품 시리얼 번호를 확인하는 과정에서 조회되지 않는 번호가 있다는 것을 발견하였다. 총 몇 개의 시리얼 번호가 잘못 기록되었는가?

① 6개
② 7개
③ 8개
④ 9개
⑤ 10개

44 A/S가 접수된 제품 중 2021 ~ 2022년에 생산된 것에 대해 무상으로 블루투스 기능을 추가해주는 이벤트를 진행하고 있다. A/S접수가 된 블랙박스 중에서 이벤트에 해당하는 제품은 모두 몇 개인가?(단, A/S가 접수된 시리얼 번호 중 제조연도가 잘못 기록된 제품은 제외한다)

① 6개
② 7개
③ 8개
④ 9개
⑤ 10개

다음 글을 근거로 판단할 때, 2025년 3월 인사 파견에서 선발될 직원을 모두 고르면?

- △△도청에서는 소속 공무원들의 역량 강화를 위해 정례적으로 인사 파견을 실시하고 있다.
- 인사 파견은 지원자 중 3명을 선발하여 1년간 이루어지고 파견 기간은 변경되지 않는다.
- 선발 조건은 다음과 같다.
  - 과장을 선발하는 경우 동일 부서에 근무하는 직원을 1명 이상 함께 선발한다.
  - 동일 부서에 근무하는 2명 이상의 팀장을 선발할 수 없다.
  - 과학기술과 직원을 1명 이상 선발한다.
  - 근무 평정이 70점 이상인 직원만을 선발한다.
  - 어학 능력이 '하'인 직원을 선발한다면 어학 능력이 '상'인 직원도 선발한다.
  - 직전 인사 파견 기간이 종료된 이후 2년 이상 경과하지 않은 직원을 선발할 수 없다.
- 2025년 3월 인사 파견의 지원자 현황은 다음과 같다.

직원	직위	근무 부서	근무 평정(점)	어학 능력	직전 인사 파견 시작 시점
A	과장	과학기술과	65	중	2021년 1월
B	과장	자치행정과	75	하	2022년 1월
C	팀장	과학기술과	90	중	2022년 7월
D	팀장	문화정책과	70	상	2021년 7월
E	팀장	문화정책과	75	중	2022년 1월
F	–	과학기술과	75	중	2022년 1월
G	–	자치행정과	80	하	2021년 7월

① A, D, F
② B, D, G
③ B, E, F
④ C, D, G
⑤ D, F, G

46 A ~ E사원이 강남, 여의도, 상암, 잠실, 광화문 다섯 지역에 각각 출장을 간다. 다음 대화에서 A ~ E 중한 명은 거짓말을 하고 나머지 네 명은 진실을 말하고 있을 때, 항상 거짓인 것은?

- A : B는 상암으로 출장을 가지 않는다.
- B : D는 강남으로 출장을 간다.
- C : B는 진실을 말하고 있다.
- D : C는 거짓말을 하고 있다.
- E : C는 여의도로, A는 잠실로 출장을 간다.

① A사원은 광화문으로 출장을 가지 않는다.
② B사원은 여의도로 출장을 가지 않는다.
③ C사원은 강남으로 출장을 가지 않는다.
④ D사원은 잠실로 출장을 가지 않는다.
⑤ E사원은 상암으로 출장을 가지 않는다.

47 다음 중 SWOT 분석에 대한 설명으로 적절하지 않은 것은?

〈SWOT 분석〉

강점, 약점, 기회, 위협요인을 분석·평가하고, 이들을 서로 연관 지어 전략을 개발하고 문제해결 방안을 개발하는 방법이다.

	강점 (Strengths)	약점 (Weaknesses)
기회 (Opportunities)	SO	WO
위협 (Threats)	ST	WT

① 강점과 약점은 외부환경요인에 해당하며, 기회와 위협은 내부환경요인에 해당한다.
② SO전략은 강점을 살려 기회를 포착하는 전략을 의미한다.
③ ST전략은 강점을 살려 위협을 회피하는 전략을 의미한다.
④ WO전략은 약점을 보완하여 기회를 포착하는 전략을 의미한다.
⑤ WT전략은 약점을 보완하여 위협을 회피하는 전략을 의미한다.

※ M공사는 임직원들의 체력증진과 단합행사 장소를 개선하기 위해 노후된 운동장 및 체육관 개선 공사를 실시하고자 다음과 같이 입찰 공고를 하였다. 이어지는 질문에 답하시오. [48~49]

〈입찰 참여 건설사 정보〉

구분	최근 3년 이내 시공규모	기술력 평가	친환경 설비 도입비중	경영건전성	입찰가격
A업체	700억 원	A등급	80%	2등급	85억 원
B업체	250억 원	B등급	72%	1등급	78억 원
C업체	420억 원	C등급	55%	3등급	60억 원
D업체	1,020억 원	A등급	45%	1등급	70억 원
E업체	720억 원	B등급	82%	2등급	82억 원
F업체	810억 원	C등급	61%	1등급	65억 원

〈항목별 점수 산정 기준〉

- 기술력 평가, 친환경 설비 도입비중, 경영건전성은 등급 혹은 구간에 따라 점수로 환산하여 반영한다.
- 기술력 평가 등급별 점수(기술점수)

구분	A등급	B등급	C등급
점수	30점	20점	15점

- 친환경 설비 도입비중별 점수(친환경점수)

구분	90% 이상 100% 이하	75% 이상 90% 미만	60% 이상 75% 미만	60% 미만
점수	30점	25점	20점	15점

- 경영 건전성 등급별 점수(경영점수)

구분	1등급	2등급	3등급	4등급
점수	30점	26점	22점	18점

48 M공사는 다음의 선정 기준에 따라 시공업체를 선정하고자 한다. 다음 중 선정될 업체는?

〈운동장 및 체육관 개선 공사 시공업체 선정 기준〉

- 최근 3년 이내 시공규모가 500억 원 이상인 업체를 대상으로 선정한다.
- 입찰가격이 80억 원 미만인 업체를 대상으로 선정한다.
- 입찰점수는 기술점수, 친환경점수, 경영점수를 1 : 1 : 1의 가중치로 합산하여 산정한다.
- 입찰점수가 가장 높은 업체 1곳을 선정한다.

① A업체
② B업체
③ D업체
④ E업체
⑤ F업체

49 M공사는 더 많은 업체의 입찰 참여를 위해 시공업체 선정 기준을 다음과 같이 변경하였다. 다음 중 선정될 업체는?

〈운동장 및 체육관 개선 공사 시공업체 선정 기준(개정)〉

• 최근 3년 이내 시공규모가 400억 원 이상인 업체를 대상으로 선정한다.
• 입찰가격을 다음과 같이 가격점수로 환산하여 반영한다.

구분	60억 원 이하	60억 원 초과 70억 원 이하	70억 원 초과 80억 원 이하	80억 원 초과
점수	15점	12점	10점	8점

• 입찰점수는 기술점수, 친환경점수, 경영점수, 가격점수를 1 : 1 : 1 : 2의 가중치로 합산하여 산정한다.
• 입찰점수가 가장 높은 업체 1곳을 선정한다.

① A업체   ② C업체
③ D업체   ④ E업체
⑤ F업체

50 M기업은 직원들의 여가를 위해 하반기 동안 다양한 프로그램을 운영하고자 한다. 운영할 프로그램은 수요도 조사 결과를 통해 결정된다. 다음 〈조건〉에 따라 프로그램을 선정할 때, 운영될 프로그램으로 바르게 짝지어진 것은?

<프로그램 후보별 수요도 조사 결과>

구분	프로그램명	인기 점수	필요성 점수
운동	강변 자전거 타기	6	5
진로	나만의 책 쓰기	5	7
여가	자수 교실	4	2
운동	필라테스	7	6
교양	독서 토론	6	4
여가	볼링 모임	8	3

※ 수요도 조사에는 전 직원이 참여하였음

―――― 〈조건〉 ――――
- 수요도는 인기 점수와 필요성 점수에 가점을 적용한 후 2 : 1의 가중치에 따라 합산하여 판단한다.
- 각 프로그램의 인기 점수와 필요성 점수는 10점 만점으로 하여 전 직원이 부여한 점수의 평균값이다.
- 운영 분야에 하나의 프로그램만 있는 경우, 그 프로그램의 필요성 점수에 2점을 가산한다.
- 운영 분야에 복수의 프로그램이 있는 경우, 분야별로 필요성 점수가 가장 낮은 프로그램은 후보에서 탈락한다.
- 수요도 점수가 동점일 경우, 인기 점수가 높은 프로그램을 우선시한다.
- 수요도 점수가 가장 높은 2개의 프로그램을 선정한다.

① 강변 자전거 타기, 볼링 모임
② 나만의 책 쓰기, 필라테스
③ 자수 교실, 독서 토론
④ 필라테스, 볼링 모임
⑤ 나만의 책 쓰기, 볼링 모임

답안채점 ● 성적분석 서비스

모바일 OMR

 → → → → → → → →

도서 내 모의고사
우측 상단에 위치한
QR코드 찍기

로그인
하기

'시작하기'
클릭

'응시하기'
클릭

나의 답안을
모바일 OMR
카드에 입력

'성적분석 & 채점결과'
클릭

현재 내 실력
확인하기

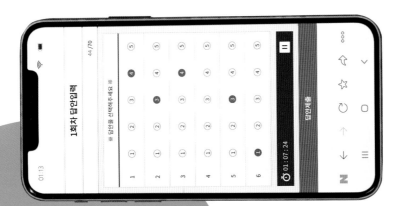

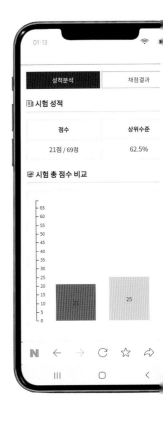

도서에 수록된 모의고사에 대한
객관적인 결과(정답률, 순위)를
종합적으로 분석하여 제공합니다.

※OMR 답안채점 / 성적분석 서비스는 등록 후 30일간 사용 가능합니다.

MBC
기본직무소양평가
최종모의고사 6회분

편저 | SDC(Sidae Data Center)

정답 및 해설

SDC는 시대에듀 데이터 센터의 약자로 약 30만 개의 NCS · 적성 문제 데이터를 바탕으로
최신 출제경향을 반영하여 문제를 출제합니다.

시대에듀

MBC
필기전형

기본직무소양평가
정답 및 해설

끝까지 책임진다! 시대에듀!

QR코드를 통해 도서 출간 이후 발견된 오류나 개정법령, 변경된 시험 정보, 최신기출문제, 도서 업데이트 자료 등이 있는지 확인해 보세요! **시대에듀 합격 스마트 앱**을 통해서도 알려 드리고 있으니 구글 플레이나 앱 스토어에서 다운받아 사용하세요. 또한, 파본 도서인 경우에는 구입하신 곳에서 교환해 드립니다.

제1회 모의고사 정답 및 해설

01	02	03	04	05	06	07	08	09	10
⑤	②	③	④	②	⑤	⑤	⑤	③	⑤
11	12	13	14	15	16	17	18	19	20
④	③	③	①	④	①	③	②	④	④
21	22	23	24	25	26	27	28	29	30
⑤	③	④	③	③	①	③	②	③	③
31	32	33	34	35	36	37	38	39	40
④	①	①	①	④	④	③	①	③	④
41	42	43	44	45	46	47	48	49	50
①	③	③	⑤	①	③	⑤	⑤	④	④

01 정답 ⑤

제시문의 마지막 문단 중 '칸트의 생각들은 독일 철학의 흐름 속에 이어지다가 후일 아인슈타인에게도 결정적 힌트가 되었다.'라는 내용에서 칸트의 견해가 아이슈타인에게 영향을 끼친 것은 알 수 있지만, 두 사람의 견해가 같다는 것은 확인할 수 없다.

오답분석

① '우리는 이 개념들을 배워서 아는 것이 아니다. 즉, 경험에 앞서 이미 아는 것이다.'에서 공간, 시간 등의 개념은 태어날 때부터 가진 것임을 알 수 있다.
② '경험에 앞서는 범주를 제시했다는 점에서 혁명적 개념이었고, 경험을 강조한 베이컨 주의에 대한 강력한 반동인 셈이다.'라는 내용을 통해 낭만주의와 베이컨 주의가 상반된 내용을 다룬다는 것을 짐작할 수 있다.
③ '현상으로서 공간과 시간은 그 자체로서 존재할 수 없고 단지 우리 안에서만 존재할 수 있다.'는 내용을 통해 알 수 있다.
④ 세 번째 문단의 내용을 통해 객관적이기보다는 주관적인 것에 가깝다는 것을 유추할 수 있다.

02 정답 ②

제시문의 마지막 문단에서 '말이란 생각의 일부분을 주워 담는 작은 그릇'이며, '말을 통하지 않고는 생각을 전달할 수가 없는 것'이라고 하며 말은 생각을 전달하기 위한 수단임을 주장하고 있다.

03 정답 ③

빈칸 뒤의 내용을 정리하면 다음과 같다.
• 얼굴을 맞대고 하는 접촉이 매체를 통한 접촉보다 결정적인 영향력을 미친다.
• 새 어형이 전파되는 것은 매체를 통해서보다 사람과의 직접적인 접촉에 의해서라는 것이 더 일반적인 견해이다.
• 매체를 통한 것보다 자주 접촉하는 사람들을 통해 언어 변화가 진전된다는 사실은 언어 변화의 여러 면을 바로 이해하는 핵심적인 내용이라 해도 좋을 것이다.
따라서 빈칸에는 직접 접촉과 간접 접촉, 즉 접촉의 형식에 따라 영향력에 차이가 있다는 내용이 오는 것이 가장 적절하다.

04 정답 ④

제시문은 대중문화가 대중을 사회 문제로부터 도피하게 하거나 사회 질서에 순응하게 하는 역기능을 수행하여 혁명을 불가능하게 만든다는 내용이다. 따라서 이 주장에 대한 반박은 대중문화가 순기능을 한다는 태도여야 한다. 그런데 ④는 현대 대중문화의 질적 수준에 대한 평가에 관한 내용이므로 글의 주장과 관련이 없다.

05 정답 ②

제시문은 텔레비전의 언어가 개인의 언어 습관에 미치는 악영향을 경계하고, 올바른 언어 습관을 길들이기 위해 문학 작품의 독서를 강조하고 있다. 따라서 글의 중심 내용은 ②이다.

06 정답 ⑤

밑줄 친 부분과 ⑤의 '따다(땄다)'는 '점수나 자격 따위를 얻다.'의 의미로 쓰였다.

오답분석

① 이름이나 뜻을 취하여 그와 같게 하다.
② 꽉 봉한 것을 뜯다.
③ 노름, 내기, 경기 따위에서 이겨 돈이나 상품 따위를 얻다.
④ 글이나 말 따위에서 필요한 부분을 뽑아 취하다.

07
정답 ⑤

자행(恣行)은 '제멋대로 해 나감 또는 삼가는 태도가 없이 건방지게 행동함'을 의미한다.

오답분석

① 흥행(興行) : 공연 상영 따위가 상업적으로 큰 수익을 거둠
② 만행(蠻行) : 야만스러운 행위
③ 발행(發行) : 1. 출판물이나 인쇄물을 찍어서 세상에 펴냄
　　　　　　　2. 화폐, 증권, 증명서 따위를 만들어 세상에 내
　　　　　　　　 놓아 널리 쓰도록 함
④ 이행(履行) : 실제로 행함

08
정답 ⑤

ㄹ. 아둔하다 : 슬기롭지 못하고 머리가 둔하다.
ㅁ. 용렬하다 : 사람이 변변치 못하고 졸렬하다.
ㅂ. 미욱하다 : 됨됨이가 어리석고 미련하다.

오답분석

ㄱ. 괴란하다 : 얼굴이 붉어지도록 부끄럽다.
ㄴ. 계면쩍다 : 쑥스럽거나 미안하여 어색하다.
ㄷ. 태만하다 : 열심히 하려는 마음이 없고 게으르다.

09
정답 ③

보기의 '이에 따라'에서 지시 대명사 '이'가 가리키는 내용은 (다) 바로 앞의 문장에서 언급한 '할리우드의 표준화·분업화된 영화 제작 방식'이다. 또한, (다) 바로 뒤의 문장 '이는 계량화가 불가능한…'에서 지시 대명사 '이'가 가리키는 내용은 보기의 문장 전체이다. 따라서 보기의 문장이 들어갈 위치로 (다)가 적절하다.

10
정답 ⑤

(다)는 VOD에 대해 설명하며, (나)와 (가)는 이러한 VOD의 서비스 방법인 RVOD와 NVOD에 대해 각각 설명한다. (바)와 (마)는 (가)에서 설명한 NVOD의 '시간 분할 NVOD'와 '데이터 분할 NVOD'를 각각 설명한다. 즉, (나)와 (가)는 (다)의 하위 항목이며, (바)와 (마)는 (가)의 하위 항목임을 알 수 있다. 마지막으로 (라)는 NVOD의 단점에 대해 언급한다. 따라서 (다) – (나) – (가) – (바) – (마) – (라) 순으로 나열하는 것이 적절하며, 글의 구조로는 ⑤가 가장 적절하다.

11
정답 ④

개별적인 인간 정신 간의 상호 작용으로 산출되는 집단정신의 산물인 '객관적 정신'으로 이해의 객관성을 확보할 수 있으므로 자신과 타인을 이해하는 공통의 기반이 될 수 있다.

오답분석

① 객관적 정신은 인간의 삶의 공통성을 기반으로 하기 때문에 상반된 인식의 차이를 부각하지 않는다.

② 인간의 행위를 이해하는 '이해'의 방법론에서 객관성을 확보하기 위해 내세운 것이지만 그 과정에 순서가 부여되지는 않는다.
③ 서로 다른 공동체에 속해 있거나 서로 다른 시대에 살고 있다면 객관적 정신을 완전히 보장하기 어렵다.
⑤ 객관적 정신은 집단정신의 산물이다.

12
정답 ③

'설명'이 '이해'를 완전히 대체하지 못하는 이유는 인간의 정신세계에 속하는 의도는 자연처럼 관찰이나 실험으로 파악하기 어렵기 때문이다.

오답분석

ㄱ. '설명'이 '이해'를 완전히 대체하지 못하는 이유는 타인의 행위에 담긴 의도를 이해하더라도 그런 의도가 생긴 원인까지 알기는 어렵기 때문이다.
ㄹ. 행위에 담긴 의도가 무엇인지를 파악하는 것보다 그런 의도가 왜 생겨났는가를 묻는 것이 더 의미 있는 질문이라고 생각한 학자들은 '설명'이 '이해'를 완전히 대체할 수 있다고 생각했다.

13
정답 ③

제시문은 역사드라마에 대한 설명으로, 먼저 역사드라마가 현대를 살아가는 시청자에 의해 능동적으로 해석됨을 주장하는 (가)가 오는 것이 적절하며, 다음으로 역사드라마가 가지고 있는 역사적 속성을 설명하는 (라)가 나오는 것이 적절하다. 다음으로 현재를 지향하는 역사드라마에 대한 이야기가 나오는 (나)가 오고, 마지막으로 역사드라마를 통한 현대와 과거 등장인물의 소통인 (다)가 나오는 것이 적절하다.

14
정답 ①

ㄱ의 '이렇게 재구성된 의미들'은 빈칸 앞 문장에서의 '수용자가 재구성한 뉴스의 의미'와 연결되며, ㄱ의 '만들어진 여론이 뉴스 구성의 틀에 영향을 주는 것'은 빈칸 뒤 문장의 '다시 틀 짓기'와 연결된다. 따라서 첫 번째 빈칸에는 ㄱ이 적절함을 알 수 있다. 두 번째 빈칸 앞 문장에서는 수용자의 주체적인 의미 해석이 가능한 이유를 묻고 있다. 따라서 빈칸에는 그러한 질문에 대한 답으로 '외부 정보를 해석하는 수용자의 인지 구조' 때문이라는 내용의 ㄴ이 적절함을 알 수 있다.
ㄷ은 빈칸 앞 문장에서 언급한 '수용자의 다양한 해석으로 형성되는 여론'에 대해 설명하고 있다. 따라서 세 번째 빈칸에는 ㄷ이 적절함을 알 수 있다.

15   정답 ④

'뿐'은 '그것만이고 더는 없음'을 의미하는 보조사로 붙여 쓴다. '바'는 '방법, 일'의 뜻을 의미하는 의존 명사로 띄어 쓴다.

오답분석

① 만난지도 → 만난 지도 / 3년 째이다 → 3년째이다
- '지' : '어떤 일이 있었던 때로부터 지금까지의 동안'을 의미하는 의존 명사로 띄어 쓴다.
- '째' : '계속된 그동안'을 의미하는 접미사로 붙여 쓴다.

② 공부 밖에 → 공부밖에 / 한 번 → 한번
- '밖' : '그것 말고는'을 의미하는 조사로 붙여 쓴다.
- '한번' : '기회 있는 어떤 때'를 의미하는 명사로 붙여 쓴다.

③ 나타 난 → 나타난 / 안된다는 → 안 된다는
- '나다' : 명사나 명사성 어근 뒤에 붙어 그런 성질이 있음을 더하고 형용사를 만드는 접미사처럼 사용될 때는 붙여 쓴다.
- '안' : 부정의 뜻인 '아니 되다'로 쓸 경우에는 띄어 쓴다.

⑤ 있는만큼만 → 있는 만큼만 / 고객님 께는 → 고객님께는
- '만큼' : '정도'를 의미하는 의존 명사로 띄어 쓴다.
- '께' : '에게'의 높임말을 의미하는 조사로 붙여 쓴다.

16   정답 ①

오답분석

② 입원료[이붠뇨]
③ 물난리[물랄리]
④ 광한루[광 : 할루]
⑤ 이원론[이 : 원논]

17   정답 ③

밑줄 친 부분과 ③은 '어떤 대상이 본디 지녔던 모습이나 상태를 유지하지 못하게 되다.'의 뜻으로 쓰였다.

오답분석

① 가까운 사람이 죽어서 그와 이별하다.
② 가졌던 물건이 자신도 모르게 없어져 그것을 갖지 아니하게 되다.
④ 길을 못 찾거나 방향을 분간 못하게 되다.
⑤ 기회나 때가 사라지다.

18   정답 ②

제시문은 시공간의 제한을 거의 받지 않는 소설과 달리 영화는 재현이 어려운 심리적 갈등 등을 소설과 다른 방식으로 나타내야 한다고 하였으므로 적절한 내용이다.

오답분석

① 연기자의 표정이나 행위를 통해 암시적으로 표현할 수도 있지만, 인물의 대사나 화면 밖의 목소리를 통해 직접적으로 전달할 수도 있다. 따라서 적절하지 않은 내용이다.

③ 소설과 영화는 인물, 배경, 사건과 같은 이야기 구성 요소들을 공유하고 있지만, 이야기를 전달하는 방법에 차이를 보이는 표현 방식이다. 즉, 이 둘은 서로 독자적인 특징을 지니고 있는 것이지 어느 하나가 다른 하나에서 발달된 관계가 아니다.

④ 카메라의 촬영 기술과 효과에 따라 영화의 주제가 달라진다는 것은 글에서 찾을 수 없는 내용이다.

⑤ 소설은 어떤 인물의 내면 의식을 드러낼 때 문자 언어를 통해 표현하지만, 영화는 인물의 대사나 화면 밖의 목소리를 통해 전달하거나 연기자의 표정 또는 행위를 통해 암시적으로 표현한다. 즉, 영화는 소설과 같은 문자 언어적 표현 방식을 따르지 않는다.

19   정답 ④

2024년 충청 지역의 PC 보유율은 전년 대비 감소, 전라 지역의 PC 보유율은 전년 대비 증가하였다.

오답분석

① 대구 지역의 PC 보유율은 $81.6 \rightarrow 81.5 \rightarrow 81.1 \rightarrow 76.9 \rightarrow 76.0\%$로 계속 감소했다.

② 광주 지역의 PC 보유율은 $84.4 \rightarrow 85.2 \rightarrow 82.8 \rightarrow 83.2 \rightarrow 80.0\%$로 증가와 감소가 반복되고 있다.

③ 전 기간 중 가장 낮은 PC 보유율은 2024년 강원 지역의 62.5%이다.

⑤ 2021년 경상 지역의 보유율은 71.7%로, 71.3%인 전라에 이어 두 번째로 낮다.

20   정답 ④

제시된 자료에서 프로그램 수입액을 모두 합하면 380만 달러이며, 이 중 영국에서 수입하는 액수는 150만 달러이므로 그 비중은 $\dfrac{150}{380} \times 100 \fallingdotseq 39.5\%$이다.

21   정답 ⑤

2021년은 게임 매출액이 음원 매출액의 2배 이상이지만, 2022 ~ 2024년은 모두 2배에 미치지 못하므로 옳지 않다.

오답분석

① 2019년 이후 매출액이 매년 증가한 콘텐츠 유형은 영화뿐임을 확인할 수 있다.

② SNS의 경우 2023년에 비해 2024년에 매출액의 3배 이상 증가한 반면, 나머지 유형들은 2배에도 미치지 못하고 있다. 따라서 옳은 내용이다.

③ 표의 전체 매출액에 40%를 직접 곱하여 정확한 수치를 계산하지 않고 어림해보더라도 영화의 매출액은 매년 전체 매출액의 40% 이상임을 알 수 있다.

④ 2018 ~ 2024년 동안 콘텐츠 유형별 매출액이 각각 전년보다 모두 증가한 해는 2024년뿐임을 알 수 있다.

22
정답 ③

연평균 무용 관람횟수가 가장 많은 시·도는 강원도이며, 연평균 스포츠 관람횟수가 가장 높은 시·도는 서울특별시이다.

오답분석

① 모든 시·도는 연평균 무용 관람횟수보다 연평균 영화 관람횟수가 더 많다.
② 경상남도에서 영화(6.9회) 다음으로 연평균 관람횟수가 많은 항목은 스포츠(3.8회)이다.
④ 대구광역시의 연평균 박물관 관람횟수는 2.5회로, 제주특별자치도의 연평균 박물관 관람횟수 2.9회의 $\frac{2.5}{2.9} \times 100 ≒ 86.2\%$ 이므로 80% 이상이다.
⑤ 대전광역시는 연극·마당극·뮤지컬을 제외한 모든 항목에서 충청북도보다 연평균 관람횟수가 높은 것을 알 수 있다.

23
정답 ④

㉠ 셔츠 상품군의 판매수수료율은 백화점(33.9%), TV홈쇼핑(42.0%) 모두에서 가장 높으므로 옳은 내용이다.
㉢ 디지털기기 상품군의 판매수수료율은 TV홈쇼핑(21.9%)이 백화점(11.0%)보다 더 높으므로 옳은 내용이다.
㉣ TV홈쇼핑 판매수수료율 순위 자료를 보면 여행패키지의 판매수수료율은 8.4%이다. 반면, 백화점 판매수수료율 순위 자료에 여행패키지 판매수수료율이 제시되지 않았지만 상위 5위와 하위 5위의 판매수수료율을 통해 여행패키지 판매수수료율은 20.8%보다 크고 31.1%보다 낮다는 것을 추론할 수 있다. 즉, 8.4×2=16.8<20.8이므로 여행패키지 상품군의 판매수수료율은 백화점이 TV홈쇼핑의 2배 이상이라는 설명은 옳다.

오답분석

㉡ 백화점 판매수수료율 순위 자료를 보면 여성정장과 모피의 판매수수료율은 각각 31.7%, 31.1%이다. 반면, TV홈쇼핑 판매수수료율 순위 자료에는 여성정장과 모피의 판매수수료율이 제시되지 않았다. 상위 5위와 하위 5위의 판매수수료율을 통해 제시되지 않은 상품군의 판매수수료율은 28.7%보다 높고 36.8%보다 낮은 것을 추측할 수 있다. 즉, TV홈쇼핑의 여성정장과 모피의 판매수수료율이 백화점보다 높은지 낮은지 판단할 수 없다.

24
정답 ③

ㄱ. 연령대가 높아질수록 TV 선호비율은 여성이 30%에서 40%로, 남성이 20%에서 35%로 높아지고 있으므로 옳은 내용이다.
ㄴ. 40~50대의 대중 매체 선호비율 순위는 여성과 남성이 모두 온라인 – TV – 신문의 순서로 동일하므로 옳은 내용이다.
ㄷ. 연령대가 높은 집단일수록 신문 선호비율은 남성(25%p)보다 여성(40%p)에서 더 큰 폭으로 증가하므로 옳은 내용이다.

오답분석

ㄹ. 남성과 여성의 비율 자료만으로는 남성과 여성의 실수치를 비교할 수 없다. 따라서 옳지 않은 내용이다.

25
정답 ③

5월 마지막 주에 시청률이 20% 미만인 코너는 '예술성(19.2%)', '어색한 친구(17.7%)', '좋지 아니한가(16.7%)', '합기도(14.6%)'인데 이 중 8월 첫째 주에도 시청률이 20% 미만인 코너는 '합기도(15.1%)'이므로 옳은 내용이다.

오답분석

① 제시된 자료로는 5월 마지막 주와 8월 첫째 주에 신설된 코너만을 알 수 있을 뿐, 그 중간 기간에 신설된 코너는 알 수 없다. 따라서 옳지 않은 내용이다.
② '세 가지'의 경우 8월 첫째 주(19.8%)에 전주(19.9%)보다 시청률이 낮으므로 옳지 않은 내용이다.
④ 시청률 순위 상위 5개 코너의 시청률 산술평균을 구하면 5월 마지막 주는 27.14%, 8월 첫째 주는 25.44%이므로 옳지 않은 내용이다.
⑤ 신설된 코너와 폐지된 코너를 제외하고, 5월 마지막 주에 전주 대비 시청률 상승폭이 가장 큰 코너는 '세 가지(+5.3%p)'이고, 8월 첫째 주는 '생활의 문제(+7.4%p)'이므로 옳지 않은 내용이다.

26
정답 ①

ㄱ. 1인당 GDP가 2만 달러 이상인 국가는 A, B, C, D, E, F인데, 이들의 1인당 의료비 지출액은 모두 1,000달러를 넘고 있는 것을 자료를 통해 알 수 있다.
ㄴ. 1인당 의료비 지출액이 가장 많은 국가는 A(3,500달러)이며, 가장 적은 국가는 J(약 300달러)이므로 둘의 차이는 3,000달러 이상이다.

오답분석

ㄷ. 1인당 GDP가 가장 높은 국가(E)의 1인당 의료비 지출액은 약 1,700달러이며, 가장 낮은 국가(J)의 1인당 의료비 지출액은 약 300달러이므로 둘의 차이는 2,000달러에 미치지 못한다.
ㄹ. 이러한 유형의 선택지는 직접 계산하는 것이 정석이지만, 선택지를 조금 더 살펴보면 보다 간단하게 풀이할 수 있다. 선택지를 식으로 정리해보면 '(상위 5개 국가의 1인당 의료비 지출액 합)>5×(하위 5개 국가의 1인당 의료비 지출액 합)'으로 나타낼 수 있다. 여기서 양변을 5로 나누면 '(상위 5개 국가의 1인당 의료비 지출액 평균)>(하위 5개 국가의 1인당 의료비 지출액 합)'으로 변환할 수 있다.
이제 상위 5개 국가의 평균을 그림에서 살펴보기 위해 A, B, C, E, F의 5개 국가를 서로 대칭된 구조를 가지고 있는 B, C, E, F와 그렇지 않은 A로 나누어보자. 먼저 B, C, E, F는 세로축을 기준으로 (B, C)와 (E, F)의 대칭된 구조를 가지고 있으므로 이들의 평균은 중간지점인 약 2,250에서 형성될 것임을 알 수 있다. 그리고 가중평균의 원리를 이용해 2,250과 A의 평균을 구하면 상위 5개 국가의 평균은 약 2,500이 됨을 확인할 수 있다. 여기서 중요한 것은 4개 국가의 평균값인 2,250과 3,000(A국)의 평균을 구할 때에는 산술평균값이 아닌 가중평균값을 구해야 한다는 사실이다. 2,250은 4개 국가의 평균치이므로 1개 국가의 값인 3,000에 비해 4배의 가중치를 가지기 때문이다. 반면, 하위 5개 국가의 합은 D와 G만으로도 2,500에 육박하며 거기에 H∼J까지 더해지면 3,000을 훌쩍 넘게 된다. 따라서 옳지 않다.

27　　　　　　　　　　　　　　　　　정답 ③

표 1에서 30년 경과 비공개기록물 중 공개로 재분류된 기록물의 비율은 약 $90\%\left(≒\dfrac{1,079,690}{1,199,421}×100\right)$이고, 30년 미경과 비공개기록물 중 비공개로 재분류된 기록물의 비율은 약 85.4% $\left(≒\dfrac{1,284,352}{1,503,232}×100\right)$이므로 옳지 않은 내용이다.

오답분석

① 표 1에서 비공개기록물 공개 재분류 사업 대상 전체 기록물은 2,702,653건이고, 비공개로 재분류된 문건은 1,404,083건이므로 비공개로 재분류된 문건의 비율은 50%를 넘는다. 따라서 옳은 내용이다.

② 표 1에서 30년 경과 비공개기록물 중 전부공개로 재분류된 기록물 건수는 33,012건이고, 표 2에서 30년 경과 비공개기록물 중 개인 사생활 침해 사유에 해당하여 비공개로 재분류된 기록물의 건수는 46,298건이다. 따라서 옳은 내용이다.

④ 표 1에서 30년 경과 비공개기록물 중 재분류 건수가 많은 분류를 순서대로 나열하면 부분공개(1,046,678건), 비공개(119,731건), 전부공개(33,012건)의 순서이며, 30년 미경과 비공개기록물 중 재분류 건수가 많은 분류를 순서대로 나열하면 비공개(1,284,352건), 전부공개(136,634건), 부분공개(82,246건)의 순서이다. 따라서 옳은 내용이다.

⑤ 표 2에서 국민의 생명 등 공익침해와 개인 사생활 침해로 비공개 재분류된 기록물 건수의 합은 100,627건(=54,329+46,298)이므로 전체 기록물 2,702,653건의 5%인 135,132건보다 적다. 따라서 옳은 내용이다.

28　　　　　　　　　　　　　　　　　정답 ②

주어진 자료를 정리하면 다음과 같다. 이때 이수인원은 300명으로 모두 동일하다.

구분	석차 (등)	백분율 (%)	등급	이수 단위	(등급)× (단위)
국어	270	90	8	3	24
영어	44	약 14	3	3	9
수학	27	9	2	2	4
과학	165	55	5	3	15

이수단위의 합은 11이므로 전체 평균등급은 $\dfrac{(24+9+4+15)}{11}$ ≒4.7이다. 따라서 평균등급 M은 4와 5 사이에 위치하게 되므로 ②가 정답이 된다.

29　　　　　　　　　　　　　　　　　정답 ③

ㄴ. 표 3에 의하면 한국의 2024년 국방비와 경상운영비는 2023년에 비해 증가하였으나, 전략투자비는 감소하였으므로 옳은 내용이다.

ㄷ. 2022∼2024년에 한국의 국방비 증가율이 전년보다 높은 연도는 2023년과 2024년인데, 이 해에는 경상운영비의 증가율도 전년보다 높으므로 옳은 내용이다.

ㄹ. 표 2에 의하면 한국의 GDP 대비 국방비 구성비와 재정 대비 국방비 구성비가 모두 지속적으로 감소하였으므로 옳은 내용이다.

오답분석

ㄱ. 표 1에 의하면 G국가와 H국가만 보더라도 국방비는 H국가가 더 많은 반면, 1인당 군사비는 G국가가 더 많으므로 옳지 않은 내용이다.

ㅁ. D국가와 E국가를 보면 GDP 대비 국방비의 비율은 E국가가 더 큰 반면, 1인당 군사비는 D국가가 더 많으므로 옳지 않은 내용이다.

30　　　　　　　　　　　　　　　　　정답 ③

김대리는 80km/h의 속력으로 대전에서 200km 떨어진 K지점으로 이동했으므로 소요시간은 $\dfrac{200}{80}$=2.5시간이다. 이때, K지점의 위치는 두 가지 경우로 나눌 수 있다.

ⅰ) K지점이 대전과 부산 사이에 있어 부산에서 300km 떨어진 지점인 경우

이대리가 이동한 거리는 300km, 소요시간은 김대리보다 4시간 30분(=4.5시간) 늦게 도착하여 2.5+4.5=7시간이다.

이대리의 속력은 $\dfrac{300}{7}$≒42.9km/h로 김대리의 속력보다 느리므로 네 번째 조건과 맞지 않는다.

ⅱ) K지점이 대전에서 부산 방향의 반대 방향으로 200km 떨어진 지점인 경우

부산에서 K지점까지의 거리는 200+500=700km이다.

따라서 이대리는 $\dfrac{700}{7}$=100km/h의 속력으로 이동했다.

31　　　　　　　　　　　　　　　　　정답 ④

A. 그래프 1에 따르면 매우 불만족은 0.2%, 약간 불만족은 0.7%로 나타나고 있어 이 둘의 합은 0.9%임을 알 수 있다.

B. 그래프 2에 따르면 '안내정보서비스' 부문의 경우 남성은 4.34점, 여성은 4.38점으로 유일하게 여성의 만족도가 더 높게 나타나고 있다.

C. 표에 따르면 '음식', '쇼핑', '안내정보서비스' 부문은 모두 50대 이상 연령대가 가장 높은 만족도를 보였다.

D. 그래프 3에 따르면 여성의 경우 '독특하다'는 의견이 5에 육박하고 있으며, 다른 항목별 이미지보다 훨씬 강하게 인식하고 있다.

32 　　　　　　　　　　　　　　　　정답 ①

ⅰ) 먼저 항목의 수가 가장 적은 두 번째 조건을 살펴보면 2013년에 징수세액이 2003년에 비해 10배 이상 증가한 세목은 A와 B임을 확인할 수 있다. 따라서 A, B는 각각 상속세, 자산재평가세 중 하나임을 알 수 있다.

ⅱ) 다음으로 첫 번째 조건을 살펴보면 2003년 징수세액이 5,000억 원보다 적은 세목은 A, B, D, 증여세, 전화세이므로 이것과 위의 ⅰ)을 결합하면 D가 증권거래세가 됨을 알 수 있다.

ⅲ) 이제 마지막 조건을 살펴보면 2023년에 징수세액이 2013년에 비해 증가한 세목은 소득세, 법인세, A, 증여세, C, 증권거래세임을 확인할 수 있다. 따라서 A, C는 각각 상속세, 부가가치세 중 하나임을 알 수 있다. 이는 ⅰ)과 결합하면 A는 상속세와 연결되며, B는 자산재평가세, C는 부가가치세가 됨을 알 수 있다.

33 　　　　　　　　　　　　　　　　정답 ①

ㄱ. 공공연구기관의 연구개발비는 BT분야(11.2%)가 NT분야(5.4%)의 2배 이상이므로 옳은 내용이다.

ㄴ. 기업체의 IT(41.0%), NT분야(13.4%) 연구개발비 합은 기업체 전체 연구개발비의 50% 이상이므로 옳은 내용이다.

오답분석

ㄷ·ㄹ. 각 기관 유형의 연구개발비가 주어져 있지 않으므로 알 수 없는 내용이다.

ㅁ. 기타를 제외하고 연구개발비 비중이 가장 작은 분야는 기업체와 대학은 ST분야인 데 반해, 공공연구기관은 NT분야이므로 옳지 않은 내용이다.

34 　　　　　　　　　　　　　　　　정답 ①

제시된 수치들은 수도권 출발, 경기 도착의 화물 유동량이 아니라, 경기 출발, 수도권 도착의 수치들이므로 옳지 않다.

35 　　　　　　　　　　　　　　　　정답 ④

ㄱ. 선택지에서는 '학과당 교원 수'로 제시되었으나, 주어진 자료를 그대로 활용하기 위해 '교원당 학과 수'로 바꿔 판단해보자. 물론 그럴 경우 대소관계는 반대로 판단해야 할 것이다. 이 같은 논리로 판단하면 공립대학은 10%를 조금 넘는 수준인 데 반해, 사립대학은 20%에는 미치지 못하지만 공립대학보다는 크다는 것을 어림으로도 확인할 수 있다. 따라서 옳은 내용이다.

ㄴ. 전체 대학 입학생 수가 355,772명이므로 이의 20%는 7만 명을 조금 넘는다는 것을 알 수 있다. 하지만 국립대학의 입학생 수는 7만 8천 명을 넘고 있기 때문에 국립대학 입학생 수가 차지하는 비율은 20% 이상임을 알 수 있다.

ㄷ. ㄱ과 같은 논리로 졸업생 수 대비 입학생 수의 비율로 판단해보면 국립대학은 100%를 넘는 반면, 공립대학은 100%에 미치지 못한다. 따라서 졸업생 수 대비 입학생 수는 국립대학이 공립대학보다 더 크므로 옳은 내용임을 알 수 있다.

오답분석

ㄹ. 남성 직원 수가 여성 직원 수보다 많다면 여성 직원 수가 전체 직원 수의 절반에 미치지 못해야 한다는 것을 의미한다. 그런데 공립대학의 경우는 여성 직원 수가 전체의 절반을 넘고 있는 상황이므로 옳지 않은 내용임을 알 수 있다.

36 　　　　　　　　　　　　　　　　정답 ④

수호는 주스를 좋아하므로, 디자인 담당이 아니다. 또한 편집 담당과 이웃해 있으므로 기획 담당이다. 편집 담당은 콜라를 좋아하고, 검은색 책상에 앉아 있다. 그런데 종대는 갈색 책상에 앉아 있으므로 종대는 디자인 담당이며, 민석이는 검은색 책상에 앉아 있다. 그러므로 수호는 흰색 책상에 앉아 있다. 이를 표로 정리하면 다음과 같다.

수호	민석	종대
흰색 책상	검은색 책상	갈색 책상
기획	편집	디자인
주스	콜라	커피

오답분석

ㄷ. 수호가 편집을 하지 않는 것은 맞지만, 민석이는 콜라를 좋아한다.

ㄹ. 민석이는 편집 담당이므로 검은색 책상에 앉아 있다.

37 　　　　　　　　　　　　　　　　정답 ③

주문번호 구성 순으로 정리하면 다음과 같다.

• 만 1세부터 만 2세 : S1
• 창작영역 발달 책 : CR
• 2024년 개정판 : 24
• 워크북과 손 인형이 구성사항 : WK2
• 12권 전집 전권 구매 : 10(12)

따라서 주문번호는 'S1CR24WK210(12)'이다.

38 　　　　　　　　　　　　정답 ①

주문번호 구성 순으로 정리하면 다음과 같다.
- 만 3세 아들이 내년 이후에 볼 책을 미리 구매한다고 했으므로 만 3세부터 만 5세가 권장연령인 책을 구매했을 것이다. → F
- 인성영역과 역사영역 중 최종적으로 인성영역을 구매하기로 했으므로 → PS
- 현재 2023년이지만, 2023년에는 개정판을 출시하지 않아 최신 상품은 2022년 상품이므로 → 22
- 구성사항에 팝업북과 병풍이 있으나 구성사항 중 포함된 항목인 구성사항 1만 구매하고 구성사항 2는 구매하지 않기로 했으므로 → PU0
- A가 구매하는 상품은 단행본이므로 → 01(1)

따라서 A의 주문번호는 'FPS22PU001(1)'이다.

39 　　　　　　　　　　　　정답 ③

주문번호 구성 순으로 해당되지 않는 주문번호를 제외하면 다음과 같다.
ⅰ) 권장연령이 만 2세 이하에 해당되지 않는 것을 지운다. → F로 시작하는 항목 제거

S0LA0510(20)	S1HP2211(2)	S2PS2010(26)	S0AA1711(8)
S1MS2401(1)	S2PS1101(1)	S0TR1801(1)	S2MC2011(1)
S1NT2211(18)	S0LA2101(1)	S2TR1401(1)	~~FCR1701(1)~~
~~FPS1810(9)~~	FLA1810(12)	S1CR2401(1)	S1LA1201(1)

ⅱ) 언어, 창작, 자연, 수학·과학, 역사·철학·인물에 대한 내용이 아닌 도서는 지운다. → PS, TR, MC, AA 항목 제거

S0LA0510(20)	S1HP2211(2)	~~S2PS2010(26)~~	~~S0AA1711(8)~~
S1MS2401(1)	~~S2PS1101(1)~~	~~S0TR1801(1)~~	~~S2MC2011(1)~~
S1NT2211(18)	S0LA2101(1)	~~S2TR1401(1)~~	~~FCR1701(1)~~
~~FPS1810(9)~~	FLA1810(12)	S1CR2401(1)	S1LA1201(1)

ⅲ) 2021년 이후 개정판에 해당하지 않는 항목 지운다. → 00 ~ 20에 해당 시 제거

~~S0LA0510(20)~~	S1HP2211(2)	~~S2PS2010(26)~~	~~S0AA1711(8)~~
S1MS2401(1)	~~S2PS1101(1)~~	~~S0TR1801(1)~~	~~S2MC2011(1)~~
S1NT2211(18)	S0LA2101(1)	~~S2TR1401(1)~~	~~FCR1701(1)~~
~~FPS1810(9)~~	FLA1810(12)	S1CR2401(1)	S1LA1201(1)

ⅳ) 구성사항1과 2에 대한 제외내용은 없으므로 구분하지 않는다.
ⅴ) 단행본과 전집 전권구매는 남겨두고, 전집구매 중 낱권구매만을 지운다. → 11(b) 제거

~~S0LA0510(20)~~	~~S1HP2211(2)~~	~~S2PS2010(26)~~	~~S0AA1711(8)~~
S1MS2401(1)	~~S2PS1101(1)~~	~~S0TR1801(1)~~	~~S2MC2011(1)~~
~~S1NT2211(18)~~	S0LA2101(1)	~~S2TR1401(1)~~	~~FCR1701(1)~~
~~FPS1810(9)~~	~~FLA1810(12)~~	S1CR2401(1)	~~S1LA1201(1)~~

따라서 주문 내용에 해당하는 것은 총 3개이다.

40 　　　　　　　　　　　　정답 ④

알파벳 순서에 따라 숫자로 변환하면 다음과 같다.

A	B	C	D	E	F	G	H	I	J	K	L	M
1	2	3	4	5	6	7	8	9	10	11	12	13
N	O	P	Q	R	S	T	U	V	W	X	Y	Z
14	15	16	17	18	19	20	21	22	23	24	25	26

'INTELLECTUAL'의 품번을 규칙에 따라 정리하면 다음과 같다.
1단계 : 9(I), 14(N), 20(T), 5(E), 12(L), 12(L), 5(E), 3(C), 20(T), 21(U), 1(A), 12(L)
2단계 : $9+14+20+5+12+12+5+3+20+21+1+12=134$
3단계 : $|(14+20+12+12+3+20+12)-(9+5+5+21+1)|$
$=|93-41|=52$
4단계 : $(134+52) \div 4+134=46.5+134=180.5$
5단계 : 180.5를 소수점 첫째 자리에서 버림하면 180이다.
따라서 제품의 품번은 '180'이다.

41 　　　　　　　　　　　　정답 ①

보기의 수식을 각주에 있는 순서에 따라 계산하기 위해 A, C, B, D의 순서로 풀이해보자.
ⅰ) (1 A 5)=더한 값이 10 미만이면 두 수를 곱한다고 하였으므로 5가 된다.
ⅱ) (3 C 4)=두 수를 곱한다고 하였으므로 12가 된다.
ⅲ) (5 B 12)=큰 수에서 작은 수를 뺀 값이 10 미만이므로 두 수를 곱한 60이 된다.
ⅳ) (60 D 6)=큰 수를 작은 수로 나누라고 하였으므로 10이 된다.

42 　　　　　　　　　　　　정답 ③

선택지에서 가능한 범위의 수들을 제시하고 있으므로 제시된 수치들을 직접 이용해 풀이하도록 한다.
ⅰ) 가장 많은 식물을 재배할 수 있는 온도 : 15℃에서는 A, B, D, E 네 종류의 식물을 재배할 수 있으며, 20℃에서는 A, D, E 세 종류의 식물을 재배할 수 있으므로 가장 많은 식물을 재배할 수 있는 온도는 15℃이다.
ⅱ) 상품가치의 총합이 가장 큰 온도 : 15℃에서는 A, B, D, E 네 종류의 식물을 재배할 수 있어 상품가치는 85,000원이고, 20℃에서는 A, D, E 세 종류의 식물을 재배할 수 있어 이때의 상품가치는 60,000원이다. 마지막으로 25℃에서는 C, D, E 세 종류의 식물만 재배할 수 있으나, 이때의 상품가치는 100,000원에 달해 상품가치의 총합이 가장 큰 온도임을 알 수 있다.

43

ㄱ. 각주에서 누락 확률은 '100-(적중 확률)'임을 알 수 있으므로 적중 확률이 40%라면 누락 확률은 60%이다. 따라서 옳은 내용이다.

ㄴ. 적기출현 여부를 정확하게 판단한다는 것은 적중 확률이 높거나 오경보 확률이 낮은 것을 의미한다. 그런데 ㉮기지와 ㉯기지는 같은 적중 확률일 때 ㉮기지의 오경보 확률이 낮았고, 같은 오경보 확률일 때 ㉮기지의 적중 확률이 높았다. 따라서 옳은 내용이다.

ㄹ. 실제로 적기가 출현하지 않았음에도 경보를 울린 경우에는 실질적인 피해는 없는 반면, 적기가 출현했음에도 경보가 울리지 않았다면 실질적인 피해가 발생한다. 따라서 적중 확률이 높은 B가 더 바람직한 경우이므로 옳은 내용이다.

오답분석

ㄷ. ㉮기지의 경우 적중에 대한 보상을 강화했다면 A점에서 적중 확률이 더 높아지므로 그래프에서 우상방으로 이동해야 한다. 따라서 옳지 않은 내용이다.

44

주어진 수치가 많아 혼란스러울 수 있으나, 결국 알아야 할 것은 '1시간당 몇 송이'의 꽃을 재배할 수 있는지이다. 따라서 각각의 꽃에 대해 이 수치를 계산한 후에 송이당 도토리(하트)를 곱하면 된다.

구분	1시간당 수확횟수	회당 수확한 꽃송이	1시간당 수확한 꽃송이
나팔꽃	20	6	120
무궁화	12	3	36
수선화	6	6	36
장미	5	2	10
해바라기	3	3	9

따라서 각각의 꽃과 교환할 수 있는 도토리는 나팔꽃이 240개로 가장 많으며, 하트는 수선화가 360개로 가장 많다.

45

각 기업의 점수와 지원액을 정리하면 다음과 같다.

구분		A	B	C	D
평가지표	경상이익률	4	2	1	3
	영업이익률	4	1	3	2
	부채비율	1	3	2	4
	매출액증가율	1	3	2	4
	총점 (순위)	10 (2위)	9 (3위)	8 (4위)	13 (1위)
순자산(억 원)		2,100	600	900	3,000
지원한도(억 원)		1,400	400	450	2,000
지원요구금액 (억 원)		2,000	500	1,000	1,800
지원금액(억 원)		1,400	400	450	1,800

따라서 바르게 짝지은 것은 ①이다.

46

외부환경부문에서 가장 높은 점수를 받은 단지는 A(9점)이고, A단지의 주택성능점수는 22점으로 가장 높으므로 옳은 내용이다.

오답분석

① H의 경우 G에 비해 중량충격 항목에서 1점을 더 얻고 있으므로 옳지 않은 내용이다.

② E의 경우 B에 비해 화장실 항목에서 1점을 더 얻었지만, 세대 간 항목에서 2점을 덜 얻었으므로 전체적으로 E의 점수가 더 낮다. 따라서 옳지 않은 내용이다.

④ 주택성능점수가 가장 낮은 단지는 F(14점)이고, 세대 간 소음을 제외한 소음부문점수가 가장 낮은 것은 B(4점)이므로 옳지 않은 내용이다.

⑤ 주택성능점수가 19점인 단지는 I와 J 2곳이지만, 16점인 단지는 B, C, D 3곳이므로 옳지 않은 내용이다.

47
정답 ⑤

전조 제3항 제2호에 따르면 부위원장은 제2항 제2호에 해당하는 4명의 위원 중에서 선임한다. 지방자치단체 소속 행정국장인 I는 전조 제2항 제2호에 해당하므로 부위원장으로 선임될 수 있다.

오답분석

① 전조 제2항 제1호에 따르면 법관, 교육자, 시민단체에서 추천한 5명의 위원에서 제2호의 요건에 해당하는 자는 제외된다. 지방의회 의원은 전조 제2항 제2호에 해당하는 자이므로 제1호에 해당하는 B의 자리에 위촉될 수 없다.

② 후조 제2항에 따르면 위원으로 위촉된 소속 공무원의 임기는 그 직위에 재직 중인 기간이므로 C가 오늘자로 명예퇴직을 할 경우 위원직을 상실하게 된다.

③ 후조 제3항에 따르면 결원이 생겼을 경우 그 자리에 새로 위촉된 위원의 임기는 전임자의 남은 기간이므로 E자리에 새로 위촉된 위원의 임기는 2024. 8. 31.까지이다.

④ 후조 제1항에 따르면 위원은 한 차례 연임할 수 있다. 그러나 F의 경우 최초 위촉일자가 2020. 9. 1.이므로 이미 임기인 2년을 채우고 한 차례 연임 중임을 알 수 있다. 따라서 F는 임기가 만료되면 더 이상 연임할 수 없다.

48
정답 ⑤

ⅰ) 갑 회사

모든 부서가 a부서와만 정보교환을 하고 있고, 다른 부서들은 서로 간에 정보교환을 하지 않으므로 하나의 점을 중심으로 방사형으로 그려진 (B)가 가장 적절하다.

ⅱ) 을 회사

a부서는 2개의 부서와, b, c부서는 3개의 부서와, 그리고 나머지 d ~ g의 4개 부서는 모두 1개의 부서와 정보교환을 하고 있다. (C)의 경우 좌우 양끝단에 위치한 4개의 점은 모두 1개의 부서와만 연결되어 있으므로 d ~ g와 매칭되며, 정가운데에 위치한 점은 2개의 부서와 연결되어 있으므로 a와, 그리고 남은 2개의 점은 3개의 부서와 연결되어 있으므로 b, c와 매칭시킬 수 있으므로 옳다. 물론 실전에서는 이렇게 하나하나 찾기 보다는 별다른 패턴이 보이지 않는 (C)를 답으로 선택하면 될 것이다.

ⅲ) 병 회사

각 부서는 2개의 부서와만 정보교환을 하고 있으며, 서로 꼬리에 꼬리를 무는 구조로 정보교환을 하는 것을 확인할 수 있다. 따라서 이를 나타낸 그림은 (A)이다.

49
정답 ④

10월 20 ~ 21일은 주중이며, 출장 혹은 연수 일정이 없고, 부서이동 전에 해당되므로 김인턴이 경기본부의 파견 근무를 수행할 수 있는 일정이다.

오답분석

① 10월 6 ~ 7일은 김인턴의 연수 참석 기간이므로 파견 근무를 진행할 수 없다.

② 10월 11 ~ 12일은 주말인 11일을 포함하고 있다.

③ 10월 14 ~ 15일 중 15일은 목요일로, 김인턴이 H본부로 출장을 가는 날짜이다.

⑤ 10월 27 ~ 28일은 김인턴이 27일에 부서를 이동한 이후이므로, 김인턴이 아니라 후임자가 경기본부로 파견 근무를 간다.

50
정답 ④

ㄱ. 갑이 짝수가 적힌 카드를 뽑았다면 1차 시기에서 얻을 수 있는 점수는 무조건 짝수가 된다. 짝수에 어떠한 수를 곱하더라도 그 수는 짝수가 되기 때문이다. 그리고 2차 시기에서는 2점 혹은 0점을 얻는 경우만 존재하므로 1차 시기에서 얻은 짝수 점수에 2점 내지는 0점을 더한 최종점수는 홀수가 될 수 없다.

ㄷ. 갑이 4가 적힌 카드를 뽑고 1차 시기에서 던진 다트가 구역 1에 꽂힐 경우 12점을 얻게 되며, 2차 시기에서 중앙선 위쪽에 꽂힐 경우 2점을 얻게 되어 최종 점수는 14점이 가능하다. 반면, 을이 1차 시기에서 던진 다트가 구역 이외에 꽂히고 2차 시기에서는 중앙선 아래쪽에 꽂힌다면 최종점수는 0점이 되게 된다. 따라서 이 차이는 14점이다.

오답분석

ㄴ. 갑이 숫자 2가 적힌 카드를 뽑았다면 1차 시기에서 얻을 수 있는 점수는 (6, 4, 2, 0)이고, 여기에 2차 시기의 (2, 0)을 더한 최종점수는 (8, 6, 4, 2, 0)의 5가지의 경우가 존재하게 되므로 옳지 않다.

제2회 모의고사 정답 및 해설

01	02	03	04	05	06	07	08	09	10
①	②	⑤	③	③	③	④	④	④	④
11	12	13	14	15	16	17	18	19	20
③	⑤	③	③	②	④	①	③	②	①
21	22	23	24	25	26	27	28	29	30
②	④	④	⑤	②	③	①	⑤	②	③
31	32	33	34	35	36	37	38	39	40
③	④	③	②	④	④	③	③	⑤	⑤
41	42	43	44	45	46	47	48	49	50
②	④	③	①	⑤	②	②	③	②	②

01
정답 ①

제시문은 2500년 전 인간과 현대의 인간의 공통점을 언급하며 2500년 전에 쓰인 『논어』가 현대에서 지니는 가치에 대하여 설명하고 있다. 따라서 (가) 『논어』가 쓰인 2500년 전 과거와 현대의 차이점 – (마) 2500년 전의 책인 『논어』가 폐기되지 않고 현대에서도 읽히는 이유에 대한 의문 – (나) 인간이라는 공통점을 지닌 2500년 전 공자와 우리들 – (다) 2500년의 시간이 흐르는 동안 인간의 달라진 부분과 달라지지 않은 부분에 대한 설명 – (라) 시대가 흐름에 따라 폐기될 부분을 제외하더라도 여전히 오래된 미래로서의 가치를 지니는 『논어』의 순서대로 배열하는 것이 적절하다.

02
정답 ②

첫 번째 문단에 따르면 범죄는 취잿감으로 찾아내기가 쉽고 편의에 따라 기사화할 수 있을 뿐만 아니라, 범죄 보도를 통해 시청자의 관심을 끌 수 있기 때문에 언론이 범죄를 보도의 주요 소재로 삼지만, 지나친 범죄 보도는 범죄자나 범죄 피의자의 초상권을 침해하여 법적·윤리적 문제를 일으킨다. 따라서 마지막 문단의 내용처럼 범죄 보도가 초래하는 법적·윤리적 논란은 언론계 전체의 신뢰도에 치명적인 손상을 가져올 수도 있다. 이러한 현상을 비유하기에 가장 적절한 표현은 '부메랑'이다.

① 시금석(試金石) : 귀금속의 순도를 판정하는 데 쓰는 검은색의 현무암이나 규질의 암석(층샛돌)을 뜻하며, 가치·능력·역량 등을 알아볼 수 있는 기준이 되는 기회나 사물을 비유적으로 이르는 말로도 쓰인다.

③ 아킬레스건(Achilles 腱) : 치명적인 약점을 비유하는 말이다.

④ 악어의 눈물 : 강자가 약자에게 보이는 '거짓 눈물'을 비유하는 말이다.

⑤ 뜨거운 감자 : 삼킬 수도 뱉을 수도 없다는 뜻에서 할 수도 안 할 수도 없는 난처한 경우 또는 다루기 어려운 미묘한 문제를 비유하는 말이다.

03
정답 ⑤

제시문은 1940 ~ 1950년대 성립된 회화 사조인 추상표현주의에 대한 글이다.

ㄴ. 추상표현주의 작가들은 이성에 대한 회의를 바탕으로 했다.
ㄷ. 추상표현주의 작가들은 화가 개인의 감정을 나타내고자 했다.
ㄹ. 의도된 계획에 따라 그림을 그려나가는 것은 추상표현주의가 추구하는 예술과 반대되는 것이다.

ㄱ. 첫 문장을 통해 알 수 있다.

04
정답 ③

텔레비전 시청이 개인의 휴식에 도움이 된다는 것은 텔레비전 시청의 긍정적인 내용일 수는 있으나, 글의 주제인 부모와 가정의 문제와는 관련이 없다.

05
정답 ③

제시문은 VOD서비스의 등장으로 방송국이 프로그램의 순수한 재미와 완성도에 집중하게 될 것이라고 추측했을 뿐, 이러한 양상이 방송국 간의 과도한 광고유치 경쟁을 불러일으킬 것이라고는 언급하지 않았다.

06 정답 ③

밑줄 친 부분은 '무엇을 매개로 하거나 중개하다.'라는 의미로 사용되었다. 이와 같은 의미로 사용된 것은 ③이다.

오답분석

① 말이나 문장 따위의 논리가 이상하지 아니하고 의미의 흐름이 적절하게 이어져 나가다.
② 막힘이 없이 흐르다.
④ · ⑤ 마음 또는 의사나 말 따위가 다른 사람과 소통되다.

07 정답 ④

제시문에서는 '카타르시스'와 니체가 말한 비극의 기능을 제시하며 비극을 즐기는 이유를 설명하고 있다. 따라서 제목으로 ④가 가장 적절하다.

08 정답 ④

브이로거는 영상으로 기록한 자신의 일상을 다른 사람들과 공유하는 사람으로, 브이로거가 아닌 브이로그를 보는 사람들이 브이로거의 영상을 통해 공감과 대리만족을 느낀다.

09 정답 ④

빈칸의 앞 문단에서 '보존 입자는 페르미온과 달리 파울리의 배타원리를 따르지 않는다. 따라서 같은 에너지 상태를 지닌 입자라도 서로 겹쳐서 존재할 수 있다. 만져지지 않는 에너지 덩어리인 셈이다.'라고 하였고, 빈칸 다음 문장에서 '빛은 실험을 해보면 입자의 특성을 보이지만, 질량이 없고 물질을 투과하며 만져지지 않는다.'라고 하였다. 또한 마지막 문장에서 '포논은 광자와 마찬가지로 스핀이 0인 보존 입자다.'라고 하였으므로 광자는 스핀이 0인 보존 입자라는 것을 알 수 있다. 따라서 빈칸에 들어갈 내용으로 ④가 적절하다.

오답분석

① 광자가 파울리의 배타원리를 따른다면, 파울리의 배타원리에 따라 페르미온 입자로 이뤄진 물질은 우리가 손으로 만질 수 있어야 한다. 그러나 광자는 질량이 없고 물질을 투과하며 만져지지 않는다고 하였으므로 적절하지 않은 내용이다.
② '포논은 광자와 마찬가지로 스핀이 0인 보존 입자다.'라는 문장에서 광자는 스핀 상태에 따라 분류할 수 있는 입자임을 알수 있다.
③ 스핀이 1/2의 홀수배인 입자들은 페르미온이라고 하였고, 광자는 스핀이 0인 보존 입자이므로 적절하지 않은 내용이다.

10 정답 ④

(가)의 세 번째 문단 '한편', 네 번째 문단 '또한'을 (나)의 네 번째 문단에서 각각 '혹은'과 '그리고'로 바꾸었다. 그러나 '한편', '혹은', '또한', '그리고'는 모두 앞뒤 문장을 대등하게 연결하는 기능의 접속어이고, 해당 접속어를 바꾸어도 문장의 의미가 달라지지는 않으므로 문맥상 잘못된 접속어라는 설명은 적절하지 않다.

오답분석

① (나)에서 두 번째 문단에 추가된 마지막 문장 두 개를 통해 확인할 수 있다.
② (가)의 네 번째 문단 도입부인 '이러한 스포일러 문제를 해결하기 위해서는'이 (나)에서 '그렇다면 이러한 스포일러 문제는 어떻게 해결할 수 있을까?'로 바뀌었다.
③ (나)의 첫 번째 문단 마지막에 설문조사 결과를 보충하였다.
⑤ 두 번째 문단의 첫 번째 · 두 번째 문장이 두 문장으로 나뉘었으며, 세 번째 문단 첫 번째 문장이 둘로 나뉘면서 앞의 문장은 불필요한 어구를 삭제하고 단순화하였다.

11 정답 ③

'소비자 책임 부담 원칙'은 소비자를 이성적인 존재로 상정하며, 소비자의 선택이 자유로움을 전제로 한다. 실제로는 소비자가 자유로운 선택을 하기 어렵다는 주장을 통해 반박할 수 있다.

오답분석

① 소비자는 소비 생활에 필요한 상품의 성능, 가격, 판매 조건 등의 정보를 광고에서 얻을 수 있기 때문에 도움이 되지 않는 것은 아니다.
② · ④ · ⑤ 제시문의 주장과 일치한다.

12 정답 ⑤

오답분석

①은 두 번째 문단, ②는 첫 번째 문단, ③은 세 번째 문단과 네 번째 문단, ④는 마지막 문단에서 확인할 수 있다.

13 정답 ③

앞에 오는 말과 공통적으로 어울리는 것은 '치다'이다.
• 돼지를 치다. : 가축을 기르다.
• 도랑을 치다. : 물길을 내다.
• 사군자를 치다. : 그림을 그리다.
• 술을 치다. : 술을 부어 잔을 채우다.

14 정답 ③

순망치한(脣亡齒寒)이란 '입술이 없으면 이가 시리다.'라는 뜻으로, 서로 이해관계가 밀접한 사이에 어느 한쪽이 망하면 다른 한쪽도 그 영향을 받아 온전하기 어려움을 이르는 말이다.

오답분석

① 간난신고(艱難辛苦) : '몹시 힘들고 어려우며 고생스러움'이라는 뜻이다.
② 견원지간(犬猿之間) : '개와 원숭이의 사이'라는 뜻으로, 사이가 매우 나쁜 두 관계를 비유적으로 이르는 말이다.
④ 난형난제(難兄難弟) : '누구를 형이라 하고 누구를 아우라 하기 어렵다.'라는 뜻으로, 두 사물이 비슷하여 낫고 못함을 정하기 어려움을 이르는 말이다.
⑤ 오월동주(吳越同舟) : 서로 적의를 품은 사람들이 한자리에 있게 된 경우나 서로 협력하여야 하는 상황을 비유적으로 이르는 말이다.

15 정답 ②

제시된 단어의 뜻을 모두 포괄할 수 있는 단어는 '떼다'이다.
• 그는 좀처럼 입을 떼지(열지) 않았다.
 → 붙어 있거나 잇닿은 것을 떨어지게 하다.
• 어떤 사람에게 물건을 떼느냐(사느냐)에 따라 가격 차이가 난다.
 → 장사를 하려고 한꺼번에 많은 물건을 사다.
• 월급에서 식대를 떼다(제하다).
 → 전체에서 한 부분을 덜어내다.
• 나는 그의 부탁을 과감하게 떼어(거절해) 버렸다.
 → 부탁이나 요구 따위를 거절하다.

16 정답 ④

어빙 피셔의 교환방정식 'MV=PT'에서 V는 화폐유통 속도를 나타낸다. 따라서 사이먼 뉴컴의 교환방정식인 'MV=PQ'에서 사용하는 V(Velocity), 즉 화폐유통속도와 동일하며 대체되어 사용되지 않는다.

오답분석

① 사이먼 뉴컴의 교환방정식 'MV=PQ'에서 Q(Quantity)는 상품 및 서비스의 수량이다.
② 어빙 피셔의 화폐수량설은 최근 총거래 수 T(Trade)를 총생산량 Y로 대체하여 사용하고 있다.
③ 교환방정식 'MV=PT'은 화폐수량설의 기본 모형인 거래모형이며, 'MV=PY'는 소득모형으로 사용된다.
⑤ 어빙 피셔는 사이먼 뉴컴의 교환방정식을 인플레이션율과 화폐공급의 증가율 간 관계를 나타내는 이론인 화폐수량설로 재탄생시켰다.

17 정답 ①

제시문은 '틱톡'을 예시로 들며, 1인 미디어의 유행으로 새로운 플랫폼이 등장하는 현상을 설명하고 있다.

오답분석

② 1인 크리에이터가 새로운 사회적 이슈가 된다고 나와 있지만, 돈을 벌고 있다는 내용은 제시문에서 확인할 수 없다.
③ 틱톡이 인기를 끄는 이유는 알 수 있지만, 1인 미디어 인기를 끄는 이유가 양질의 정보를 전달하기 위해서라는 것은 알 수 없다.
④ 1인 미디어의 문제와 규제에 대해서는 제시문에서 알 수 없다.
⑤ 앞으로의 콘텐츠 시장은 더욱 다채로워질 것임을 알 수 있다.

18 정답 ③

제시문에서는 아이들이 어른에게서보다 어려운 문제 해득력이나 추상력을 필요로 하지 않는 텔레비전을 통해서 더 많은 것을 배우므로 어린이나 젊은이들에게서 어른에 대한 두려움이나 존경을 찾기 어렵다고 주장한다. 이러한 주장에 대한 반박으로 아이들은 텔레비전보다 학교의 선생님이나 친구들과 더 많은 시간을 보내고, 텔레비전이 아이들에게 부정적 영향만 끼치는 것은 아니며, 아이들의 그러한 행동에 영향을 미치는 다른 요인이 있다는 것이 적절하다. 따라서 텔레비전이 인간의 필요성을 충족시킨다는 ③은 주장에 대한 반박으로 적절하지 않다.

19 정답 ②

글쓴이는 현대인들이 대중문화 속에서 '내가 다른 사람의 눈에 어떻게 보일까'에 대해 '조바심과 공포감'을 가지고 있으며, 이것은 특히 광고에 의해 많이 생겨난다고 말한다. 하지만 ②의 '극장에서 공포영화를 보고 화장실에 가기를 무서워한다.'라는 내용은 일차적인 공포심을 나타내므로 ㉠의 예로 적절하지 않다.

오답분석

①·③·④·⑤ 대중매체를 통해 정보를 얻고, 그 정보대로 실행하지 않으면 남들보다 열등한 상태에 놓이게 될 것으로 여겨 대중매체가 요구하는 대로 행동하는 사례들이다.

20 정답 ①

ㄱ. 해외연수 경험이 있는 지원자 합격률은 $\frac{53}{53+414+16}\times100$

≒11%로, 해외연수 경험이 없는 지원자 합격률인

$\frac{11+4}{11+37+4+139}\times100≒7.9\%$보다 높다.

ㄴ. 인턴 경험이 있는 지원자의 합격률 $\frac{53+11}{53+414+11+37}\times100$

$=\frac{64}{515}\times100≒12.4\%$는 인턴 경험이 없는 지원자의 합격률

$\frac{4}{16+4+139}\times100=\frac{4}{159}\times100≒2.5\%$보다 높다.

ㄷ. 인턴 경험과 해외연수 경험이 모두 있는 지원자 합격률 (11.3%)은 인턴 경험만 있는 지원자 합격률(22.9%)보다 낮다.

ㄹ. 인턴 경험과 해외연수 경험이 모두 없는 지원자와 인턴 경험만 있는 지원자 간 합격률 차이는 22.9－2.8=20.1%p이다.

21
정답 ②

'국내 IPTV 서비스 매출액'은 주어진 보고서를 작성하는 데 직접적인 근거로 사용되지 않았다.

① '2022년 4사분기 국내 IPTV 서비스 가입자 수는 308만 6천 명이고, Pre-IPTV와 IPTV 서비스 가입자 수의 합계는 365만 9천 명이다.'를 작성하는 데 직접적인 근거로 활용되었다.

③ '2022년 세계 통신서비스 형태별 가입자 수를 살펴보면 이동 전화 서비스 가입자 수는 세계 인구의 79%에 해당하는 51억 6,700만 명으로 가장 많았고, 그다음으로는 유선전화, 인터 넷, 브로드밴드 순서로 가입자가 많았다.'를 작성하는 데 직접적인 근거로 활용되었다.

④ '2021년 세계 지역별 통신서비스 시장 매출액의 합계는 1조 3,720억 달러에 달하였으며, 2024년에는 1조 4,920억 달러일 것으로 추정된다.'를 작성하는 데 직접적인 근거로 활용되었다.

⑤ '우리나라의 경우 2020～2022년 GDP에서 정보통신기술(ICT) 산업이 차지하는 비중은 매년 증가하여 2022년에는 11.2%였다.'를 작성하는 데 직접적인 근거로 활용되었다.

22
정답 ④

ㄱ. 신문 보도에서 착공 전에 가장 높은 보도 비율을 보인 두 분야는 교통과 환경인데, 이 두 분야 모두 착공 후 보도 비율이 감소하였으므로 옳은 내용이다.

ㄷ. 착공 전에 비해 착공 후 교통에 대한 보도 비율의 감소폭은 신문(30.6%p)이 방송(22.3%p)보다 더 크므로 옳은 내용이다.

ㄹ. 역사 분야의 착공 전 대비 착공 후 보도 비율의 증가율은 신문 (약 3배)과 방송(약 5배)이 다른 분야에 비해 가장 크므로 옳은 내용이다.

ㅁ. 착공 전 교통에 대한 보도 비율은 신문(49.0%)보다 방송 (51.6%)에서 더 높으므로 옳은 내용이다.

ㄴ. 착공 후 신문에서 가장 많이 보도된 분야는 교통이지만, 방송에서 가장 많이 보도된 분야는 공정이므로 옳지 않은 내용이다.

23
정답 ④

주어진 산식을 변형하면 다음과 같다.
(해당 사분기 매출액)
=[(해당 사분기 매출액 증감계수)×(직전 사분기 매출액)] ＋(직전 사분기 매출액)

=(직전 사분기 매출액)×[(해당 사분기 매출액 증감계수)+1] 이 변형된 산식에 자료의 수치들을 대입하면 사분기별 매출액을 구할 수 있다.

(단위 : 억 원)

분기＼사원	사원 A	사원 B	사원 C
1사분기	4	6	2
2사분기	8	9	1
3사분기	12	4.5	4
4사분기	6	9	8

따라서 2023년 4사분기의 매출액이 큰 순서대로 나열하면 B, C, A가 된다.

24
정답 ⑤

ㄴ. 직접 계산하기보다는 자연·공학 계열 신입생 정원이 전체 신입생 정원의 절반을 넘는지를 어림해보면 A, D, F대학교가 이에 해당함을 알 수 있다. 따라서 옳은 내용이다.

ㄹ. A대학교의 수시전형 신입생 정원과 정시전형 신입생 정원의 차이는 63명인데, 나머지 대학들의 차이는 눈어림만 해보아도 이보다 크다는 것을 알 수 있다. 따라서 옳은 내용이다.

ㄱ. 전체 신입생 정원에서 인문·사회 계열 정원이 차지하는 비율을 보면 B대학교는 약 $55\%\left(\fallingdotseq\frac{2,290}{4,123}\times100\right)$인 데 반해, E대학교는 약 $62\%\left(\fallingdotseq\frac{823}{1,331}\times100\right)$이므로 옳지 않은 내용이다.

ㄷ. A대학교도 이에 해당한다. A대학 인문·사회계열의 신입생 정원을 살펴보면 수시전형과 정시전형의 정원이 1,200명으로 동일한 반면, 자연·공학계열의 신입생 정원은 수시전형이 더 많다. 따라서 전체 신입생 정원 중 수시전형으로 선발하는 신입생 정원이 더 많으므로 옳지 않은 내용이다.

25
정답 ②

2023년과 2024년 총매출액에 대한 비율이 같은 기타 영역이 가장 차이가 작다.

① 2023년 매출액은 1,907억 원이고, 2024년 매출액은 2,548억 원으로, 2024년이 641억 원 더 많다.

③ 애니메이션 영역(12.6 → 9.7%)과 게임 영역(56.1 → 51.4%)은 모두 2023년에 비해 2024년에 매출액 비중이 감소하였다.

④ 게임 영역은 2023년에 56.1%, 2024년에 51.4%로 매출액 비중이 50% 이상이다.

⑤ 전체 매출액이 2023년에 비해 2024년에 증가했으므로, 매출액 비중이 증가한 분야는 당연히 매출액이 증가했다. 음악, 애니메이션, 게임은 매출액 비중이 감소했지만, 증가한 매출액으로 계산하면 매출액 자체는 증가했음을 알 수 있다. 따라서 모든 분야에서 2023년보다 2024년 매출액이 더 많다.

26
정답 ③

그래프의 수치는 구성비가 아니라, 법정제재 건수이다.

27
정답 ①

시청자 평가지수는 만족도 지수와 질 평가지수의 평균이므로 이를 이용하여 주 시청 시간대의 빈칸을 채워 넣으면 다음과 같다.

방송사	유형 구분	주 시청 시간대	
		만족도 지수	질 평가지수
지상파	A	(7.26)	7.20
	B	7.23	(7.01)
	C	7.11	6.93
	D	(7.41)	7.23
종합편성	E	7.10	7.02
	F	(7.94)	7.88
	G	7.20	(7.06)
	H	7.08	7.00

ㄱ. 표에 의하면 각 지상파 방송사는 전체 시간대와 주 시청 시간대 모두 만족도 지수가 질 평가지수보다 높으므로 옳은 내용이다.

ㄴ. 표에 의하면 각 종합편성 방송사의 질 평가지수는 주 시청 시간대가 전체 시간대보다 높다.

오답분석

ㄷ. 방송사 D의 경우 주 시청 시간대의 모든 수치가 전체 시간대의 수치들보다 큰 상태이다. 이는 결국 평균을 구하더라도 주 시청 시간대의 평균이 더 크다는 것을 의미하므로 옳지 않은 내용이다.

ㄹ. 표에서 만족도 지수의 경우 주 시청 시간대가 전체 시간대보다 높은 것은 B, D, E, F, G, H이고, 시청자 평가지수의 경우 주 시청 시간대가 전체 시간대보다 낮은 것은 A, B, C이다. 따라서 두 조건에 모두 해당하는 것은 B뿐이므로 옳지 않은 내용이다.

28
정답 ⑤

2023년 서울(109개소)과 경기 지역(95개소)의 직장어린이집 수의 합은 204개소이므로 2023년 전국 직장어린이집 수(401개소)의 절반을 넘는다. 따라서 옳은 내용이다.

오답분석

① 2013 ~ 2023년 동안 2014년을 제외하고 매년 전국 직장어린이집의 수가 증가하였으므로 옳지 않은 내용이다.

② 2019년 전국 직장어린이집 수의 20%는 60개소에 약간 미치지 못하는 상황인데, 2019년 대비 2021년 어린이집 수의 증가분은 52개소에 불과한 상황이다. 따라서 2021년 전국 직장어린이집 수는 2019년 대비 20% 이하 증가하였다.

③ 2023년 전국 직장어린이집 수가 401개소이며, 이의 5%는 20.05개소이다. 그런데 인천의 직장어린이집 수는 26개소로 이보다 크므로 2023년 인천 지역 직장어린이집 수는 전국 직장어린이집 수의 5% 이상이다.

④ 2016년과 함께 2019년에도 전국 직장어린이집 수의 전년 대비 증가율이 10%를 넘으므로 옳지 않은 내용이다.

29
정답 ②

ㄱ. 남성 박사학위 취득자 중 50세 이상이 차지하는 비율은 $\frac{1,119}{5,730} \times 100 ≒ 19.5\%$이고, 여성 박사학위 취득자 중 50세 이상이 차지하는 비율은 $\frac{466}{2,966} \times 100 ≒ 15.7\%$이다. 따라서 남성 박사학위 취득자 중 50세 이상이 차지하는 비율이 더 높다.

ㄷ. 남성과 여성의 연령대별 박사학위 취득자 수가 많은 순위는 30세 이상 35세 미만>35세 이상 40세 미만>50세 이상>40세 이상 45세 미만>45세 이상 50세 미만>30세 미만 순서로 동일하다.

오답분석

ㄴ. 공학계열 박사학위 취득자 중 남성의 비율은 $\frac{2,441}{2,441+332} \times 100 ≒ 88.0\%$, 사회계열 박사학위 취득자 중 남성의 비율은 $\frac{1,024}{1,024+649} \times 100 ≒ 61.2\%$, 자연계열 박사학위 취득자 중 남성의 비율은 $\frac{891}{891+513} \times 100 ≒ 63.5\%$이므로 남성의 비율이 높은 순위는 공학계열>자연계열>사회계열 순서이다.

ㄹ. 연령별 남녀 박사학위 취득자 수의 차이를 구해보면, 30세 미만은 196−141=55명, 30세 이상 35세 미만은 1,811−825=986명, 35세 이상 40세 미만은 1,244−652=592명, 40세 이상 45세 미만은 783−465=318명, 45세 이상 50세 미만은 577−417=160명, 50세 이상은 1,119−466=653명이다. 따라서 연령대가 올라갈수록 남녀 박사학위 취득자 수의 차이가 점점 커지고 있다는 설명은 옳지 않다.

30
정답 ③

조사결과에 따라 성별·방송사별 응답자 수를 구하면 다음과 같다.

구분	남자	여자
전체 응답자 수	$\frac{40}{100} \times 200 = 80$명	$\frac{60}{100} \times 200 = 120$명
'M사' 응답자 수	18명	$\frac{50}{100} \times 120 = 60$명
'K사' 응답자 수	30명	40명
'S사' 응답자 수	$\frac{40}{100} \times 80 = 32$명	20명

즉, M사의 오디션 프로그램을 좋아하는 사람은 18+60=78명이다. 따라서 M사의 오디션 프로그램을 좋아하는 사람 중 남자의 비율은 $\frac{18}{78}=\frac{3}{13}$이다.

31　　　　　　　　　　　　　　　　정답 ③

ㄴ. 보고서의 내용 중 '특히, 2023년에 A국은 정부연구개발비 대비 민간연구개발비 비율이 가장 작다.'라는 내용을 작성하기 위해 추가로 필요한 자료임을 알 수 있다.

ㄷ. 보고서의 내용 중 '이는 2021 ~ 2023년 동안 A국 민간연구개발에 대한 정부의 지원금액이 매년 감소한 데 따른 것으로 분석된다.'라는 내용을 작성하기 위해 추가로 필요한 자료임을 알 수 있다.

32　　　　　　　　　　　　　　　　정답 ④

ㄴ. 만족도가 가장 높은 속성은 B음식점의 분위기(3.5)이므로 옳은 내용이다.

ㄹ. 중요도가 가장 높은 속성은 맛이며, 맛 속성의 A음식점의 성과도는 4, B음식점은 3이므로 옳은 내용이다.

오답분석

ㄱ. A음식점이 B음식점보다 성과도가 높은 것은 맛과 가격의 2개 속성이므로 옳지 않은 내용이다.

ㄷ. A음식점과 B음식점 사이의 성과도 차이가 가장 큰 속성은 분위기(2.5)이므로 옳지 않은 내용이다.

33　　　　　　　　　　　　　　　　정답 ③

전북의 경우 0.379 → 0.391 → 0.408로 재정력지수가 매년 상승하였으므로 옳은 내용이다.

오답분석

① 지방교부세를 지원받은 적이 없다는 것은 재정력지수가 1을 넘는다는 의미이다. 그런데 인천의 2022년 재정력지수는 0.984로 1에 미치지 못해 중앙정부로부터 지방교부세를 지급받았으므로 옳지 않은 내용이다.

② 제시된 자료는 기준재정수입액과 수요액의 비율을 나타내고 있을 뿐이며, 이 자료로는 지역 간의 기준 재정수입액을 직접 비교할 수 없다. 따라서 옳지 않은 내용이다.

④ 제시된 자료로는 기준 재정수요액 대비 지방교부세 지원액의 비율만을 알 수 있을 뿐이다. 따라서 옳지 않은 내용이다.

⑤ 2021 ~ 2023년 동안 대전의 재정력지수는 울산보다 항상 크다. 그런데 분자가 되는 두 지역의 기준재정수입액이 매년 서로 동일하다고 하였으므로 분모가 되는 기준 재정수요액은 대전이 울산보다 항상 작아야 한다. 따라서 옳지 않은 내용이다.

34　　　　　　　　　　　　　　　　정답 ②

ㄱ. 각주의 산식을 변형하여 C지역의 전체 도로 길이를 구하면 $712\text{km}\left(=\frac{534}{0.75}\right)$이므로 옳은 내용이다.

ㄷ. 포장도로에서 고속도로가 차지하는 비율을 계산해보면 F지역의 비율이 약 $10\%\left(\fallingdotseq\frac{51}{501}\times100\right)$로 가장 크므로 옳은 내용이다.

오답분석

ㄴ. I지역의 전체 도로 길이는 $\frac{278}{0.75}$인데 G지역은 $\frac{125}{0.96}$이어서 계산을 따로 해보지 않아도 G지역의 길이가 더 짧다는 것을 알 수 있다. 따라서 옳지 않은 내용이다.

ㄹ. D지역의 비포장도로의 길이를 계산해보면 약 360km(≒780 ×0.46)인 반면, G지역은 5km(=125×0.04)에 불과하므로 옳지 않은 내용이다.

35　　　　　　　　　　　　　　　　정답 ④

ㄱ. 30세 미만 여성이 찬성하는 비율은 90%이며, 30세 이상 여성이 찬성하는 비율은 60%이므로 옳은 내용이다.

ㄴ. 30세 이상 여성이 찬성하는 비율은 60%이며, 30세 이상 남성이 찬성하는 비율은 48%이므로 옳은 내용이다.

ㄹ. 이 선택지는 ㄷ과 연관지어 판단하는 것이 좋다. ㄷ의 논리를 따른다면 연령별 남성의 인원을 더해서 판단하면 된다. 30세 미만의 경우 찬성이 반대보다 56명 이상 많은 반면, 30세 이상의 경우는 반대가 겨우 4명 더 많은 상황이다. 따라서 둘을 합하면 여전히 찬성이 많게 되어 옳은 내용이다.

오답분석

ㄷ. 총인원이 100명으로 그룹 지어져 있으므로 각각의 인원을 더해서 판단하면 된다. 먼저 성별에 따른 차이는 (여성) : (남성) =150 : 126이므로 둘의 차이는 24이고, 연령에 따른 차이는 (30세 미만) : (30세 이상)=168 : 108이므로 둘의 차이는 60 이다. 따라서 연령에 따른 차이가 더 크다.

36　　　　　　　　　　　　　　　　정답 ④

2021년의 경우 SOC 투자규모는 전년 대비 감소한 반면, 총지출 대비 SOC 투자규모 비중은 증가하였으므로 둘의 증감 방향은 동일하지 않다. 따라서 옳지 않다.

오답분석

① 2023년 총지출 대비 SOC 투자규모 비중이 6.9%이므로 조 단위를 생략한 총지출은 (23.1÷6.9)×100으로 계산할 수 있다. 이는 어림하더라도 3000이 넘으므로 옳은 내용임을 알 수 있다.

② 2020년 SOC 투자규모의 전년 대비 증가율이 30%라면 2020년의 SOC 투자규모가 26조 원을 넘어야 하는데, 실제 2020년의 SOC 투자규모는 25.4조 원에 그치고 있으므로 증가율은 30% 이하임을 알 수 있다.

③ 2020 ~ 2023년 동안 SOC 투자규모가 전년에 비해 가장 큰
비율로 감소한 해는 SOC 투자규모의 변화가 크지 않은 상황에
서 전년 대비 감소폭이 1.3조 원으로 가장 큰 2023년임을 직관
적으로 판단할 수 있다.
⑤ 직접 계산할 필요 없이 수치적 감각으로 풀이가 가능한 선택지
이다. 2023년의 SOC 투자규모가 2022년에 비해 감소한 상황
에서 만약 2024년의 전년 대비 감소율이 2023년과 동일하다
면 감소폭은 2023년의 1.3조 원에 비해 덜 감소할 수밖에 없다.
즉, 2024년 SOC 투자규모가 3.1조 원 이상 감소하여 2024년
에 20조 원 이하로 내려가는 것은 불가능하므로 2024년 SOC
투자규모는 20조 원 이상이 될 수밖에 없다.

37 정답 ③

B안의 가중치는 전문성인데 자원봉사제도는 (−)이므로 적절하지
않은 판단이다.

오답분석

① 전문성 면에서는 유급법률구조제도가 (+), 자원봉사제도가
(−)이므로 옳은 설명이다.
② A안에 가중치를 적용할 경우 접근용이성과 전문성에 가중치를
적용하므로 두 정책목표 모두에서 (+)를 보이는 유급법률구조
제도가 가장 적절하다.
④ B안에 가중치를 적용할 경우 전문성에 가중치를 적용하므로
(+)를 보이는 유급법률구조제도가 가장 적절하며, A안에 가
중치를 적용해도 ②에 의해 유급법률구조제도가 가장 적절하
다. 따라서 어떤 것을 적용하더라도 결과는 같다.
⑤ 비용저렴성을 달성하려면 (+)를 보이는 자원봉사제도가 가장
유리하다.

38 정답 ③

갑과 을이 투표거래를 한다면 대안 A, B, D, E가 선택될 수 있고
갑 혹은 을과 병이 투표거래를 한다면 대안 C도 선택될 수 있으므
로 옳은 내용이다.

오답분석

① 대안 A, B, C 모두 찬성은 1명, 반대가 2명씩 존재하여 과반수
투표를 할 경우 어느 것도 채택되지 못하므로 옳지 않은 내용이다.
② 갑이 원하는 대안은 A, D이고, 을이 원하는 대안은 B, E여서
이들이 투표거래를 한다고 해도 대안 C는 선택되지 않을 것이
므로 옳지 않은 내용이다.
④ 대안 D와 E가 채택되기 위해서는 갑과 을이 투표거래를 해야
하므로 옳지 않은 내용이다.
⑤ 가장 바람직하지 못한 경우는 순편익이 음(−)의 값을 갖는 대
안 D와 E가 선택되어 전체 순편익이 −25가 되는 경우이다.
따라서 옳지 않은 내용이다.

39 정답 ⑤

• A : 해외여행에 결격사유가 있다.
• B : 지원분야와 전공이 맞지 않다.
• C : 대학 재학 중이므로 지원이 불가능하다.
• D : TOEIC 점수가 750점 이상이 되지 않는다.
• E : 병역 미필로 지원이 불가능하다.
따라서 A ~ E 5명 모두 지원자격에 부합하지 않는다.

40 정답 ⑤

주어진 논증의 구조를 명확하게 하기 위해 정리하면 다음과 같다.
• 전제 1 : 절대빈곤은 모두 나쁘다.
• 전제 2 : '비슷하게 중요한 다른 일을 소홀히 하지 않고도 막
을 수 있는' 절대빈곤이 존재한다.
• 전제 3 : '비슷하게 중요한 다른 일을 소홀히 하지 않고도 막
을 수 있는' 나쁜 일이 존재한다면 그 일을 막아야 한다.
• 결론 : 막아야 하는 절대빈곤이 존재한다.

오답분석

① 전제 1에서 절대빈곤은 모두 나쁘다고 하였으므로 나쁜 것은
절대빈곤을 포함하는 관계에 있음을 알 수 있다. 즉, 다른 명제
에서 나쁜 것을 절대빈곤으로 바꾸어도 무방하다는 것이다. 따
라서 전제 3은 "'비슷하게 중요한 다른 일을 소홀히 하지 않고
도 막을 수 있는' '절대빈곤'이 존재한다면 그 일을 막아야 한
다."로 바꿀 수 있다. 그런데 이 문장의 앞부분은 이미 전제
2와 같기 때문에 결국 전제 2와 3은 'A라면 B이다', 'A이다'
'따라서 B이다'의 정당한 3단 논법의 형식으로 표현될 수 있다.
따라서 해당 논증은 반드시 참이다.
② 전제 1이 없다면 전제 2의 절대빈곤과 전제 3의 나쁜 일의 관
계를 알 수 없게 되어 전혀 무관한 명제들이 된다. 따라서 결론
을 도출할 수 없다.
③ · ④ 만약 결론이 '절대빈곤은 반드시 막아야 한다.'와 같이 필
연적이라면 판단을 달리할 수 있겠지만, 주어진 결론은 '존재'
만을 입증하고 있다. 즉, 단 하나의 사례라도 존재한다면 결론
은 참이 되는 것이다. 이미 전제 1 ~ 3을 통한 논증을 통해서
존재가 입증된 상황에서 선택지와 같은 명제가 첨가된다면 막
을 수 없는 절대빈곤도 존재한다는 것을 나타낼 뿐, 전체 결론
을 거짓으로 만드는 것은 아니다.

41 정답 ②

먼저 B와 C가 모두 탈락했다는 B의 진술과 B와 C 중 1명만 합격
했다는 C의 진술이 서로 모순되므로 B와 C 둘 중 1명은 거짓을
말하고 있음을 알 수 있다. 만약 B의 진술이 참이라면 B의 진술에
따라 B와 C는 모두 탈락하였고, A의 진술에 따라 A와 D도 탈락하
였으므로 합격자는 E가 된다. 그러나 제시된 조건에 따라 합격자
는 2명이어야 하므로 이는 성립하지 않는다. 따라서 거짓말을 하
고 있는 사람은 B이다.

42
정답 ④

문제에서 D전시관 앞을 지나간 인원이 제시되어 있는 상태에서 B전시관 앞을 지나간 인원을 구해야 하므로 이를 같이 고려한다. 상단의 출입구를 (가)라 하고 하단의 출입구를 (나)라 부른다면 다음과 같이 정리할 수 있다.

구분	인원수(명)	D 통과여부	B 통과여부
(가) → (가)		○	○
(나) → (나)		○	○
(가) → (나)		×	○
(나) → (가)		○	×

먼저 전체 인원이 400명인데, D를 통과한 인원이 350명이라고 하였으므로 D를 통과하지 않은 (가) → (나) 코스를 이용한 인원은 50명임을 알 수 있다. 다음으로 한 바퀴를 돈 인원이 200명이라고 하였으므로 (가) → (가) 코스와 (나) → (나) 코스를 이용한 인원의 합이 200명임을 알 수 있다. 따라서 마지막 남은 (나) → (가) 코스의 인원은 전체 400명과의 차이인 150명임을 알 수 있다.

구분	인원수(명)	D 통과여부	B 통과여부
(가) → (가)	200	○	○
(나) → (나)		○	○
(가) → (나)	50	×	○
(나) → (가)	150	○	×

결과적으로 B를 통과한 인원은 전체 400명 중 B를 통과하지 않은 인원의 수를 차감한 수이므로 250명이 된다.

43
정답 ③

ㄱ. 제1조에서 '혼인은 가족관계등록법에 정한 바에 의하여 신고함으로써 그 효력이 생긴다.'라고 하였으므로 옳은 내용이다.

ㄴ·ㄹ. 제2조에서 '부부 사이에 체결된 재산에 관한 계약은 부부가 그 혼인관계를 해소하지 않는 한 언제든지 부부의 일방이 이를 취소할 수 있다.'라고 하였으므로 옳은 내용이다.

오답분석

ㄷ. 제2조에서 '그러나 제3자의 권리를 해하지 못한다.'라고 하였으므로 옳지 않은 내용이다.

ㅁ. 제3조에서 '혼인성립 전에 그 재산에 관하여 약정한 때에는 혼인 중에 한하여 이를 변경하지 못한다.'라고 하였으므로 옳지 않은 내용이다.

44
정답 ①

부서배치의 경우는 다음과 같다.
• 성과급 평균은 48만 원이므로 A는 영업부 또는 인사부에서 일한다.
• B와 D는 비서실, 총무부, 홍보부 중에서 일한다.
• C는 인사부에서 일한다.
• D는 비서실에서 일한다.
따라서 A – 영업부, B – 총무부, C – 인사부, D – 비서실, E – 홍보부에서 일한다.

휴가의 경우 A는 D보다 휴가를 늦게 간다.
따라서 C – D – B – A 또는 D – A – B – C 순으로 휴가를 간다.

오답분석

② C가 제일 마지막에 휴가를 갈 경우 B는 A보다 늦게 출발한다.

③ A : 20×3=60만 원, C : 40×2=80만 원

④ C가 제일 먼저 휴가를 갈 경우 A가 제일 마지막으로 휴가를 가게 된다.

⑤ 휴가를 가지 않은 E는 2배의 성과급을 받기 때문에 총 120만 원의 성과급을 받게 되고, D의 성과급은 60만 원이기 때문에 두 사람의 성과급 차이는 2배이다.

45
정답 ⑤

승진자 선발방식에 따라 각 승진후보자의 승진점수를 계산해보면 다음과 같다.

(단위 : 점)

구분	가점을 제외한 총점	가점	승진점수
A주임	29+28+12+4=73	1	74
B주임	32+29+12+5=78	2	80
C주임	35+21+14+3=73	5(가점상한 적용)	78
D주임	28+24+18+3=73	–	73
E주임	30+23+16+7=76	4	80

승진점수가 80점으로 가장 높은 승진후보자는 B주임과 E주임인데, 이 중 분기실적 점수와 성실고과 점수의 합이 E주임은 30+16 =46점, B주임은 32+12=44점이다. 따라서 E주임이 승진한다.

46
정답 ②

고급 포장과 스토리텔링은 모두 수제 초콜릿의 강점에 해당되므로 SWOT 분석에 의한 마케팅 전략으로 볼 수 없다. SO전략과 ST전략으로 보일 수 있으나, 기회를 포착하거나 위협을 회피하는 모습이 보이지 않기에 적절하지 않다.

오답분석

① 값비싼 포장(약점)을 보완하여 좋은 식품에 대한 인기(기회)에 발맞춰 홍보하는 WO전략에 해당한다.

③ 수제 초콜릿의 스토리텔링(강점)을 포장에 명시하여 소비자들의 요구를 충족(기회)시키는 SO전략에 해당한다.

④ 수제 초콜릿의 존재를 모르는 점(약점)을 마케팅을 통해 보완하여 대기업과의 경쟁(위협)을 이겨내는 WT전략에 해당한다.

⑤ 수제 초콜릿의 풍부한 맛(강점)을 알리고, 맛을 보기 전에는 알 수 없는 일반 초콜릿과의 차이(위협)도 알리는 ST전략에 해당한다.

47   정답 ②

한글 자음을 순서에 따라 바로 뒤의 자음으로 변환하면 다음과 같다.

ㄱ	ㄴ	ㄷ	ㄹ	ㅁ	ㅂ	ㅅ
ㄴ	ㄷ	ㄹ	ㅁ	ㅂ	ㅅ	ㅇ
ㅇ	ㅈ	ㅊ	ㅋ	ㅌ	ㅍ	ㅎ
ㅈ	ㅊ	ㅋ	ㅌ	ㅍ	ㅎ	ㄱ

한글 모음을 순서에 따라 영어로 변환하면 다음과 같다.

ㅏ	ㅐ	ㅑ	ㅒ	ㅓ	ㅔ	ㅕ
a	b	c	d	e	f	g
ㅖ	ㅗ	ㅘ	ㅙ	ㅚ	ㅛ	ㅜ
h	i	j	k	l	m	n
ㅝ	ㅞ	ㅟ	ㅠ	ㅡ	ㅢ	ㅣ
o	p	q	r	s	t	u

ㄴ=ㄱ, u=ㅣ, ㅂ=ㅁ, ㅋ=ㅊ, u=ㅣ, ㅊㅊ=ㅉ, u=ㅣ, ㄴ=ㄱ, b=ㅐ

따라서 김대리가 말한 메뉴는 김치찌개이다.

48   정답 ③

ㅈ=ㅊ, ㅗ=i, ㄴ=ㄷ, ㅈ=ㅊ, ㅜ=n, ㅇ=ㅈ, ㄱ=ㄴ, ㅘ=j, 공백=0, ㅂ=ㅅ, ㅐ=b, ㄹ=ㅁ, ㅕ=g

49   정답 ②

오답분석

ㄱ. (다)의 경우 3 다음에 9가 연이어 배치되어 있기 때문에 옳지 않다.

ㄹ. (가)의 경우 3 다음에 6이 연이어 배치되어 있기 때문에 옳지 않다.

50   정답 ②

팀점수로 150점을 받았으며 5명의 학생 간 2.5점의 차이를 둔다고 하였으므로 각 학생이 받게 되는 점수는 25, 27.5, 30, 32.5, 35점이다.

을의 기말고사 점수는 50점이고 과제 점수는 25 ~ 35점을 받을 수 있으므로 총점은 75 ~ 85점을 받을 수 있다. 따라서 최고 B+등급에서 최저 C+등급까지의 성적을 받을 수 있으므로 옳지 않은 내용이다.

오답분석

① 갑의 기말고사 점수는 53점이고 과제 점수는 25 ~ 35점을 받을 수 있으므로 총점은 78 ~ 88점을 받을 수 있다. 따라서 최고 B+등급에서 최저 C+등급까지의 성적을 받을 수 있으므로 옳은 내용이다.

③ 병의 기말고사 점수는 46점이고 과제 점수는 25 ~ 35점을 받을 수 있으므로 총점은 71 ~ 81점을 받을 수 있다. 따라서 최고 B등급에서 최저 C등급까지의 성적을 받을 수 있으므로 옳은 내용이다.

④ 을의 기여도가 1위이고 갑이 5위, 병이 2위라면 갑은 78점(=53+25), 병은 78.5점(=46+32.5)이므로 둘 다 C+등급을 받을 수 있다. 따라서 옳은 내용이다.

⑤ 갑의 기여도가 1위이고 을이 5위, 병이 2위라면 을은 75점(=50+25), 병은 78.5점(=46+32.5)이므로 둘 다 C+등급을 받을 수 있다. 따라서 옳은 내용이다.

제3회 모의고사 정답 및 해설

01	02	03	04	05	06	07	08	09	10
④	②	④	④	③	③	④	①	⑤	④
11	12	13	14	15	16	17	18	19	20
③	①	④	③	④	②	④	④	①	④
21	22	23	24	25	26	27	28	29	30
④	④	②	④	③	①	②	⑤	②	①
31	32	33	34	35	36	37	38	39	40
③	③	②	④	③	①	④	④	⑤	②
41	42	43	44	45	46	47	48	49	50
④	①	①	⑤	③	⑤	④	④	④	⑤

01 정답 ④
두 번째 문단의 내용처럼 '디지털 환경에서는 저작물을 원본과 동일하게 복제할 수 있고 용이하게 개작할 수 있기 때문에' ㉠과 같은 문제가 생겼다. 또한 이에 대한 결과로 (나) 바로 뒤의 내용처럼 '디지털화된 저작물의 이용 행위가 공정 이용의 범주에 드는 것인지 가늠하기가 더 어려워졌고 그에 따른 처벌 위험'도 커진 것이다. 따라서 ㉠은 (나)에 들어가는 것이 가장 적절하다.
㉡에서 말하는 '이들'은 '저작물의 공유' 캠페인을 소개하는 네 번째 문단에서 언급한 캠페인 참여자들을 가리킨다. 따라서 ㉡은 (마)에 들어가는 것이 가장 적절하다.

02 정답 ②
제시문은 단어 형성법에 대한 설명으로, (가) 단어 형성 과정에서의 파생접사와 어미·조사와의 혼동 – (라) 파생접사와 어미·조사의 차이점 – (나) 단어 형성법 중 용언 어간과 어미의 결합 – (다) 체언과 조사와의 결합을 통한 단어 형성의 순으로 나열하는 것이 적절하다.

03 정답 ④
첫 번째 문단에서 동양에서 일찍이 전원적 일원론의 우주관 때문에 풍경화가 발달했다고 하였는데, 마지막 문단의 '자연 풍경과 일체가 되어'로 보아 전원적 일원론이 인간과 자연 풍경을 일체화시키는 사고방식임을 알 수 있다. 즉, 동양에서 풍경화가 일찍 발달한 까닭이 인간이 자연보다 작고 힘없는 존재라는 인식 때문이라고 보기는 어렵다. 따라서 ④는 적절하지 않다.

04 정답 ④
- 지도 : 어떤 목적이나 방향으로 남을 가르쳐 이끎
- 감독 : 일이나 사람 따위가 잘못되지 아니하도록 살피어 단속하거나 일의 전체를 지휘함

오답분석
① 목도 : 눈으로 직접 봄
② 보도 : 대중 전달 매체를 통하여 일반 사람들에게 새로운 소식을 알림. 또는 그 소식
③ 정독 : 뜻을 새겨 가며 자세하게 읽음
⑤ 고독 : 세상에 홀로 떨어져 있는 듯이 매우 외롭고 쓸쓸함

05 정답 ③
첫 번째 문장에서 '시간상으로 썩 긴 동안'을 뜻하는 말은 '오랫동안'이다. 또한 아직 알려지지 않은 것을 찾아낸 상황이므로 '발명'이 아닌 '발견'이 옳다.

06 정답 ③
ㄷ. 효과(效果) : 보람이 있는 좋은 결과
ㄱ. 활용(活用) : 살려서 잘 응용함
ㅂ. 사용(使用) : 물건을 쓰거나 사람을 부림
ㅁ. 효율(效率) : 들인 노력과 얻은 결과의 비율

오답분석
ㄴ. 효용(效用) : 보람 있게 쓰거나 쓰임. 또는 그런 보람이나 쓸모
ㄹ. 조율(調律) : 문제를 어떤 대상에 알맞거나 마땅하도록 조절함을 비유적으로 이르는 말
ㅅ. 과시(誇示) : 자랑해 보임
ㅇ. 효능(效能) : 효험을 나타내는 능력

07 정답 ④
(라)는 기존의 문제 해결 방안이 지니는 문제점을 지적하고 있다.

08 정답 ①
제시문은 대중문화가 주로 젊은 세대를 중심으로 한 문화라고 설명한 다음 대중문화라고 해서 반드시 젊은 사람들을 중심으로 이루어지는 것은 아니라고 설명하고 있다.

09　정답 ⑤

제시문에서는 기자와 언론사를 통해 재구성되는 뉴스와 스마트폰과 소셜미디어를 통한 뉴스 이용으로 나타나는 가짜 뉴스의 사례를 제시하고 있다. 뉴스가 유용한 지식과 정보를 제공하는 반면, 거짓 정보를 흘려 잘못된 정보와 의도로 현혹하기도 한다는 내용을 통해 뉴스 이용자의 바른 이해와 판단이 필요하다는 필자의 의도를 파악할 수 있다.

10　정답 ④

제시문은 조선 왕들의 모습을 제시하면서 각기 다른 시대 배경 속에서 백성들과 함께 국가를 이끌어나갈 임무를 부여받았던 전통 사회의 왕들에게 필요한 덕목들은 오늘날에도 여전히 유효하다고 설명한다. 따라서 빈칸에 들어갈 내용으로는 ④가 가장 적절하다.

11　정답 ③

특정 상황을 가정하여 컴퓨터와 스마트폰이 랜섬웨어에 감염되는 사례를 통해 문제 상황을 제시한 뒤, 이에 대한 보안 대책 방안을 제시하고 있다. 따라서 글의 주된 전개 방식으로 가장 적절한 것은 ③이다.

12　정답 ①

제시문은 스타 시스템의 문제점을 지적하고 필자 나름대로의 대안을 모색하고 있다.

13　정답 ④

모바일을 활용한 마케팅은 텍스트를 줄이고, 재미와 즐거움을 줌으로써 고객을 사로잡아야 한다. 이런 부분에서 모든 것을 한 화면 안에서 보여주고, 시각과 청각을 자극하여 정보를 효과적으로 전달하는 비디오 콘텐츠를 활용한 ㉠이 효과적인 마케팅이다.

14　정답 ③

제시문에 따르면 일반적으로 사람들은 콘텐츠를 선택하기에 앞서 미디어를 결정한다. 보기의 '태극기 휘날리며'는 동일한 콘텐츠가 책과 연극, 영화라는 다양한 미디어로 표현되었지만, 흥행에 성공한 것은 영화였다. 즉, 대중들은 동일한 콘텐츠임에도 불구하고 영화라는 미디어로 표현된 '태극기 휘날리며'를 선택한 것이다. 따라서 동일한 콘텐츠더라도 어떤 미디어를 선택하느냐에 따라 대중의 선호가 달라질 수 있음을 알 수 있다.

오답분석

① 시대적으로 콘텐츠의 중요성이 강조되고는 있으나, 제시문과 보기에서는 콘텐츠보다 미디어의 중요성을 더 강조하고 있음을 알 수 있다.

② 아무리 우수한 콘텐츠를 가지고 있더라도 미디어의 발전이 없다면 콘텐츠는 표현의 한계를 가질 수밖에 없다.

④ 콘텐츠가 아무리 좋아도 미디어 기술이 없으면 콘텐츠는 대중적인 반향을 불러일으킬 수도, 부가 가치를 창출할 수도 없다. 따라서 콘텐츠 개발에 못지않게 미디어의 발전이 부각되어야 한다.

⑤ 미디어의 차이가 콘텐츠를 수용하는 대중의 태도 차이로 나타난다.

15　정답 ④

밑줄 친 부분과 ④는 '종이를 여러 장 묶어 맨 물건'이라는 뜻으로 쓰였다.

오답분석

① 말뚝으로 만든 우리나 울타리

② 책망(責望)

③ 책임(責任)

⑤ 물결에 둑이 넘어지지 않게 하기 위하여 둑 앞에 말뚝을 듬성듬성 박고 대쪽으로 얽어 놓은 장

16　정답 ②

- 그녀의 <u>발상</u>은 언제나 기발하고 참신했다.
- 조직 개편안은 <u>구상</u> 단계일 뿐, 그 실현 여부는 아직 불투명하다.
- 항상 대책을 <u>고안</u>하는 덕분에 문제가 발생해도 막힘없이 해결해 왔다.
- 컴퓨터는 계산기의 필요성에 대한 <u>착상</u>에서 발전되었다.

- 입안(立案) : 어떤 안(案)을 세움. 또는 그 안건

오답분석

① 착상(着想) : 어떤 일이나 창작의 실마리가 되는 생각이나 구상 따위를 잡음. 또는 그 생각이나 구상

③ 고안(考案) : 연구하여 새로운 안을 생각해 냄. 또는 그 안

④ 구상(構想) : 앞으로 이루려는 일에 대하여 그 일의 내용이나 규모, 실현 방법 따위를 어떻게 정할 것인지 이리저리 생각함. 또는 그 생각

⑤ 발상(發想) : 어떤 생각을 해냄. 또는 그 생각

17　정답 ④

오답분석

① 목적어와 서술어의 호응이 이루어지지 않는다. 따라서 '~사람을 태우거나~'로 수정해야 한다.

②·③ 평행 구조의 호응이 되지 않는다.

⑤ 압존법에서는 청자보다 주체가 낮을 때 주체를 높이지 않으므로 '~출근했어요.'로 수정해야 한다.

18

영국의 BBC에서 뉴스 시그널로 베토벤의 5번 교향곡을 사용한 것이 제2차 세계대전 때이고, 작곡은 그 전에 이루어졌다.

19
정답 ①

영화의 매출액은 매년 전체 매출액의 30%를 넘는 것을 알 수 있다.

오답분석

② 2018 ~ 2019년 전년 대비 매출액의 증감 추이는 게임의 경우 '감소 - 증가'이고, 음원은 '증가 - 증가'이다.

③ 2022년과 2024년 음원 매출액은 SNS 매출액의 2배 미만이다.

④ 2019년에 SNS의 매출액은 전년에 비해 감소하였다.

⑤ 2022년 전년 대비 매출액 증가율이 가장 큰 콘텐츠 유형은 SNS이다.

20
정답 ④

ㄴ. A방송사의 연간 방송시간 중 보도시간 비율은

$\dfrac{2,343}{(2,343+3,707+1,274)} \times 100 ≒ 32.0\%$이고 D방송사의 교양방송 비율은 $\dfrac{2,498}{(1,586+2,498+3,310)} \times 100 ≒ 33.8\%$로 D방송사의 교양시간비율이 더 높다.

ㄹ. 전체 방송시간은 6,304(전체보도시간)+12,181(전체 교양시간)+10,815(전체 오락시간)=29,300(시간)이고, 이 중 오락시간의 비율은 $\dfrac{10,815}{29,300} \times 100 ≒ 36.9\%$로 40% 이하이다.

오답분석

ㄱ. 전체 보도시간은 2,343+791+1,584+1,586=6,304시간이고, 교양시간은 3,707+3,456+2,520+2,498=12,181시간이고, 오락시간은 1,274+2,988+3,243+3,310=10,815시간으로, 방송시간은 교양, 오락, 보도 순으로 많다.

ㄷ. 연간 방송 시간 중 보도시간 비율은 다음과 같다.

• A방송사 : $\dfrac{2,343}{(2,343+3,707+1,274)} \times 100 ≒ 32.0\%$

• B방송사 : $\dfrac{791}{(791+3,456+2,988)} \times 100 ≒ 10.9\%$

• C방송사 : $\dfrac{1,584}{(1,584+2,520+3,243)} \times 100 ≒ 21.6\%$

• D방송사 : $\dfrac{1,586}{(1,586+2,498+3,310)} \times 100 ≒ 21.4\%$

따라서 A방송사의 비율이 가장 높다.

21
정답 ④

그래프의 제목은 'TV＋스마트폰 이용자의 도시규모별 구성비'인 것에 반해, 그래프에 있는 수치들을 살펴보면 TV에 대한 도시규모별 구성비와 같은 것을 알 수 있다. 따라서 제목과 그래프의 내용이 서로 일치하지 않음을 알 수 있다.

TV＋스마트폰 이용자의 도시규모별 구성비는 다음과 같이 구할 수 있다.

구분	TV	스마트폰
사례 수	7,000명	6,000명
대도시	45.3%	47.5%
중소도시	37.5%	39.6%
군지역	17.2%	12.9%

• 대도시 : $45.3\% \times \dfrac{7,000}{13,000} + 47.5\% \times \dfrac{6,000}{13,000} ≒ 46.32\%$

• 중소도시 : $37.5\% \times \dfrac{7,000}{13,000} + 39.6\% \times \dfrac{6,000}{13,000} ≒ 38.47\%$

• 군지역 : $17.2\% \times \dfrac{7,000}{13,000} + 12.9\% \times \dfrac{6,000}{13,000} ≒ 15.22\%$

오답분석

① 연령대별 스마트폰 이용자 비율에 사례 수(조사인원)를 곱하면 이용자 수를 구할 수 있다.

② 매체별 성별 이용자 비율에 사례 수(조사인원)를 곱하면 구할 수 있다.

③ 주어진 표에서 쉽게 확인할 수 있다.

⑤ 각 사례 수(조사인원)에서 사무직에 종사하는 대상의 수를 도출한 뒤, 매체별 비율을 산출하여야 한다.

구분	TV	스마트폰	PC/노트북
사례 수(a)	7,000명	6,000명	4,000명
사무직 비율(b)	20.1%	25.6%	28.2%
사무직 대상수 ($a \times b = c$)	1,407명	1,536명	1,128명
합계(d)	4,071명		
비율($c \div d$)	34.56%	37.73%	27.71%

22
정답 ④

• 지환 : 2020년부터 2023년까지 방송수신료 매출액은 전년 대비 증가 - 감소 - 감소 - 증가의 추이이고, 프로그램 판매 매출액은 전년 대비 감소 - 증가 - 증가 - 감소의 추이를 보이고 있다. 따라서 방송수신료 매출액의 증감 추이와 반대되는 추이를 보이는 항목이 존재한다.

• 동현 : 각 항목의 매출액 순위는 광고 - 방송수신료 - 기타 사업 - 협찬 - 기타 방송사업 - 프로그램 판매 순서이며, 2019년부터 2023년까지 이 순위는 계속 유지된다.

• 세미 : 2019년 대비 2023년에 매출액이 상승하지 않은 항목은 방송수신료, 협찬으로 총 2개이다.

- 소영 : 항목별 최대 매출액과 최소 매출액의 차는 다음과 같다.
  - 방송수신료 : $5,717-5,325=392$천만 원
  - 광고 : $23,825-21,437=2,388$천만 원
  - 협찬 : $3,306-3,085=221$천만 원
  - 프로그램 판매 : $1,322-1,195=127$천만 원
  - 기타 방송사업 : $2,145-1,961=184$천만 원
  - 기타 사업 : $4,281-4,204=77$천만 원

따라서 기타 사업의 매출액 변동폭은 7억 7천만 원이므로 모든 항목의 매출액이 10억 원 이상의 변동폭을 보인 것은 아니다.

23   정답 ②

주어진 자료의 빈칸을 채우면 다음과 같다.

(단위 : 개, 명, 백만 원)

구분	사업체 수	종사자 수	매출액	업체당 평균 매출액	1인당 평균 매출액
지상파방송	53	13,691	3,914,473	73,858	286
종합유선방송	94	4,846	2,116,851	22,520	437
일반위성방송	1	295	374,385	374,385	1,269
홈쇼핑PP방송	6	3,950	2,575,400	429,233	652
IPTV방송	3	520	616,196	205,399	1,185
전체	157	23,302	9,597,305	61,129	412

ⓐ $\frac{53}{157}\times100 ≒ 33.75$

ⓑ $6+4,846=4,852$

ⓒ $374,385-73,858\times2=226,669$

ⓓ $652\times1,000-616,196=35,804$

∴ ⓐ+ⓑ+ⓒ+ⓓ$=33.75+4,852+226,669+35,804$
$\qquad=267,358.75$

24   정답 ④

ㄱ. 2023년에 공개경쟁채용을 통해 채용이 이루어진 공무원구분은 5급, 7급, 9급, 연구직 4개이므로 옳은 내용이다.

ㄴ. 2023년 우정직 채용 인원은 599명으로, 이의 2배는 1,200명에 2명 부족한 1,198명이다. 그런데 7급 채용 인원은 1,148명에 불과해 이에 미치지 못하므로 옳은 내용임을 알 수 있다.

ㄹ. 2024년부터 9급 공개경쟁채용 인원을 해마다 전년 대비 10%씩 늘린다면 2025년의 9급 공개경쟁채용 인원은 3,000명 $\times1.21=3,630$명이 되며, 2025년 전체 공무원 채용 인원은 2023년 9,042명에서 630명이 늘어난 9,672명이 된다. 그런데 9,672명의 40%는 대략 3,870명이어서 9급 공개경쟁채용 인원보다 크므로 옳은 내용임을 알 수 있다.

ㄷ. 5급과 7급, 9급에서는 공개경쟁채용 인원이 경력경쟁채용 인원보다 많지만, 연구직의 경우는 그 반대로 경력경쟁채용 인원이 더 많다는 것을 알 수 있다. 따라서 옳지 않은 내용이다.

25   정답 ③

MBC의 2023년 방송사업수익은 1,382억 원이고, 이를 점유율인 6.5%로 나누면 $1,382÷6.5≒213$이므로 1%당 수익률은 213억 원이다. 따라서 0.1%당 수익률은 21.3억 원이다.

26   정답 ①

소금물 A의 농도를 x%, 소금물 B의 농도를 y%라고 하면, 다음 두 방정식이 성립한다.

$$\frac{x}{100}\times200+\frac{y}{100}\times300=\frac{9}{100}\times500$$

$$→ 2x+3y=45 \cdots ㉠$$

$$\frac{x}{100}\times300+\frac{y}{100}\times200=\frac{10}{100}\times500$$

$$→ 3x+2y=50 \cdots ㉡$$

두 방정식을 연립하면 $x=12$, $y=7$이 나오므로 소금물 A의 농도는 12%이며, 소금물 B의 농도는 7%임을 알 수 있다.

27   정답 ②

창업교육을 미이수한 폐업 자영업자 중 생존기간이 10개월인 자영업자의 비율이 약 68%이어서 생존기간이 10개월 미만인 자영업자의 비율은 약 32%이다. 따라서 옳은 내용임을 알 수 있다.

① 주어진 그래프를 통해서는 기간별 생존비율만을 알 수 있을 뿐, 창업교육을 이수 또는 미이수한 폐업 자영업자 수는 알 수 없다.

③ 창업교육을 이수한 폐업 자영업자 중 생존기간이 32개월 이상인 자영업자의 비율은 45%에 미치지 못하므로 옳지 않은 내용이다.

④ 창업교육을 이수한 폐업 자영업자의 생존비율과 창업교육을 미이수한 폐업 자영업자의 생존비율의 차이는 창업 후 45 ~ 48개월의 구간에서 약 30%p로 가장 크다는 것을 알 수 있으므로 옳지 않은 내용이다.

⑤ 0 ~ 5개월 구간과 48 ~ 50개월 구간에서는 두 그룹의 생존비율이 같으나, 나머지 구간에서는 모두 창업교육 미이수 그룹의 생존비율이 이수 그룹에 비해 낮다. 따라서 평균 생존기간은 이수 그룹이 더 길다.

28   정답 ⑤

(연말기준 근로자 수)=(연초기준 근로자 수)+(연간 취업자 수)-(연간 퇴사자 수)이므로 연말기준 근로자 수가 연초기준 근로자 수보다 많기 위해서는 연간 취업자 수가 연간 퇴사자 수보다 많아야 한다. 따라서 연간 취업자 수가 연간 퇴사자 수보다 많은 산업은 건설업(520천 명)과 전기ㆍ통신업(220천 명)으로 총 2개이다.

① 연초기준 근로자 수가 가장 많은 상위 두 산업은 도·소매업(54,150,000명)과 제조업(22,400,000명)으로 54,150,000+22,400,000=76,550,000명은 8,000만 명 미만이다.

② (취업률)=$\frac{(\text{해당산업 취업자 수})}{(\text{전체 취업자 수})}\times100$이므로 전체 취업자 수가 5,660천 명인 데 반해 도소매업의 취업자 수는 2,800천 명으로 절반(5,660÷2=2,830)에 미치지 못하여 50% 미만이다.

③ 도소매업과 운수업의 퇴사자 중 이직률을 구하면 다음과 같다.

- 도소매업 : $\frac{2,652}{3,120}\times100=85\%$

- 운수업 : $\frac{663}{780}\times100=85\%$

따라서 도소매업과 운수업의 퇴사자 중 이직률은 동일하며, 건설업의 퇴사율은 $\frac{440}{8,800}\times100=5\%$이다.

29 정답 ②

ㄴ. 그래프에서 중소기업의 검색 건수는 2020년을 시작으로 매년 바깥쪽으로 이동하고 있으므로 옳은 내용이다.

ㄷ. 시각적으로 판단해야 하는 선택지이다. 2021년을 제외한 나머지 연도에서는 대기업의 검색 건수가 가장 많은 데다가 80~100 구간에 몰려있는 상태이다. 또한, 2021년의 경우도 중소기업과 개인과는 거의 차이가 없으며, 단지 외국인의 경우만 차이가 큰 상태이다. 그러나 이 차이라는 것도 2021년을 제외한 나머지 연도에서 쌓아놓은 격차보다는 작으므로 결국 2020년부터 2023년까지의 검색 건수 총합은 대기업이 가장 많았음을 알 수 있다. 따라서 옳은 내용이다.

ㄱ. 2020년과 2021년의 검색 건수를 비교해보면 외국인, 개인, 중소기업에서는 모두 2020년의 검색 건수가 적고, 대기업의 경우만 2021년이 많은 상황이다. 그런데 대기업의 검색 건수의 차이보다 외국인, 개인, 중소기업의 검색 건수 합의 차이가 더 크므로 전체 검색 건수는 2020년이 더 적다. 따라서 옳지 않은 내용이다.

ㄹ. 2022년에는 외국인과 개인의 검색 건수가 가장 적었고, 대기업의 검색 건수가 가장 많았으므로 옳지 않은 내용이다.

30 정답 ①

국내 지식산업센터의 총합은 324개이며, 이의 60%는 200에 약간 미치지 못하는 수치이므로 옳지 않은 내용이다.

② 국내 지식산업센터 수의 80%는 약 259개인데, 수도권의 지식산업센터 수는 278개이므로 80%를 훨씬 뛰어넘는다.

③ 경기지역의 경우 계획입지에 조성된 지식산업센터 수는 33개인데 반해, 개별입지에 조성된 것은 100개이므로 옳은 내용이다.

④ 동남권의 지식산업센터의 수는 27개이며, 대경권은 6개이므

로 옳은 내용이다.

⑤ 제시된 자료에 의하면 6대 광역시 중 계획입지에 조성된 지식센터 수(0개)가 개별입지에 조성된 것(1개)보다 적은 지역은 울산뿐이다.

31 정답 ③

2TV의 재방송 시간은 총 102,000분인데, 이에 대한 35%이므로 102,000×0.35=35,700분이다.

32 정답 ③

전산장비 가격 대비 연간유지비 비율의 산식을 변형하면 (전산장비 가격)=$\frac{(\text{연간유지비})}{(\text{유지비 비율})}\times100$이다.

이에 따라 계산해보면 A=4,025만 원, B=6,000만 원, C=4,014만 원, D=5,100만 원, E=5,200만 원, F=3,333만 원이다. 따라서 가격이 가장 높은 것은 B이고, 가장 낮은 것은 F이다.

① 그래프에서 D의 연간유지비 255만 원의 2배는 500만 원이 넘는 반면, B는 450만 원에 그치고 있다. 따라서 옳지 않은 내용이다.

②·④ 선택지 ③에 따라 가격이 가장 높은 것은 B이고, E의 가격이 C의 가격보다 높다는 사실을 알 수 있으므로 옳지 않은 내용이다.

⑤ 선택지의 관계가 성립하려면 C가 E보다 가격이 높아야 하는데, ④에서 C가 E보다 가격이 낮음을 확인하였다. 따라서 옳지 않은 내용이다.

33 정답 ②

㉠ 11개 전통 건축물을 공포양식별로 구분하면 다포양식 6개(숭례문, 문묘 대성전, 창덕궁 인정전, 화엄사 각황전, 무량사 극락전, 덕수궁 중화전), 주심포양식 2개(봉정사 화엄강당, 장곡사 상대웅전), 익공양식 3개(관덕정, 남원 광한루, 창의문)이므로 옳은 내용이다.

㉣ 이 선택지의 정오를 정확히 확인하기 위해서는 대략적이나마 최솟값을 가지는 항목과 최댓값을 가지는 항목을 판별해야 한다. 그런데 직접 계산하지 않더라도 최솟값을 가지는 항목은 무량사 극락전이고, 최댓값을 가지는 항목은 남원 광한루가 될 것임은 알 수 있다. 따라서 이 둘을 직접 계산하면 무량사 극락전은 약 0.16, 남원 광한루가 약 0.39임을 알 수 있으므로 제시된 모든 건축물의 기둥 지름 대비 부연 폭의 비율은 0.15보다 크고 0.40보다 작다는 것을 확인할 수 있다.

㉡ 기둥 지름은 최소 1.40척이고, 처마서까래 지름은 최소 0.50척, 최대 0.80척이나. 기둥 지름의 최댓값은 무량사 극락전의 2.20이므로 옳지 않다.

© 11개 전통 건축물의 부연은 폭이 최소 0.25척, 최대 0.55척이고 높이가 최소 0.30척, 최대 0.60척인 것은 맞다. 그러나 남원 광한루의 부연은 폭과 높이가 모두 0.55척으로 동일하므로 모든 건축물의 부연의 높이가 폭보다 큰 것은 아니다.

34 정답 ④

2018년과 2019년에 구입한 책상은 〈조건〉에 제시된 날짜(2024년 8월 15일)를 기준으로 계산하면 5년 이상이다. 따라서 부서별로 교체할 책상 개수를 정리하면 다음과 같다.

(단위 : 개)

구분	E부서	F부서	G부서	H부서	합계
5년 이상인 책상	25	16	17	12	70
5년 미만인 책상	5	2	0	3	10
합계	30	18	17	15	80

두 번째 조건에서 기존 책상과 교체할 책상 개수 비율이 $10:90$일 경우 교체할 책상 개수가 $80 \times \frac{90}{100} = 72$개이고, 비율이 $20:80$일 때 교체할 책상은 $80 \times \frac{80}{100} = 64$개이다. 교체 대상으로 5년 이상인 책상의 개수가 총 70개이므로 교체할 책상은 64개가 된다. 세 번째 조건에서 부서별로 기존 책상이 전체 책상 개수의 10%를 넘지 말아야 하므로 교체하지 않은 책상은 부서별로 $80 \times 0.1 =$개 이하이다. 따라서 부서별 교체할 책상 개수 범위는 다음과 같다.

구분	E부서	F부서	G부서	H부서
교체할 책상 개수 범위	22개 이상 25개 이하	10개 이상 16개 이하	9개 이상 17개 이하	7개 이상 12개 이하

따라서 교체할 책상의 개수 범위가 맞고, 총개수가 64개인 선택지는 ④이다.

오답분석
① F부서의 교체할 책상 개수가 범위에 속하지 않는다.
② G부서와 H부서의 교체할 책상 개수가 범위에 속하지 않는다.
③ 모든 부서의 교체할 책상 개수가 범위 안에 있지만, 전체 교체할 책상 개수는 $22+12+16+12=62$개이므로 64개보다 적다.
⑤ E부서의 교체할 책상 개수가 범위에 속하지 않는다.

35 정답 ③

• 경우 1
G가 선발되었을 경우 첫 번째, 두 번째 진술이 거짓이다. 그러면 나머지 진술이 참이어야 한다. D가 선발되는 경우를 제외하고는 나머지 진술이 참일 수 없다. 그러므로 D와 G가 선발된다.
• 경우 2
B, C, D 중에서 1명만 선발되지 않고 2명이 선발될 경우 네 번째, 다섯 번째 진술이 거짓이다. 그러면 나머지 진술이 참이어야 한다. 그러므로 C, D가 선발된다.
따라서 D는 반드시 선발된다.

36 정답 ①

오전 심층면접은 9시 10분에 시작하므로 12시까지 170분의 시간이 있다. 이 시간에 한 명당 15분씩 면접을 볼 때, 가능한 면접 인원은 $170 \div 15 ≒ 11$명이다. 오후 심층면접은 1시부터 바로 진행할 수 있으므로 종료시간까지 240분의 시간이 있다. 이 시간에 한 명당 15분씩 면접을 볼 때 가능한 인원은 $240 \div 15 = 16$명이다. 즉, 심층면접을 할 수 있는 최대 인수는 $11+16=27$명이다. 27번째 면접자의 기본면접이 끝나기까지 소요되는 시간은 $10 \times 27 + 60$(점심·휴식 시간)$=330$분이다. 따라서 마지막 심층면접자의 기본면접 종료 시각은 오전 9시$+330$분$=$오후 2시 30분이다.

37 정답 ④

M씨의 생활을 살펴보면 출퇴근길에 자가용을 사용하고 있고 주유비에 대해서 부담을 가지고 있다. 그리고 오늘 오후에는 차량 점검을 할 예정이다. 따라서 M씨는 자동차와 관련된 혜택을 받을 수 있는 D카드를 선택하는 것이 가장 적절하다.

38 정답 ④

주어진 정보를 기호화하여 정리하면 다음과 같다.
ⅰ) 혈당↓ → L↓
ⅱ) 혈당↑ → L↑
ⅲ) L↑ → 알파 A(○)
ⅳ) L↓ → 알파 B(○)
ⅴ) 알파 A(○) → [베타 C(○) ∧ 감마 D(×)]
ⅵ) 알파 B(○) → [감마 D(○) ∧ 베타 C(×)]
ⅶ) 베타 C(○) → 물질대사↑
ⅷ) 베타 C(×) → 물질대사↓
ⅸ) 감마 D(○) → 식욕↑
ⅹ) 감마 D(×) → 식욕↓
이를 공통된 내용을 연결고리로 하여 다시 정리하면 다음과 같이 나타낼 수 있다.
ⅺ) 혈당↓ → L↓ → 알파 B(○) → [감마 D(○) ∧ 베타 C(×)] → (식욕↑ ∧ 물질대사↓)
ⅻ) 혈당↑ → L↑ → 알파 A(○) → [베타 C(○) ∧ 감마 D(×)] → (식욕↓ ∧ 물질대사↑)
이제 이를 토대로 선택지를 분석하면 다음과 같다.
따라서 ⅺ)에 의하면 혈당↓ → [감마 D(○) ∧ 베타 C(×)]를 도출할 수 있으므로 추론할 수 없는 내용이다.

오답분석
① ⅺ)에 의하면 혈당↓ → (식욕↑ ∧ 물질대사↓)를 도출할 수 있으므로 추론할 수 있는 내용이다.
②·③ ⅻ)에 의하면 혈당↑ → (식욕↓ ∧ 물질대사↑)를 도출할 수 있으므로 추론할 수 있는 내용이다.
⑤ ⅻ)에 의하면 혈당↑ → L↑ → 알파 A(○) → [베타 C(○) ∧ 감마 D(×)]를 도출할 수 있다. 이에 따르면 알파 부분에서 호르몬 A가, 베타 부분에서 호르몬 C가 분비되므로 추론할 수 있는 내용이다.

39

정답 ⑤

주어진 조건들을 논리 기호화하면 다음과 같다.

- 첫 번째 명제 : (~연차 ∨ 출퇴근) → 주택
- 두 번째 명제 : 동호회 → 연차
- 세 번째 명제 : ~출퇴근 → 동호회
- 네 번째 명제 : (출퇴근 ∨ ~연차) → ~동호회

먼저 두 번째 명제의 경우, 동호회행사비 지원을 도입할 때에만이라는 한정 조건이 있으므로 역(연차 → 동호회) 또한 참이다. 만약 동호회행사비를 지원하지 않는다고 가정하면, 두 번째 명제의 역의 대우(~동호회 → ~연차)와 세 번째 명제의 대우(~동호회 → 출퇴근)에 따라 첫 번째 명제가 참이 되므로, 출퇴근교통비 지원과 주택마련자금 지원을 도입하게 된다. 그러나 다섯 번째 명제에 따라 주택마련자금 지원을 도입했을 때, 다른 복지제도를 도입할 수 없으므로 모순이 된다. 따라서 동호회행사비를 지원하는 것이 참인 것을 알 수 있다.

동호회행사비를 지원한다면, 네 번째 명제의 대우[동호회 → (~출퇴근 ∧ 연차)]에 따라 출퇴근교통비 지원은 도입되지 않고, 연차 추가제공은 도입된다. 그리고 다섯 번째 명제의 대우에 따라 주택마련자금 지원은 도입되지 않는다.

따라서 M기업이 도입할 복지제도는 동호회행사비 지원과 연차 추가제공 두 가지이다.

40

정답 ②

주어진 조건에 따르면 먼저, F는 C와 함께 근무해야 한다. 수요일은 C가 근무할 수 없으므로 불가능하고, 토요일과 일요일은 E가 오전과 오후에 근무하므로 2명씩 근무한다는 조건에 위배되어 근무할 수 없다. 따라서 가능한 요일은 월요일, 화요일, 목요일, 금요일로 총 4일이다.

41

정답 ④

예산이 가장 많이 드는 B사업과 E사업은 사업기간이 3년이므로 최소 1년은 겹쳐야 한다는 것을 기반으로 정리하면 다음과 같다.

연도 사업명	1년 20조 원	2년 24조 원	3년 28.8조 원	4년 34.5조 원	5년 41.5조 원
A		1조 원	4조 원		
B		15조 원	18조 원	21조 원	
C					15조 원
D	15조 원	8조 원			
E			6조 원	12조 원	24조 원
실질사용 예산합계	15조 원	24조 원	28조 원	33조 원	39조 원

따라서 D사업을 첫해에 시작해야 한다.

42

정답 ①

ㄱ. 456은 키보드와 휴대폰 어느 배열을 선택하더라도 동일한 키가 사용된다. 따라서 옳은 내용이다.

ㄴ. 키보드의 789는 휴대폰의 1230이고, 키보드의 123은 휴대폰의 789이다. 이 둘을 더하는 경우 덧셈의 전항과 후항의 순서만 달라질 뿐이므로 둘은 같은 결과를 가져온다. 따라서 옳은 내용이다.

ㄷ. 키보드의 159는 휴대폰의 753이고, 키보드의 753은 휴대폰의 159이다. ㄴ과 같은 논리로, 이 둘을 합한 것은 같은 결과를 가져온다. 따라서 옳은 내용이다.

오답분석

ㄹ. 키보드의 753은 휴대폰의 159이고, 키보드의 951은 휴대폰의 357이다. 이 숫자들의 경우는 위와 달리 키보드와 휴대폰 각각의 숫자가 완전히 달라지므로 둘을 합한 결괏값은 달라지게 된다. 따라서 옳지 않은 내용이다.

ㅁ. 키보드의 789는 휴대폰의 1230이고, 키보드의 123은 휴대폰의 789이다. ㄴ과 달리 이 둘을 빼는 경우 결괏값은 달라지게 되므로 옳지 않은 내용이다.

43

정답 ①

ㄱ. A시설은 모든 평가항목의 점수가 90점 이상이므로 가중치와 무관하게 전체 가중평균은 90점 이상으로 나타나게 된다. 따라서 A시설은 1등급을 받게 되어 정원 감축을 포함한 특별한 조치를 취하지 않아도 된다.

ㄴ. 정부의 재정지원을 받지 못하는 것은 가중평균값이 70점 미만인 4등급 시설이다. 그런데 B시설은 모든 평가항목의 점수가 70점 이상이어서 가중치와 무관하게 최소 3등급을 받을 수 있다. 또한, 정원 감축을 하지 않아도 되는 것은 1등급 시설뿐, 직접 계산을 해보지 않더라도 3개의 항목에서 얻은 70점이 각각 0.2의 가중치를 가지고 있어서 전체 가중평균값은 90을 넘지 않을 것이라는 것은 쉽게 알 수 있다. 따라서 옳은 내용이다.

오답분석

ㄷ. 아무리 환경개선 항목의 가중치를 0.1만큼 올린다고 하더라도 나머지 4개 항목(가중치 0.7)의 평가점수가 최대 65점에 머무르고 있어 전체 가중평균을 70점 이상으로 올리는 것은 불가능하다. 실제로 두 항목의 가중치의 변화로 인한 가중평균의 변화값을 계산해보면 $(80 \times 0.1) - (60 \times 0.1)$이 되어 2점의 변화만 가져온다. 따라서 옳지 않은 내용이다.

ㄹ. 다섯 개 항목의 가중치가 모두 동일하므로 단순히 평가점수의 합으로 판단해도 무방하다. 이를 계산하면 365점으로 3등급 하한선에 해당하는 350점을 초과한다. 따라서 D시설은 3등급을 받게 되어 정원의 10%를 감축하여야 하나, 정부의 재정지원은 받을 수 있다. 따라서 옳지 않은 내용이다.

44　　　정답 ⑤

정렬 대상에서 피벗은 20이므로 피벗보다 큰 수 중 가장 왼쪽의 수는 22이고, 피벗보다 작은 수 중 가장 오른쪽의 수는 10이다. 따라서 첫 번째 교환 후의 상태는 15, 10, 13, 27, 12, 22, 25가 된다. 이제 이 과정을 반복하면 피벗보다 큰 수 중 가장 왼쪽의 수는 27이고, 작은 수 중 가장 오른쪽의 수는 12이다. 그러므로 27과 12가 교환된다.

45　　　정답 ③

주어진 질문들에 대해 참가자들이 모두 제대로 손을 들었다면 질문 1, 2, 3에 손을 든 참가자 수의 합이 전체 참가자인 100명이 되어야 한다. 그러나 실제 손을 든 참가자 수의 합은 106명으로 6명이 초과되는 상황인데, 제시문에서는 그 이유가 양손잡이 중 일부가 모든 질문에 손을 들었기 때문이라고 하였다. 그렇다면 질문 1과 2에(질문 3의 경우는 옳게 든 것이므로) 모두 손을 들었던 양손잡이는 3명이라는 사실을 알 수 있으며, 바르게 손을 들었다면 왼손잡이는 13명, 오른손잡이는 77명, 양손잡이는 10명이라고 판단할 수 있다.

ㄱ. 양손잡이는 10명이라고 하였으므로 옳은 내용이다.
ㄴ. 왼손잡이는 13명, 양손잡이는 10명이라고 하였으므로 옳은 내용이다.

오답분석

ㄷ. 오른손잡이는 77명이고, 왼손잡이 수의 6배는 78명이므로 옳지 않은 내용이다.

46　　　정답 ⑤

ⅰ) 주어진 조건에서 A를 듣고 있던 어느 한 시점부터 3분 00초가 되는 때에는 C가 재생되고 있었다고 하였으므로 ②와 같이 A와 C가 서로 연달아서 재생될 수는 없다. 또한, ③과 ④에서는 A를 듣고 있던 어느 한 시점부터 C가 재생될 때는 3분 00초 이상이 걸리므로 ②·③·④는 정답이 될 수 없다.

ⅱ) 한 번 반복에 걸리는 시간은 5분 40초이므로 전곡이 네 번 반복되면 13시 42분 40초가 된다. '13시 45분 00초에 어떤 곡의 전주가 흐르고 있었다.'라는 조건은 결국 첫 플레이가 시작된 후 2분 20초 후에 전주 부분이 연주되고 있다는 것과 같은 의미이다. 이를 ①과 ⑤에 대입하면 D − C − B − A만이 주어진 조건을 만족하는 순서임을 알 수 있다.

47　　　정답 ④

ㄴ. 사슴의 남은 수명이 20년인 경우 사슴으로 계속 살아갈 경우의 총 효용은 $20 \times 40 = 800$인 반면, 독수리로 살 경우의 효용은 $(20-5) \times 50 = 750$이다. 사슴은 총 효용이 줄어드는 선택은 하지 않는다고 하였으므로 독수리를 선택하지는 않을 것이다.

ㄷ. 사슴의 남은 수명을 x라 할 때, 사자를 선택했을 때의 총 효용은 $250 \times (x-14)$이며, 호랑이를 선택했을 때의 총 효용은 $200 \times (x-13)$이다. 이 둘을 연립하면 x, 즉 사슴의 남은 수명이 18년일 때 둘의 총 효용이 같게 되므로 옳은 내용이다.

오답분석

ㄱ. 사슴의 남은 수명이 13년인 경우 사슴으로 계속 살아갈 경우의 총 효용은 $13 \times 40 = 520$인 반면, 곰으로 살 경우의 효용은 $(13-11) \times 170 = 340$이다. 사슴은 총 효용이 줄어드는 선택은 하지 않는다고 하였으므로 곰을 선택하지는 않을 것이다.

48　　　정답 ④

전문가용 카메라가 일반화됨에 따라 사람들은 사진관을 이용하지 않고도 고화질의 사진을 촬영할 수 있게 되었다. 따라서 전문가용 카메라의 일반화는 사진관을 위협하는 외부환경에 해당한다.

49　　　정답 ④

• 알파벳 모음을 변환하면 다음과 같다.

a	e	i	o	u
ㄲ	ㄸ	ㅃ	ㅆ	ㅉ

• 알파벳 자음을 변환하면 다음과 같다.

b	c	d	f	g	h	j	k	l	m	n	p	q	r	s	t	v	w	x	y	z
ㄱ	ㄴ	ㄷ	ㄹ	ㅁ	ㅂ	ㅅ	ㅇ	ㅈ	ㅊ	ㅋ	ㅌ	ㅍ	ㅎ	1	2	3	4	5	6	7

예 f=ㄹ, i=ㅃ, n=ㅋ, d=ㄷ, m=ㅊ, e=ㄸ
find와 me 사이에 0을 추가하고, 각각 자음 쌍자음마다 ㅏ, ㅑ, ㅓ, ㅕ, ㅗ, ㅛ를 추가하면, '라빠커뎌0초또'이다.

50　　　정답 ⑤

출품 규격을 보면 MPEG 파일은 출품 가능하다고 되어 있으므로 확장자를 바꾸지 않아도 된다.

MBC 필기전형

제4회 모의고사 정답 및 해설

01	02	03	04	05	06	07	08	09	10
④	⑤	⑤	④	④	⑤	④	④	②	⑤
11	12	13	14	15	16	17	18	19	20
④	③	②	③	⑤	④	②	③	④	⑤
21	22	23	24	25	26	27	28	29	30
⑤	⑤	③	②	③	④	③	⑤	③	①
31	32	33	34	35	36	37	38	39	40
①	③	①	④	③	④	②	④	④	②
41	42	43	44	45	46	47	48	49	50
②	④	②	④	⑤	⑤	①	③	③	④

01 정답 ④

첫 번째 문단에서 '사피어 – 워프 가설'을 간략하게 소개하고, 두 번째 ~ 세 번째 문단을 통해 '사피어 – 워프 가설'을 적용할 수 있는 예를 들고 있다. 이후 세 번째 ~ 마지막 문단을 통해 '사피어–워프 가설'을 언어 우위론적 입장에서 설명할 수 있는 가능성이 있으면서도, 언어 우위만으로 모든 설명이 되지는 않음을 밝히고 있다. 따라서 제시문은 '사피어 – 워프 가설'의 주장에 대한 설명(언어와 사고의 관계)과 함께, 그것을 하나의 이론으로 증명하기 어려움을 말하고 있다.

02 정답 ⑤

(마)의 앞 문단에서는 정보와 지식이 커뮤니케이션 속에서 살아 움직이며 진화함을 말하고 있다. 따라서 정보의 순환 속에서 새로운 정보로 거듭나는 역동성에 대한 설명의 사례로 보기의 내용이 이어질 수 있다. 한 나라의 관광 안내 책자가 소비자들에 의해 오류가 수정되고 개정되는 사례가 정보와 지식이 커뮤니케이션 속에서 새로운 정보로 거듭나는 것을 잘 나타내고 있기 때문이다.

03 정답 ⑤

(마)는 ASMR 콘텐츠들이 공감각적인 콘텐츠로 대체될 것이라는 내용을 담고 있으므로 적절한 설명이다.

오답분석
① 자주 접하는 사람들에 대한 내용을 찾을 수 없다.
② 트리거로 작용하는 소리는 사람에 따라 다를 수 있다.
③ 청각적 혹은 인지적 자극에 반응한 뇌가 신체 뒷부분에 분포하는 자율 신경계에 신경 전달 물질을 촉진하며 심리적 안정감을 느끼게 된다.
④ 연예인이 일반인보다 ASMR을 많이 하는지는 제시문에서 알 수 없다.

04 정답 ④

'채소나 생선 따위에 소금이나 식초, 설탕 따위가 배어들게 하다.'라는 뜻의 단어는 '절다(절이다)'가 옳다.

오답분석
① 생선을 조린다.
② 옷을 다린다.
③ 마음을 졸인다.
⑤ 저 산 너머에 강이 있다.

05 정답 ④

- 시골 땅의 명의/이름을(를) 바꾸었다.
- 서예로 이름을 날렸다.
- 선비들은 절개와 명분을 중시했다.
- 동창회 명의/이름(으)로 모교에 장학금을 전달했다.
- 여러 가지 명목의 발전금을 걷었다.

- 명색 : 어떤 자격(資格)으로 그럴듯하게 불리는 이름. 또는 허울만 좋은 이름

오답분석
① 명의 : 문서상의 권한과 책임이 있는 이름
② 명목 : 구실이나 이유
③ 이름 : 세상에 알려진 평판이나 명성
⑤ 명분 : 각각의 이름이나 신분에 따라 마땅히 지켜야 할 도리

06 정답 ⑤

㉠ 명예 훼손 관련법에서 훨씬 강력한 기준이 필요하다는 것은 언론의 자유라는 대원칙과는 다르게 다른 의견이 있어서는 안 된다는 뜻이다. 따라서 역접 접속어인 '그러나'가 적절하다.
㉡ '설사'는 '~다 하더라도'와 함께 쓰여 '가정해서 말하여'의 뜻으로 쓰이며, 주로 부정적인 뜻을 가진 문장에 쓰인다.

ⓒ 빈칸 뒤 문장이 근본적인 치료법에 해당하므로 앞 문장에 제시된 방법은 임시방편에 해당한다. 따라서 역접 접속어인 '하지만'이 적절하다.

07
정답 ④

제시문은 한 개인이나 사회가 언어적 다양성을 보이는 경우를 '이중 언어 사용'과 '양층 언어 사용'의 두 상황으로 나누어 설명하고 있다. 언어의 다양성을 원인과 결과로 나누거나 변화 과정을 소개하고 있지는 않다.

오답분석

① '이중 언어 사용'과 '양층 언어 사용'의 개념을 밝히고 그에 대하여 부연 설명을 서술하고 있다.

② 양층 언어 사용 상황에 있는 구성원이 특정 상황에서 사용되는 언어를 모를 경우 불이익을 받는 경우를 예를 들어 설명하였다.

③ 제시문의 하단에서 퍼거슨과 피시먼의 연구를 대조하여 각각 연구의 특성을 부각하고 있다.

⑤ 이중 언어 사회에서 다수자 언어와 소수자 언어를 하위 요소로 나누고, 양층 언어 사회에서 상층어와 하층어를 하위 요소로 나누어 설명하고 있다.

08
정답 ④

제시문에서 이중 언어 사회에서 통용되는 둘 이상의 언어들은 공용어로서 대등한 지위를 가질 수 있다고 하였으므로 적절하지 않은 설명이다.

오답분석

① 양층 언어 사회에서 변이어들은 언어 사용자 수와 무관하게 '상층어'와 '하층어'로 구분되며 상보적 관계에 있다고 하였다.

② 상층어는 주로 '높은 차원', 하층어는 '낮은 차원'의 언어적 기능을 수행하므로 구성원은 특정 상황에서 사용되는 언어를 모를 경우 불이익을 받을 수 있다고 하였다.

③ 상층어는 주로 종교, 법률, 교육, 행정 등과 같은 분야에 사용되며, 하층어는 주로 가족 간의 비격식적인 대화, 친교를 위한 일상 담화 등에 사용된다고 하였으므로 각 변이어에 부여하는 가치가 다름을 알 수 있다.

⑤ 이중 언어 사회에서 일반적으로 다수자 언어는 힘이나 권위의 문제에 있어 소수자 언어보다 우세한 지위를 가지는 경우가 많다고 하였다.

09
정답 ②

이중 언어 사회(B지역)에서는 둘 이상의 언어(프랑스어와 영어)가 사회적으로 기능상의 차이 없이 통용되므로 구성원 모두가 두 언어를 유창하게 구사할 필요는 없다.

오답분석

① 양층 언어 사회(A지역)에서 상층어(현대 표준 아랍어)와 하층어(구어체 아랍어)는 사용하는 장소나 상황이 엄격하게 구분된다. 그러므로 두 언어를 습득하는 환경이 다를 수 있다.

③ 양층 언어 사회(A지역)에서 상층어(현대 표준 아랍어)와 하층어(구어체 아랍어)는 사회적으로 기능에 차이가 있다.

④ 이중 언어 사회(B지역)에서는 둘 이상의 언어(프랑스어와 영어)가 사용되는 장소의 구분이 없다.

⑤ 이중 언어 사회(B지역)와 양층 언어 사회(A지역) 모두 둘 또는 그 이상의 언어를 사용하는 언어적 다양성을 보이고 있다.

10
정답 ⑤

보기에서는 4비트 컴퓨터가 처리하는 1워드를 초과한 '10010'을 제시하며, 이를 '오버플로'라 설명한다. 제시문의 (마)의 바로 앞 문장에서는 0111에 1011을 더했을 때 나타나는 '10010'을 언급하고 있으며, (마)의 바로 뒤 문장에서는 부호화 절댓값에는 이 '오버플로'를 처리하는 규칙이 없다는 점을 설명하고 있다. 따라서 보기의 문장은 (마)에 들어가는 것이 적절하다.

11
정답 ④

망각의 전략을 선택하는 자는 자신이 인간이었다는 기억 자체를 포기하는 인간이라고 하였으므로 자신의 정체성이 분열되었다는 것 자체를 인식하지 못할 것이다. 따라서 '망각의 전략'에 해당하지 않는다.

오답분석

①·②·③·⑤ '그는 그에게 발생한 변화를 받아들이고 그것을 새로운 현실로 인정하며 그 현실에 맞는 새로운 언어를 얻기 위해 망각의 정치학을 개발한다.'라고 하였으므로 모두 '망각의 전략'에 해당한다.

12
정답 ③

제시문은 고령화 시대에 발생하는 노인 주거 문제에 대한 일본의 정책을 제시하여 우리나라의 부족한 대처방안을 문제 삼고 있으며, 이러한 문제를 해결하기 위해 공동 주택인 아파트의 공유 공간을 활용하자는 방안을 제시하고 있다. 따라서 노인 주거 문제를 공유를 통해 해결하자는 ③이 제목으로 가장 적절하다.

오답분석

① 고령화 속도에 대한 내용은 제시문에 나타나 있지 않다.

② 일본의 정책으로 '유니버설 디자인'의 노인 친화적 주택을 언급하고 있으나, 일부 내용이므로 제시문의 제목으로 적절하지 않다.

④ 제시문에서 주로 문제 삼고 있는 것은 사회 복지 비용의 증가가 아닌 부족한 노인 주거 정책이며, 그에 대한 해결 방안을 제시하고 있다.

⑤ 일본의 노인 주거 정책에 비해 우리나라의 부족한 대처방안을 문제 삼고 있을 뿐, 글 전체 내용을 일본과 한국의 정책 비교로 보기 어렵다.

13
정답 ②

제시된 단어의 뜻을 모두 포괄할 수 있는 단어는 '차다'이다.
- 선을 본 사람이 마음에 차지(들지) 않는다.
  → 어떤 대상이 흡족하게 마음에 들다.
- 선생님은 사람이 너무 차서(냉담해서) 학생들이 따르지 않는다.
  → 인정이 없고 쌀쌀하다.
- 퇴근길 버스에 사람이 차서(가득해서) 숨이 막혔다.
  → 일정한 공간에 사람, 사물, 냄새 따위가 더 들어갈 수 없이 가득하게 되다.
- 그 남자는 허리에 칼을 차고(지니고) 있었다.
  → 물건을 몸의 한 부분에 달아매거나 끼워서 지니다.

14
정답 ③

- ㄴ. 미쁘다 : 믿음성이 있다.
- ㄷ. 믿음직하다 : 매우 믿을 만하다.
- ㅁ. 실답다 : 꾸밈이나 거짓 없이 믿을 만한 데가 있다.

오답분석
- ㄱ. 예쁘다 : 1. 생긴 모양이 아름다워 눈으로 보기에 좋다.
    2. 행동이나 동작이 보기에 사랑스럽거나 귀엽다.
- ㄹ. 굳세다 : 1. 힘차고 튼튼하다.
    2. 뜻한 바를 굽히지 않고 밀고 나아가는 힘이 있다.
- ㅂ. 미약하다 : 미미하고 약하다.

15
정답 ⑤

윗도리가 맞는 표현이다. '위, 아래'의 대립이 있는 단어는 '윗'으로 발음되는 형태를 표준어로 삼는다.

16
정답 ②

'을'은 '기술'이라는 용어를 근대 과학혁명 이후에 등장한 과학이 개입한 것들로 한정한다고 하였으므로 '모든 기술에는 과학이 개입해 있다.'라는 주장에 동의하지만, '병'은 기술을 만들어내기 위해 과학의 개입이 꼭 필요한 것은 아니라고 하였으므로 동의하지 않는다.

오답분석
- ㄱ. '갑'은 물질을 소재 삼아 무언가 물질적인 결과물을 산출하기만 하면 모두 기술로 인정하지만 '을'은 '갑'의 기준을 강화해 물질로 구현되는 것 중 과학이 개입한 것들로 한정한다고 하였으므로 기술을 적용하는 범위는 '갑'이 '을'보다 넓다. 하지만 '병'은 '을'의 기준이 너무 협소하다고 하면서 과학이 개입되지 않은, 이를테면 시행착오를 통한 것도 기술로 인정해야 한다고 하였다. 따라서 '병'과 '을'의 관계에서는 '병'이 '을'보다 기술을 적용하는 범위가 넓다. 다만, '갑'과 '병'의 관계는 제시문을 통해서는 확정지을 수 없다. '병'은 '기술'을 적용하는데 있어서 그 범위를 넓게 보려고 하고 있으며 '물질적인 것'을 포함하지 않는 것도 기술로 인정할 경우 '갑'보다 범위가 더 넓을 수도 있기 때문이다.

- ㄷ. '병'은 시행착오를 통해 발전한 방법들도 기술로 인정한다고 하였으므로 '시행착오를 거쳐 발전해온 옷감 제작법' 역시 기술로 인정할 것이다. 그리고 '갑' 역시 물질을 소재 삼아 물질적인 결과물을 산출하면 기술로 부를 수 있다고 하였으므로 역시 옷감 제작법을 기술로 인정할 것이다.

17
정답 ③

텔레비전은 자기 자신에 대해서도 이야기하는데 그러지 못하는 나로서는 이런 텔레비전이 존경하고 싶은 지경이지만, 시청자인 나의 질문은 수렴할 수 없다는 한계이다. 따라서 이어질 내용은 (나) – (다) – (가) 순으로 나열하는 것이 적절하다.

18
정답 ④

제시문은 신문의 진실 보도를 위한 언론인의 태도에 대해 말하고 있다. 따라서 (다) 신문은 진실을 보도해야 함 – (가) 진실 보도를 위한 언론인 태도 – (라) 태도를 강조하는 이유 – (마) (라)의 특정 보도의 내용이 달라지는 것과 연결 – (나) 언론인이 고독의 길을 걷는 이유 순서로 나열하는 것이 적절하다.

19
정답 ③

- ㄱ. 인간의 성품을 고양하는 법은 정의롭다고 하였고, 정의로운 법률은 신의 법, 곧 도덕법에 해당한다고 하였다.
- ㄴ. 아퀴나스에 의하면 불의한 법률은 결국 사람끼리의 규약에 불과한데, 사람끼리의 규약이 불의한 이유는 그것이 자연법에 기원한 것이 아니라고 하였다.

오답분석
- ㄷ. 제시문에서 언급한 인종차별을 허용하는 법률은 불의한 법률의 하나의 예에 불과하다. 따라서 도덕법에 배치되는 다른 불의한 법률 역시 신의 법에 해당하지 않을 것이다.

20
정답 ⑤

제시문의 구조를 살펴보면 먼저 양측이 서로 불일치하는 지점을 찾아 이를 바르고 정확하게 분석해야 한다고 하였다. 그리고 불일치하는 지점이 불평등 해소에 대한 사회경제 이론의 차이라고 하였으므로 결론적으로 두 진영이 협력하는 첫걸음은 불평등이 어떻게 해서 일어나고 이를 어떻게 해소해야 하는지를 정확하게 분석하는 것임을 알 수 있다.

21
정답 ⑤

2022년 가입자당 월수신료가 가장 높은 방송사는 티브로드로 8,339원이며, 가장 낮은 방송사는 4,552원인 씨엠비이므로 그 차이는 3,787원이다.

22
정답 ⑤

A회사의 밀가루 무게를 $5x$ kg이라고 하면 설탕의 무게는 $4x$ kg이다. B회사의 밀가루 무게를 $2y$ kg이라고 하면 설탕의 무게는 y kg이다. 두 제품을 섞었을 때 비율이 $3:2$이므로 $3(4x+y)=2(5x+2y)$이다. 또한 설탕의 무게가 120kg이므로 $4x+y=120$이다. 이 두식을 연립하면 $x=20$, $y=40$이다.
따라서 A회사 제품의 무게는 $5\times20+4\times20=180$kg이다.

23
정답 ③

일본의 2022년 대비 2024년 음악 산업 수입액과 수출액의 증가율을 구하면 다음과 같다.

• 일본의 2022년 대비 2024년 음악 산업 수입액의 증가율
: $\dfrac{2,761-2,650}{2,650}\times100 ≒4.2\%$

• 일본의 2022년 대비 2024년 음악 산업 수출액의 증가율
: $\dfrac{242,370-221,739}{221,739}\times100 ≒9.3\%$

따라서 2022년 대비 2024년 음악 산업 수출액의 증가율은 수입액의 증가율보다 크다.

오답분석

① 제시된 자료의 수출액, 수입액의 전년 대비 증감률의 수치를 통해 중국의 2023년 대비 2024년 음악 산업 수출액과 수입액의 증가율이 다른 지역보다 월등히 높음을 알 수 있다.

② 2022년에 비해 2023년의 수입액이 감소한 국가는 일본, 북미, 기타이며 2023년의 전체 수입액도 2022년에 비해 감소했다.

④ 연도별 동남아의 수출액을 수입액으로 나누어 보면 다음과 같다.

• 2022년 : $\dfrac{38,166}{63} ≒605.81$배

• 2023년 : $\dfrac{39,548}{65} ≒608.43$배

• 2024년 : $\dfrac{40,557}{67} ≒605.33$배

따라서 매해 동남아의 음악 산업 수출액은 수입액의 600배를 넘었다.

⑤ 2024년의 북미와 유럽의 음악 산업 수입액의 합을 구하면 $2,786+7,316=10,102$천 달러이다. 따라서 2024년 전체 음악 산업 수입액 중 북미과 유럽의 음악 산업 수입액이 차지하는 비중을 구하면 $\dfrac{2,786+7,316}{13,397}\times100 ≒75.4\%$이다.

24
정답 ②

2023년 전체 인구수를 100명으로 가정했을 때, 같은 해 문화예술을 관람한 비율은 60.8%이므로 $100\times60.8 ≒60.8$명이다.
60.8명 중 그해 미술관 관람률은 10.2%이므로 $60.8\times0.102=6.2 ≒6$명이다.

오답분석

① 문화예술 관람률은 $52.4\% → 54.5\% → 60.8\% → 64.5\%$로 꾸준히 증가하고 있다.

③ 문화예술 관람률이 접근성과 관련이 있다면 조사기간 동안 가장 접근성이 떨어지는 것은 관람률이 가장 낮은 무용이다.

④ 문화예술 관람률에서 남자보다는 여자가 관람률이 높으며, 40세 이상보다 30대 이하의 관람률이 높다.

⑤ 60세 이상 문화예술 관람률의 2021년 대비 2024년의 증가율은 $\dfrac{28.9-13.4}{13.4}\times100 ≒115.7\%$이므로 100% 이상 증가했다.

25
정답 ③

2023년 방송 산업 종사자 수는 모두 $32,443$명이다. '2023년 추세'에서는 지상파(지상파DMB 포함)만 언급하고 있으므로 다른 분야의 인원은 고정되어 있다. 지상파 방송사(지상파DMB 포함)는 전년보다 301명이 늘어났으므로 2022년 방송산업 종사자 수는 $32,443-301=32,142$명이다.

26
정답 ④

콘솔게임과 PC게임의 오프라인 시장 규모의 변화를 살펴보면, 꾸준히 감소하고 있음을 확인할 수 있다.

오답분석

① 표에서 '$93,177$'로 표시되어 있으나, 단위가 '백만 달러'이므로, '931억 7,700만 달러'로 해석하여야 한다.

② 게임광고 분야가 연평균 성장률이 약 10.8%로 가장 높다(소셜 / 캐주얼게임 약 7.1%, 콘솔게임 약 3.8%, PC게임 약 5.9%).

③ 소셜 / 캐주얼게임 분야를 살펴보면 매년 비슷한 수준의 규모로 증가하고 있다. 따라서 2021년에 급증할 것으로 이해하는 것은 옳지 않다.

⑤ 2023년 세계 게임 시장 규모의 비중을 살펴보면, PC게임이 약 37%, 콘솔게임이 약 34%, 소셜 / 캐주얼게임이 약 24%, 게임광고가 약 5%임을 확인할 수 있다.

27
정답 ③

ㄱ. 전체 학생들의 독서량의 합은 30권이고, 학생의 수가 6명이므로 학생들의 평균 독서량은 5권이다. 따라서 옳은 내용이다.

ㄹ. 여학생이거나 독서량이 7권 이상인 학생 수는 3명이므로 전체 학생 수의 50%이다. 따라서 옳은 내용이다.

ㄴ. 남학생이면서 독서량이 5권 이상인 학생은 관호뿐이고, 전체 남학생 수는 4명이므로 선택지의 비율은 25%이다. 따라서 옳지 않은 내용이다.

ㄷ. 독서량이 2권 이상인 학생(5명) 중 남학생(3명) 비율은 60%이며, 전체 학생(6명) 중 여학생(2명) 비율은 약 33%이므로 옳지 않은 내용이다.

28
정답 ⑤

ㄴ. 제시된 표는 실수치가 아닌 비율수치라는 점에 주의해야 한다. '직위불안' 항목에서 '낮음'으로 응답한 비율은 사무직이 생산직에 비해 약 10% 정도 높지만, 실제 근로자의 수는 생산직이 사무직보다 약 50%가량 많다는 점을 감안하면 생산직의 '직위불안 – 낮음'의 인원수가 사무직보다 더 많을 것이라는 것을 계산 없이도 판단할 수 있다. 실제로 계산해보면 생산직 근로자의 수(약 31명)가 사무직 근로자의 수(약 24명)보다 더 많다.

ㄹ. ㄴ과 같은 논리로 사무직 근로자의 '보상부적절 – 높음'의 비율이 생산직 근로자에 비해 10% 미만으로 크지만, 실제 근로자의 수는 생산직이 사무직보다 약 50%가량 많으므로 역시 옳은 내용임을 판단할 수 있다.

ㄱ. 직접 계산하기보다는 눈어림으로 판단해보더라도 '직위불안' 항목과 '관계갈등' 항목의 경우는 생산직 근로자의 '높음'으로 응답한 비율이 더 높으므로 옳지 않은 내용이다.

ㄷ. '관계갈등' 항목에서 '매우 높음'으로 응답한 생산직 근로자의 비율과 '매우 낮음'으로 응답한 비율의 차이는 약 9%p이므로 이를 전체 생산직 근로자의 수에 곱하면 약 12명으로 계산된다. 따라서 옳지 않은 내용이다.

29
정답 ③

2021 ~ 2023년의 S사와 M사의 드라마 평균시청률을 보면 2023년은 S사가 높지만, 2021년과 2022년은 M사가 높으므로 옳지 않은 내용이다.

① 2020년부터 2023년까지의 S사의 예능 평균시청률은 7.8%, 9.2%, 11.4%, 13.1%로 전년 대비 증가하고 있다.

② 2020년부터 2023년까지 M사 예능 증감 추이는 '감소 – 감소 – 증가 – 증가'이고, 드라마 증감 추이는 '증가 – 증가 – 감소 – 감소'로 서로 반대이다.

④ 2023년 K사, S사, M사 드라마 평균시청률은 $12.8+13.0+11.7=37.5\%$이고, M사 드라마가 차지하는 비율은 $\frac{11.7}{37.5} \times 100 = 31.2\%$이다.

⑤ 2019년부터 2023년까지 K사의 교육프로그램 평균시청률은 한 번도 4% 이상인 적이 없으므로 옳은 설명이다.

30
정답 ①

2019년부터 2021년까지 예능 평균시청률은 K사가 S사와 M사보다 높다.
- 2019년 : K사 12.4%, S사 7.4%, M사 11.8%
- 2020년 : K사 11.7%, S사 7.8%, M사 11.3%
- 2021년 : K사 11.4%, S사 9.2%, M사 9.4%

② 2023년 M사의 교육프로그램의 평균시청률은 2.3%로, 다큐멘터리 평균시청률 2.1%보다 높다.

③ 2021년 S사의 평균시청률은 예능프로그램이 9.2%이고, 드라마가 11.5%이므로 예능프로그램 평균시청률은 드라마 평균시청률의 $\frac{9.2}{11.5} \times 100 = 80\%$에 해당한다.

④ 2019년부터 2023년까지 K사의 다큐멘터리 시청률과 S사・M사의 다큐멘터리 시청률을 합한 값을 비교하면 다음과 같다.
- 2019년 : K사 5.1%, S+M사 2.4+2.4=4.8%
- 2020년 : K사 5.3%, S+M사 2.8+2.2=5.0%
- 2021년 : K사 5.4%, S+M사 3.1+2.3=5.4%
- 2022년 : K사 5.2%, S+M사 2.7+2.4=5.1%
- 2023년 : K사 5.1%, S+M사 2.6+2.1=4.7%

따라서 2021년에는 K사의 다큐멘터리 시청률과 S사 M사의 다큐멘터리 시청률을 합한 값과 같다.

⑤ 연도별 드라마 시청률을 높은 순서대로 정리하면 다음과 같다.
- 2019년 : S사 – M사 – K사
- 2020년 : S사 – M사 – K사
- 2021년 : M사 – K사 – S사
- 2022년 : M사 – S사 – K사
- 2023년 : S사 – K사 – M사

따라서 2023년에는 S사의 드라마 시청률이 1위이다.

31
정답 ①

두 번째 조건을 살펴보면 졸업률은 아누스가 플로라보다 높다고 하였으므로 둘의 졸업률이 동일한 A – B는 연결될 수 없다. 따라서 선택지 ⑤를 소거한다.

세 번째 조건을 살펴보면 로키와 토르의 학생 수 차이가 18,000명 이상이라고 하였으므로 이를 만족하는 조합은 E – F뿐임을 알 수 있다. 따라서 선택지 ①과 ② 중 하나로 후보군을 좁힐 수 있다. 마지막 조건을 살펴보면 입학허가율은 토르가 로키보다 높다고 하였으므로 이를 만족하는 것은 E가 토르이고, F가 로키인 ①이 정답임을 알 수 있다.

32

정답 ③

C국의 2020년 무선 통신 가입자가 7,700만 명이고 인구 100명당 무선 통신 가입자가 77명이라고 하였으므로 C국의 전체 인구는 10,000만 명임을 알 수 있다. 따라서 2020년 C국의 유・무선 통신 동시 가입자를 C라 놓고 이를 정리하면 10,000만 명=3,200+7,700-C+700으로 나타낼 수 있으며, 이를 풀면 C는 1,600만 명임을 알 수 있으므로 옳은 내용이다.

오답분석

① 2020년 A국의 유선 통신 가입자를 A라 하면 A국의 전체 인구는 A+4,100-700+200이 되며, 이를 정리하면 A+3,600만 명으로 나타낼 수 있다. 그런데 A국의 인구 100명당 유선 통신 가입자가 40명이라고 하였으므로 이를 방정식으로 나타내면 $\left(\dfrac{A}{A+3,600만\ 명}=\dfrac{40}{100}\right)$이 되어 A는 2,400만 명으로 계산되므로 옳지 않은 내용이다.

② B국의 2023년 무선 통신 가입자 수의 2020년 대비 비율이 1.5라면 2023년 무선 통신 가입자 수는 4,500만 명(=3,000×1.5)이므로 옳지 않은 내용이다.

④ 2020년 D국의 전체 인구는 2,000만 명(=1,100+1,300-500+100)이고 2020년 대비 2023년의 인구 비율이 1.5라고 하였으므로 2023년 D국의 전체 인구는 3,000만 명이 될 것이다. 여기서 2023년 D국의 미가입자를 D라 놓고 방정식으로 나타내면 3,000만 명=1,100+2,500-800+D가 되어 D는 200만 명으로 계산되므로 옳지 않은 내용이다.

⑤ 2020년 B국에서 유선 통신만 가입한 사람은 1,600만 명(=1,900-300)이고, D국은 600만 명(=1,100-500)이므로 전자는 후자의 3배에 미치지 못한다. 따라서 옳지 않은 내용이다.

33

정답 ①

A, B, C팀 사원 수를 각각 a, b, c명으로 가정한다. 이때 A, B, C의 총 근무만족도 점수는 각각 $80a$, $90b$, $40c$이다. A팀과 B팀의 근무만족도, B팀과 C팀의 근무만족도에 대한 평균점수가 제공되었으므로 해당 식을 이용하여 방정식을 세운다.
A팀과 B팀의 근무만족도 평균은 88점이므로, 다음 식이 성립한다.

$\dfrac{80a+90b}{a+b}=88$

$\rightarrow 80a+90b=88a+88b$

$\rightarrow 2b=8a$

$\therefore b=4a$

B팀과 C팀의 근무만족도 평균은 70점이므로, 다음 식이 성립한다.

$\dfrac{90b+40c}{b+c}=70$

$\rightarrow 90b+40c=70b+70c$

$\rightarrow 20b=30c$

$\therefore 2b=3c$

따라서 $2b=3c$이므로 식을 만족하기 위해서 c는 짝수여야 한다.

오답분석

② 근무만족도 평균이 가장 낮은 팀은 C팀이다.

③ B팀의 사원 수는 A팀의 사원 수의 4배이다.

④ C팀은 A팀 사원의 수의 $\dfrac{8}{3}$배이다.

⑤ A, B, C팀의 근무만족도 점수는 $80a+90b+40c$이며, 총 사원의 수는 $a+b+c$이다. 이때, b와 c를 a로 정리하여 표현하면 세 팀의 총 근무만족도 점수 평균은 다음과 같다.

$$\dfrac{80a+90b+40c}{a+b+c}=\dfrac{80a+360a+\dfrac{320}{3}c}{a+4a+\dfrac{8}{3}a}$$

$$=\dfrac{240a+1,080a+320a}{3a+12a+8a}=\dfrac{1,640a}{23a}≒71.3$$

34

정답 ④

계산의 편의를 위해 '오락'의 시청시간을 30분으로 놓고 판단해보자. 만약 '오락'이 전체의 45%라면 월평균 전체 시청시간이 약 66시간$\left(≒\dfrac{30}{0.45}\right)$이 되어야 하므로 '오락' 외의 시청시간은 약 36시간이 되어야 한다. 그런데 선택지에서는 이 비율이 45% 이상이라고 하였으므로 전체 시청시간은 66시간 이하, '오락' 외의 시청시간은 36시간 이하이어야 한다. 그런데 '드라마', '오락', '스포츠'의 3개 항목만 더하더라도 40시간을 넘고 있음을 확인할 수 있으므로 '오락'의 시청시간은 전체 시청시간의 45% 이상이 될 수 없다. 구체적으로 계산해보면 약 39%이다.

오답분석

① 선택지가 '스마트폰 사용자 중'으로 시작한다는 점만 주의하면 크게 문제될 것이 없다. 스마트폰 사용자 중 동영상 시청자는 약 94.7%$\left(≒\dfrac{3,246}{3,427}×100\right)$, 스마트폰 사용자 중 방송프로그램 시청자는 약 60.5%$\left(≒\dfrac{2,075}{3,427}×100\right)$이므로 옳다.

②・③・⑤ 제시된 보고서와 부합하는 자료들이다. 별도의 계산이 필요하지 않고 단순히 확인만 하면 되는 선택지들이어서 구체적인 수치는 생략하였다.

35

정답 ③

ㄱ. I가 얻은 점수는 71점이고, 정답 문항 수가 15개이므로 이를 식으로 나타내면 (15×5)-(2×2)=71임을 알 수 있다. 따라서 오답은 2개이고, 풀지 않은 문항은 3개이므로 옳은 내용이다.

ㄹ. J의 정답 문항 수를 a개라 하고 오답 문항 수를 b개라 하면 '5a-2b=64'로 나타낼 수 있는데, 이를 만족하는 경우는 a가 14이고 b가 3인 경우뿐이다. 그런데 이 경우 풀지 않은 문항 수도 3개가 되므로 옳은 내용이다.

ㄴ. 빈칸으로 남아있는 응시생별로 풀지 않은 문항 수를 계산하면 G가 2개, H가 5개, I가 3개, J가 3개임을 알 수 있으므로 A ~ J가 풀지 않은 문항 수의 합은 19개이다. 따라서 옳지 않은 내용이다.

ㄷ. E는 정답 문항 수가 17개, 오답 문항 수가 3개이므로 E가 얻은 점수는 79점[$=(17\times5)-(3\times2)$]이고, 같은 논리로 D가 얻은 점수는 81점이다. 따라서 80점 이상인 응시생은 A, B, C, D 4명이므로 옳지 않은 내용이다.

36
정답 ④

신입직 지원자는 400명이므로 수용 가능 인원이 380명인 A중학교는 시험 장소로 적절하지 않으며, E고등학교의 경우 시험 진행에 필요한 스피커를 갖추고 있지 않으므로 적절하지 않다. 한편, B고등학교는 일요일에만 대여할 수 있으므로 시험이 실시되는 토요일에 대여할 수 없다. 따라서 신입직 채용시험 장소로 선택할 수 있는 곳은 C대학교와 D중학교이며, 이 중 대여료가 저렴한 D중학교가 신입직 채용시험 장소로 가장 적절하다.

37
정답 ②

신입직과 경력직 지원자는 총 480명이므로 수용 가능 인원이 480명 이하인 A중학교와 D중학교는 시험 장소로 적절하지 않으며, 스피커를 갖추고 있지 않은 E고등학교 역시 적절하지 않다. 따라서 신입·경력직 채용시험 장소로 선택할 수 있는 곳은 B고등학교와 C대학교이며, 이 중 대여료가 저렴한 B고등학교가 신입·경력직 채용시험 장소로 가장 적절하다.

38
정답 ④

여자 보컬은 2명, 그룹은 4팀이므로 최대한 서로를 피하더라도 한 팀에서는 반드시 만나게 된다. 따라서 같은 팀을 이루는 구성원이 나올 수밖에 없다.

① 댄스는 5팀 중 4팀에 속하고, 기타는 5팀 중 3팀에 속하므로 최소 2팀에서 최대 3팀까지 구성될 수 있다.
② 그룹과 댄스의 경우 반드시 5팀 중 4팀에 속하게 된다. 결국 적어도 3팀은 반드시 같은 팀에 속하지만, 나머지 한 팀은 같은 팀이라고 확신할 수 없다.
③ 남자 보컬 중 1명은 반드시 댄스와 팀이 되지만, 나머지 1명은 반드시 댄스와 팀이 될 수 있다고 할 수 없다.
⑤ 기타는 댄스와 팀이 될 수도 있다.

39
정답 ④

여자 보컬은 2명, 댄스는 4팀이므로 한 팀에서는 반드시 만나게 되지만 항상 같은 팀이 되는 것은 아니다.

① 남자 보컬은 2명, 그룹은 4팀으로 최대한 서로를 피하더라도 한 팀에서는 반드시 만나게 된다.
② 기타는 2명, 댄스는 4팀으로 최대한 서로를 피하더라도 한 팀에서는 반드시 만나게 된다.
③ 댄스와 그룹의 경우 반드시 5팀 중 4팀에 속하게 된다. 즉, 적어도 3팀은 같은 팀에 속하게 된다.
⑤ 다음과 같은 경우에 가능하다.

구분	1팀	2팀	3팀	4팀	5팀
구성원	남자 보컬 (조장), 댄스	댄스 (조장), 그룹, 여자 보컬	여자 보컬 (조장), 댄스, 그룹, 기타	기타 (조장), 그룹	댄스 (조장), 남자 보컬, 그룹

40
정답 ②

먼저 산업단지별로 합산점수를 구해보면 다음과 같다.

(단위 : 점)

구분	기업 집적 정도 점수	연관성 점수	입주공간 확보 가능 여부 점수	지자체 육성의지	총점
A산업단지	40	40	20	○	100
B산업단지	20	40	20	○	80(3위)
C산업단지	30	40	20	○	90
D산업단지	30	40	20	×	–
E산업단지	40	0	20	○	60
F산업단지	30	40	0	○	70
G산업단지	40	20	20	○	80(4위)

따라서 A산업단지가 '소재' 산업단지인 경우 연관성 점수가 20점이 되어 총점이 80점으로 감소하지만 선정되는 산업단지는 A, B, C, G로 동일하므로 F산업단지는 선정되지 못한다.

① 위 표에 따르면 선정되는 산업단지는 A, B, C, G임을 알 수 있다.
③ 3곳을 선정할 경우 1위는 A산업단지, 2위는 C산업단지가 되며, 3위는 총점은 80점으로 B산업단지와 동일하나 연관성 점수에서 G산업단지에 앞서는 B산업단지가 선정됨을 알 수 있다.

④ F산업단지의 기업이 3개 더 있다면 전체 기업 수는 30개가 되어 기업 집적 정도 점수가 40점, 총점은 80점이 된다. 이 경우 1위는 A산업단지, 2위는 C산업단지가 되며, 총점이 80점으로 동일한 B, F, G산업단지 중 연관성 점수가 G산업단지에 앞서는 B산업단지와 F산업단지가 선정됨을 알 수 있다.
⑤ D산업단지가 소재한 지역의 지자체가 육성 의지가 있다면 D산업단지의 총점은 90점이 되어 C산업단지와 함께 공동 2위를 기록하게 된다. 따라서 D산업단지가 선정됨을 알 수 있다.

41
정답 ②

ㄱ. A안은 18세 이하의 자녀에 대해서 첫째와 둘째는 각각 15만 원, 셋째는 30만 원을 지급한다고 하였으므로 18세 이하 자녀 3명만 있는 가정의 경우에는 총 60만 원(=15만+15만+30만)을 지급받는다. 그리고 B안은 첫째와 둘째는 각각 20만 원, 셋째는 22만 원을 지급한다고 하였으므로 총 62만 원(=20만+20만+22만)을 지급받는다. 따라서 해당 가정이 지급받는 월 수당액은 A안보다 B안을 적용할 때 더 많다.
ㄷ. 중학생 자녀 2명(14세, 15세)만 있는 가정은 A안을 적용할 때에는 총 30만 원(=15만+15만)을 지급받으며, 원래의 C안에서 50%를 증액한 경우에는 총 24만 원(=12만+12만)을 지급받는다. 따라서 A안보다 증액된 C안을 적용할 때 더 적은 월 수당을 지급받는다.

오답분석

ㄴ. A안은 자녀가 둘 이상인 경우에만 적용되므로 옳지 않다.
ㄹ. C안은 3세 미만의 경우는 1명당 10만 원, 3세부터 초등학교를 졸업할 때까지는 첫째와 둘째는 각각 8만 원, 셋째부터는 10만 원, 중학생은 1명당 8만 원씩 지급한다. 즉, 한 자녀에 대해 지급되는 월 수당액은 증감의 방향이 일정하지 않다.

42
정답 ②

주어진 실험결과를 정리하면 다음과 같다.

구분	A	B	C	D
민감도	$\frac{100}{120}$	$\frac{80}{120}$	$\frac{80}{110}$	$\frac{80}{100}$
특이도	$\frac{100}{120}$	$\frac{80}{120}$	$\frac{100}{130}$	$\frac{120}{140}$
양성 예측도	$\frac{100}{120}$	$\frac{80}{120}$	$\frac{80}{110}$	$\frac{80}{100}$
음성 예측도	$\frac{100}{120}$	$\frac{80}{120}$	$\frac{100}{130}$	$\frac{120}{140}$

ㄱ. 위 표에 의하면 민감도가 가장 높은 질병진단키트는 A이므로 옳은 내용이다.
ㄷ. 위 표에 의하면 질병진단키트 C의 민감도와 양성 예측도가 모두 $\frac{80}{110}$으로 동일하므로 옳은 내용이다.

오답분석

ㄴ. 위 표에 의하면 특이도가 가장 높은 질병진단키트는 D이므로 옳지 않은 내용이다.
ㄹ. 위 표에 의하면 질병진단키트 D의 양성 예측도는 $\frac{80}{100}$이고, 음성 예측도는 $\frac{120}{140}$이므로 옳지 않은 내용이다.

43
정답 ②

A/S 접수 현황에서 잘못 기록된 일련번호는 총 7개이다.

분류1	• ABE1C6<u>1</u>00121 → 일련번호가 09999 이상인 것은 없음
	• MBE1D<u>B</u>001403 → 제조월 표기기호 중 'B'는 없음
분류2	• MBP2CO<u>1</u>20202 → 일련번호가 09999 이상인 것은 없음
	• ABE2D<u>0</u>001063 → 제조월 표기기호 중 '0'은 없음
분류3	• CBL3<u>S</u>8005402 → 제조연도 표기기호 중 'S'는 없음
분류4	• SBE4D5<u>1</u>01483 → 일련번호가 09999 이상인 것은 없음
	• CBP4D6<u>1</u>00023 → 일련번호가 09999 이상인 것은 없음

44
정답 ④

제조연도는 시리얼 번호 중 앞에서 다섯 번째 알파벳으로 알 수 있다. 2021년은 'A', 2022년은 'B'로 표기되어 있으며, 〈A/S 접수 현황〉에서 찾아보면 총 9개이다.

45
정답 ⑤

주어진 조건을 정리하면 다음과 같다.
• A → (C∨F), B → G
• ~(D∧E)
• A∨C∨F
• ~A
• (B∨G) → D
• ~C
따라서 ⑤는 주어진 조건을 모두 만족하므로 옳다.

오답분석

① A는 근무 평정이 70점 이하여서 선발될 수 없으므로 옳지 않다.
② 과학기술과 직원인 C 또는 F 중 최소한 1명은 선발되어야 하므로 옳지 않다.
③ B가 선발될 경우 G도 같이 선발되어야 하므로 옳지 않다.
④ C는 직전 인사 파견 기간이 종료된 후 2년 이상 경과하지 않아 선발될 수 없으므로 옳지 않다.

46

다섯 명 중 단 한 명만이 거짓말을 하고 있으므로 C와 D 중 한 명은 반드시 거짓을 말하고 있다.
 i) C의 진술이 거짓일 경우
　　B와 C의 말이 모두 거짓이 되므로 한 명만 거짓말을 하고 있다는 조건이 성립하지 않는다.
 ii) D의 진술이 거짓일 경우

구분	A	B	C	D	E
출장지역	잠실		여의도	강남	

이때, B는 상암으로 출장을 가지 않는다는 A의 진술에 따라 상암으로 출장을 가는 사람은 E임을 알 수 있다. 따라서 ⑤는 항상 거짓이 된다.

47
정답 ①

SWOT 분석의 내부환경요인은 자사 내부의 환경을 분석하는 것으로 자사의 강점과 약점으로 분석되며, 외부환경요인은 자사 외부의 환경을 분석하는 것으로 기회와 위협으로 구분된다.

48
정답 ③

시공업체 선정 기준에 따라 B, C업체는 최근 3년 이내 시공규모에서, A, E업체는 입찰가격에서 자격 미달이다. 그러므로 D, F업체만 비교하면 된다.
점수 산정 기준에 따라 D업체와 F업체의 항목별 점수를 정리하면 다음과 같다.

(단위 : 점)

구분	기술점수	친환경점수	경영점수	합계
D업체	30	15	30	75
F업체	15	20	30	65

따라서 선정될 업체는 입찰점수가 75점인 D업체이다.

49
정답 ③

변경된 시공업체 선정 기준에 따라 최근 3년 이내 시공규모를 충족하지 못한 B업체를 제외하고, 나머지 업체들의 항목별 점수를 정리하면 다음과 같다.

(단위 : 점)

구분	기술점수	친환경점수	경영점수	가격점수	합계
A업체	30	25	26	8×2=16	97
C업체	15	15	22	15×2=30	82
D업체	30	15	30	12×2=24	99
E업체	20	25	26	8×2=16	87
F업체	15	20	30	12×2=24	89

따라서 선정될 업체는 입찰점수가 99점인 D업체이다.

50
정답 ④

조건에 따라 각 프로그램의 점수와 선정 여부를 나타내면 다음과 같다.

구분	프로그램명	가중치 반영 인기 점수	가중치 반영 필요성 점수	수요도 점수	비고
운동	강변 자전거 타기	12	5	–	탈락
진로	나만의 책 쓰기	10	7+2	19	
여가	자수 교실	8	2	–	탈락
운동	필라테스	14	6	20	선정
교양	독서 토론	12	4+2	18	
여가	볼링 모임	16	3	19	선정

수요도 점수는 '나만의 책 쓰기'와 '볼링 모임'이 19점으로 같지만, 인기 점수가 더 높은 '볼링 모임'이 선정된다. 따라서 하반기 동안 운영될 프로그램은 '필라테스'와 '볼링 모임'이다.

MBC 필기전형 답안카드

성 명

지원분야

수험번호

	⑩	①	②	③	④	⑤	⑥	⑦	⑧	⑨
	⑩	①	②	③	④	⑤	⑥	⑦	⑧	⑨
	⑩	①	②	③	④	⑤	⑥	⑦	⑧	⑨
	⑩	①	②	③	④	⑤	⑥	⑦	⑧	⑨
	⑩	①	②	③	④	⑤	⑥	⑦	⑧	⑨
	⑩	①	②	③	④	⑤	⑥	⑦	⑧	⑨
	⑩	①	②	③	④	⑤	⑥	⑦	⑧	⑨

감독위원 확인

(인)

번호							번호							번호					
1	①	②	③	④	⑤		21	①	②	③	④	⑤		41	①	②	③	④	⑤
2	①	②	③	④	⑤		22	①	②	③	④	⑤		42	①	②	③	④	⑤
3	①	②	③	④	⑤		23	①	②	③	④	⑤		43	①	②	③	④	⑤
4	①	②	③	④	⑤		24	①	②	③	④	⑤		44	①	②	③	④	⑤
5	①	②	③	④	⑤		25	①	②	③	④	⑤		45	①	②	③	④	⑤
6	①	②	③	④	⑤		26	①	②	③	④	⑤		46	①	②	③	④	⑤
7	①	②	③	④	⑤		27	①	②	③	④	⑤		47	①	②	③	④	⑤
8	①	②	③	④	⑤		28	①	②	③	④	⑤		48	①	②	③	④	⑤
9	①	②	③	④	⑤		29	①	②	③	④	⑤		49	①	②	③	④	⑤
10	①	②	③	④	⑤		30	①	②	③	④	⑤		50	①	②	③	④	⑤
11	①	②	③	④	⑤		31	①	②	③	④	⑤							
12	①	②	③	④	⑤		32	①	②	③	④	⑤							
13	①	②	③	④	⑤		33	①	②	③	④	⑤							
14	①	②	③	④	⑤		34	①	②	③	④	⑤							
15	①	②	③	④	⑤		35	①	②	③	④	⑤							
16	①	②	③	④	⑤		36	①	②	③	④	⑤							
17	①	②	③	④	⑤		37	①	②	③	④	⑤							
18	①	②	③	④	⑤		38	①	②	③	④	⑤							
19	①	②	③	④	⑤		39	①	②	③	④	⑤							
20	①	②	③	④	⑤		40	①	②	③	④	⑤							

※ 본 답안카드는 마킹연습용 모의 답안카드입니다.

MBC 필기전형 답안카드

번호						번호						번호					
1	①	②	③	④	⑤	21	①	②	③	④	⑤	41	①	②	③	④	⑤
2	①	②	③	④	⑤	22	①	②	③	④	⑤	42	①	②	③	④	⑤
3	①	②	③	④	⑤	23	①	②	③	④	⑤	43	①	②	③	④	⑤
4	①	②	③	④	⑤	24	①	②	③	④	⑤	44	①	②	③	④	⑤
5	①	②	③	④	⑤	25	①	②	③	④	⑤	45	①	②	③	④	⑤
6	①	②	③	④	⑤	26	①	②	③	④	⑤	46	①	②	③	④	⑤
7	①	②	③	④	⑤	27	①	②	③	④	⑤	47	①	②	③	④	⑤
8	①	②	③	④	⑤	28	①	②	③	④	⑤	48	①	②	③	④	⑤
9	①	②	③	④	⑤	29	①	②	③	④	⑤	49	①	②	③	④	⑤
10	①	②	③	④	⑤	30	①	②	③	④	⑤	50	①	②	③	④	⑤
11	①	②	③	④	⑤	31	①	②	③	④	⑤						
12	①	②	③	④	⑤	32	①	②	③	④	⑤						
13	①	②	③	④	⑤	33	①	②	③	④	⑤						
14	①	②	③	④	⑤	34	①	②	③	④	⑤						
15	①	②	③	④	⑤	35	①	②	③	④	⑤						
16	①	②	③	④	⑤	36	①	②	③	④	⑤						
17	①	②	③	④	⑤	37	①	②	③	④	⑤						
18	①	②	③	④	⑤	38	①	②	③	④	⑤						
19	①	②	③	④	⑤	39	①	②	③	④	⑤						
20	①	②	③	④	⑤	40	①	②	③	④	⑤						

성 명

지원 분야

수험 번호

⓪	①	②	③	④	⑤	⑥	⑦	⑧	⑨
⓪	①	②	③	④	⑤	⑥	⑦	⑧	⑨
⓪	①	②	③	④	⑤	⑥	⑦	⑧	⑨
⓪	①	②	③	④	⑤	⑥	⑦	⑧	⑨
⓪	①	②	③	④	⑤	⑥	⑦	⑧	⑨
⓪	①	②	③	④	⑤	⑥	⑦	⑧	⑨
⓪	①	②	③	④	⑤	⑥	⑦	⑧	⑨

감독위원 확인

(인)

MBC 필기전형 답안카드

성 명

지원분야

수험번호

	⓪	①	②	③	④	⑤	⑥	⑦	⑧	⑨
⓪	①	②	③	④	⑤	⑥	⑦	⑧	⑨
⓪	①	②	③	④	⑤	⑥	⑦	⑧	⑨
⓪	①	②	③	④	⑤	⑥	⑦	⑧	⑨
⓪	①	②	③	④	⑤	⑥	⑦	⑧	⑨
⓪	①	②	③	④	⑤	⑥	⑦	⑧	⑨
①	②	③	④	⑤	⑥	⑦	⑧	⑨

감독위원 확인

인

번호	답란	번호	답란	번호	답란
1	① ② ③ ④ ⑤	21	① ② ③ ④ ⑤	41	① ② ③ ④ ⑤
2	① ② ③ ④ ⑤	22	① ② ③ ④ ⑤	42	① ② ③ ④ ⑤
3	① ② ③ ④ ⑤	23	① ② ③ ④ ⑤	43	① ② ③ ④ ⑤
4	① ② ③ ④ ⑤	24	① ② ③ ④ ⑤	44	① ② ③ ④ ⑤
5	① ② ③ ④ ⑤	25	① ② ③ ④ ⑤	45	① ② ③ ④ ⑤
6	① ② ③ ④ ⑤	26	① ② ③ ④ ⑤	46	① ② ③ ④ ⑤
7	① ② ③ ④ ⑤	27	① ② ③ ④ ⑤	47	① ② ③ ④ ⑤
8	① ② ③ ④ ⑤	28	① ② ③ ④ ⑤	48	① ② ③ ④ ⑤
9	① ② ③ ④ ⑤	29	① ② ③ ④ ⑤	49	① ② ③ ④ ⑤
10	① ② ③ ④ ⑤	30	① ② ③ ④ ⑤	50	① ② ③ ④ ⑤
11	① ② ③ ④ ⑤	31	① ② ③ ④ ⑤		
12	① ② ③ ④ ⑤	32	① ② ③ ④ ⑤		
13	① ② ③ ④ ⑤	33	① ② ③ ④ ⑤		
14	① ② ③ ④ ⑤	34	① ② ③ ④ ⑤		
15	① ② ③ ④ ⑤	35	① ② ③ ④ ⑤		
16	① ② ③ ④ ⑤	36	① ② ③ ④ ⑤		
17	① ② ③ ④ ⑤	37	① ② ③ ④ ⑤		
18	① ② ③ ④ ⑤	38	① ② ③ ④ ⑤		
19	① ② ③ ④ ⑤	39	① ② ③ ④ ⑤		
20	① ② ③ ④ ⑤	40	① ② ③ ④ ⑤		

※ 본 답안카드는 마킹연습용 모의 답안카드입니다.

MBC 필기전형 답안카드

※ 본 답안카드는 마킹연습용 답안카드입니다.

	①	②	③	④	⑤		①	②	③	④	⑤		①	②	③	④	⑤
1	①	②	③	④	⑤	21	①	②	③	④	⑤	41	①	②	③	④	⑤
2	①	②	③	④	⑤	22	①	②	③	④	⑤	42	①	②	③	④	⑤
3	①	②	③	④	⑤	23	①	②	③	④	⑤	43	①	②	③	④	⑤
4	①	②	③	④	⑤	24	①	②	③	④	⑤	44	①	②	③	④	⑤
5	①	②	③	④	⑤	25	①	②	③	④	⑤	45	①	②	③	④	⑤
6	①	②	③	④	⑤	26	①	②	③	④	⑤	46	①	②	③	④	⑤
7	①	②	③	④	⑤	27	①	②	③	④	⑤	47	①	②	③	④	⑤
8	①	②	③	④	⑤	28	①	②	③	④	⑤	48	①	②	③	④	⑤
9	①	②	③	④	⑤	29	①	②	③	④	⑤	49	①	②	③	④	⑤
10	①	②	③	④	⑤	30	①	②	③	④	⑤	50	①	②	③	④	⑤
11	①	②	③	④	⑤	31	①	②	③	④	⑤						
12	①	②	③	④	⑤	32	①	②	③	④	⑤						
13	①	②	③	④	⑤	33	①	②	③	④	⑤						
14	①	②	③	④	⑤	34	①	②	③	④	⑤						
15	①	②	③	④	⑤	35	①	②	③	④	⑤						
16	①	②	③	④	⑤	36	①	②	③	④	⑤						
17	①	②	③	④	⑤	37	①	②	③	④	⑤						
18	①	②	③	④	⑤	38	①	②	③	④	⑤						
19	①	②	③	④	⑤	39	①	②	③	④	⑤						
20	①	②	③	④	⑤	40	①	②	③	④	⑤						

성 명	

지원분야	

수험번호	⓪ ① ② ③ ④ ⑤ ⑥ ⑦ ⑧ ⑨
	⓪ ① ② ③ ④ ⑤ ⑥ ⑦ ⑧ ⑨
	⓪ ① ② ③ ④ ⑤ ⑥ ⑦ ⑧ ⑨
	⓪ ① ② ③ ④ ⑤ ⑥ ⑦ ⑧ ⑨
	⓪ ① ② ③ ④ ⑤ ⑥ ⑦ ⑧ ⑨
	⓪ ① ② ③ ④ ⑤ ⑥ ⑦ ⑧ ⑨
	⓪ ① ② ③ ④ ⑤ ⑥ ⑦ ⑧ ⑨

감독위원 확인	
	인

MBC 필기전형 답안카드

성 명

지원 분야

수 험 번 호

⓪	⓪	⓪	⓪	⓪	⓪	⓪
①	①	①	①	①	①	①
②	②	②	②	②	②	②
③	③	③	③	③	③	③
④	④	④	④	④	④	④
⑤	⑤	⑤	⑤	⑤	⑤	⑤
⑥	⑥	⑥	⑥	⑥	⑥	⑥
⑦	⑦	⑦	⑦	⑦	⑦	⑦
⑧	⑧	⑧	⑧	⑧	⑧	⑧
⑨	⑨	⑨	⑨	⑨	⑨	⑨

감독위원 확인

(인)

문번	답란	문번	답란	문번	답란
1	① ② ③ ④ ⑤	21	① ② ③ ④ ⑤	41	① ② ③ ④ ⑤
2	① ② ③ ④ ⑤	22	① ② ③ ④ ⑤	42	① ② ③ ④ ⑤
3	① ② ③ ④ ⑤	23	① ② ③ ④ ⑤	43	① ② ③ ④ ⑤
4	① ② ③ ④ ⑤	24	① ② ③ ④ ⑤	44	① ② ③ ④ ⑤
5	① ② ③ ④ ⑤	25	① ② ③ ④ ⑤	45	① ② ③ ④ ⑤
6	① ② ③ ④ ⑤	26	① ② ③ ④ ⑤	46	① ② ③ ④ ⑤
7	① ② ③ ④ ⑤	27	① ② ③ ④ ⑤	47	① ② ③ ④ ⑤
8	① ② ③ ④ ⑤	28	① ② ③ ④ ⑤	48	① ② ③ ④ ⑤
9	① ② ③ ④ ⑤	29	① ② ③ ④ ⑤	49	① ② ③ ④ ⑤
10	① ② ③ ④ ⑤	30	① ② ③ ④ ⑤	50	① ② ③ ④ ⑤
11	① ② ③ ④ ⑤	31	① ② ③ ④ ⑤		
12	① ② ③ ④ ⑤	32	① ② ③ ④ ⑤		
13	① ② ③ ④ ⑤	33	① ② ③ ④ ⑤		
14	① ② ③ ④ ⑤	34	① ② ③ ④ ⑤		
15	① ② ③ ④ ⑤	35	① ② ③ ④ ⑤		
16	① ② ③ ④ ⑤	36	① ② ③ ④ ⑤		
17	① ② ③ ④ ⑤	37	① ② ③ ④ ⑤		
18	① ② ③ ④ ⑤	38	① ② ③ ④ ⑤		
19	① ② ③ ④ ⑤	39	① ② ③ ④ ⑤		
20	① ② ③ ④ ⑤	40	① ② ③ ④ ⑤		

※ 본 답안카드는 마킹연습용 모의 답안카드입니다.

MBC 필기전형 답안카드

	1	2	3	4	5			1	2	3	4	5			1	2	3	4	5
1	①	②	③	④	⑤		21	①	②	③	④	⑤		41	①	②	③	④	⑤
2	①	②	③	④	⑤		22	①	②	③	④	⑤		42	①	②	③	④	⑤
3	①	②	③	④	⑤		23	①	②	③	④	⑤		43	①	②	③	④	⑤
4	①	②	③	④	⑤		24	①	②	③	④	⑤		44	①	②	③	④	⑤
5	①	②	③	④	⑤		25	①	②	③	④	⑤		45	①	②	③	④	⑤
6	①	②	③	④	⑤		26	①	②	③	④	⑤		46	①	②	③	④	⑤
7	①	②	③	④	⑤		27	①	②	③	④	⑤		47	①	②	③	④	⑤
8	①	②	③	④	⑤		28	①	②	③	④	⑤		48	①	②	③	④	⑤
9	①	②	③	④	⑤		29	①	②	③	④	⑤		49	①	②	③	④	⑤
10	①	②	③	④	⑤		30	①	②	③	④	⑤		50	①	②	③	④	⑤
11	①	②	③	④	⑤		31	①	②	③	④	⑤							
12	①	②	③	④	⑤		32	①	②	③	④	⑤							
13	①	②	③	④	⑤		33	①	②	③	④	⑤							
14	①	②	③	④	⑤		34	①	②	③	④	⑤							
15	①	②	③	④	⑤		35	①	②	③	④	⑤							
16	①	②	③	④	⑤		36	①	②	③	④	⑤							
17	①	②	③	④	⑤		37	①	②	③	④	⑤							
18	①	②	③	④	⑤		38	①	②	③	④	⑤							
19	①	②	③	④	⑤		39	①	②	③	④	⑤							
20	①	②	③	④	⑤		40	①	②	③	④	⑤							

성명

지원분야

수험번호

⓪ ① ② ③ ④ ⑤ ⑥ ⑦ ⑧ ⑨

감독위원 확인

(인)

2025 최신판 시대에듀 MBC 기본직무소양평가 최종모의고사

개정3판1쇄 발행	2025년 06월 20일 (인쇄 2025년 05월 23일)
초 판 발 행	2022년 08월 25일 (인쇄 2022년 08월 12일)
발 행 인	박영일
책 임 편 집	이해욱
편 저	SDC(Sidae Data Center)
편 집 진 행	안희선 · 구본주
표지디자인	김경모
편집디자인	김경원 · 장성복
발 행 처	(주)시대고시기획
출 판 등 록	제10-1521호
주 소	서울시 마포구 큰우물로 75 [도화동 538 성지 B/D] 9F
전 화	1600-3600
팩 스	02-701-8823
홈 페 이 지	www.sdedu.co.kr
I S B N	979-11-383-9361-4 (13320)
정 가	18,000원

합격의공식
시대
에듀

www.sdedu.co.kr

MBC
기본직무소양평가
최종모의고사 6회분

기업별 맞춤 학습 "기본서" 시리즈

공기업 취업의 기초부터 심화까지! 합격의 문을 여는 Hidden Key!

기업별 시험 직전 마무리 "모의고사" 시리즈

실제 시험과 동일하게 마무리! 합격을 향한 Last Spurt!

NEXT STEP

시대에듀가 합격을 준비하는
당신에게 제안합니다.

성공의 기회
시대에듀를 잡으십시오.

시대에듀

기회란 포착되어 활용되기 전에는 기회인지조차 알 수 없는 것이다.

— 마크 트웨인 —